# Le guide
# du rédacteur

# Le guide du rédacteur

DEUXIÈME ÉDITION

BUREAU DE LA TRADUCTION

# Données de catalogage
# avant publication (Canada)

Vedette principale au titre :

Le guide du rédacteur

Nouv. éd. rev. et augm.—Av.-pr.
Publ. antérieurement sous le titre : Guide du rédacteur de l'administration
fédérale, 1983.
ISBN 0-660-95300-5
N° de cat. S53-8/1996F

1. Art d'écrire — Guides, manuels, etc.
2. Style administratif — Guides, manuels, etc.
3. Codes typographiques.
I. Canada. Bureau de la traduction.

A253.G84 1996          808'.027          C96-980276-5

© Ministre des Travaux publics et Services gouvernementaux Canada 1996

En vente au Canada chez votre libraire local ou par la poste,
par l'entremise du Groupe Communication Canada - Édition
Ottawa (Canada) K1A 0S9

N° de catalogue S53-8/1996F
ISBN 0-660-95300-5

# Avant-propos

Le Bureau de la traduction est très fier de vous présenter la deuxième édition du *Guide du rédacteur*. La première remontait déjà à 1983.

La publication de cette nouvelle édition, revue et augmentée, cadre bien avec l'objectif du Bureau, qui est d'offrir à sa clientèle un appui linguistique de la plus haute qualité. Outil d'aide à la rédaction et à la révision de texte, *Le guide du rédacteur* contribuera certainement à promouvoir une communication efficace au Canada.

Le *Guide* est d'abord conçu à l'intention des fonctionnaires de l'administration fédérale, mais il s'adresse aussi à la clientèle plus vaste des communicateurs, langagiers et rédacteurs, qui sont aux prises chaque jour avec les difficultés de la langue. On y trouvera, comme dans la première édition, un répertoire de règles et de recommandations qui permettent d'uniformiser certains usages. À cet ensemble de règles qui touchent la présentation du texte s'ajoutent cinq nouveaux chapitres portant sur la correspondance, la féminisation, les principes de la langue claire et simple, les noms géographiques et les notices bibliographiques.

Cette deuxième édition reflète de près l'évolution de l'usage et se veut bien adaptée à la réalité canadienne. Le Bureau de la traduction espère qu'elle recevra un accueil enthousiaste et qu'elle deviendra un ouvrage de référence essentiel.

La présidente-directrice générale,
Bureau de la traduction,

Diana Monnet

**La deuxième édition du *Guide du rédacteur* a été réalisée par l'équipe du Service de la formation et de l'évaluation**

Gilles Carrière
Suzanne de Repentigny
Jacques Desrosiers
Lyne Gagnon-Roux
Line Gingras
Martine Racette
Gilles Roussel
Sylvie Roy

**Avec la collaboration de**

Chantal Cormier
André Racicot
Lise Sabourin
Diane Savard

# Remerciements

Nous tenons à remercier chaleureusement les personnes suivantes pour avoir relu avec patience et attention des chapitres du *Guide*, et pour nous avoir fait part de leurs précieuses observations : Robert Bellerive, Lynne Davidson-Fournier, Jeanne Duhaime, Micheline Dumouchel, Monique Huot, Claude Jean, Denise Langlois, Frèdelin Leroux fils, Bruno Lobrichon, Michèle Plamondon et André Senécal, tous du Bureau de la traduction, Travaux publics et Services gouvernementaux Canada.

Nous sommes aussi redevables à plusieurs personnes de l'extérieur du Bureau qui nous ont gracieusement apporté leur aide : Guy D'Amours (Formation et Perfectionnement Canada), Ève Gaboury (Patrimoine canadien), Suzanne Guay (Défense nationale), Josée Guillemette (Cour canadienne de l'impôt), Danielle Lefrançois (Agriculture Canada), Denis Perreault (Gouvernement de l'Ontario), Christiane Rodier (Revenu Canada) et Louise Vaillancourt (Congrès du travail du Canada).

Nous invitons le lecteur à faire parvenir ses observations à l'adresse suivante :

Service de la formation et de l'évaluation
Bureau de la traduction
Place du Portage, Phase II
165, rue de l'Hôtel-de-Ville
Hull (Québec) K1A 0S5

# Table des matières

## 2   Les nombres  . . . . . . . . . . . . . . . . . . . . . . . . . . . . . . . .   31

# 4 La division des mots ......................... 87

# 5 L'italique ................................. 93

# 6   La ponctuation

# 1 L'abréviation

Créées par souci d'économie, les abréviations portent en général sur un mot, une expression ou une appellation revenant fréquemment dans un texte ou un domaine donné. Certaines sont consacrées par l'usage, d'autres sont de circonstance, c'est-à-dire qu'elles sont conçues pour répondre à un besoin particulier. Dans ce dernier cas, il est indispensable de donner au lecteur, au début du texte, la clé du code employé.

Il y a lieu de distinguer trois grandes catégories d'abréviations :

— Les abréviations proprement dites;
— Les sigles et les acronymes;
— Les symboles.

## 1.1 Les abréviations proprement dites

### 1.1.1 Mode usuel de formation

Le mode d'abréviation le plus usuel consiste à :

— Retrancher les lettres finales d'un mot en coupant devant une voyelle, mais après une consonne;

— Remplacer ces lettres par un point abréviatif :

| | |
|---|---|
| vol.(ume) | boul.(evard) |
| févr.(ier) | dict.(ionnaire) |
| coll.(ection) | transcr.(iption) |

### 1.1.2 Point abréviatif et ponctuation

Le point abréviatif se confond avec le point final et les points de suspension. Il ne remplace toutefois aucun autre signe de ponctuation :

Il avait tout lu sur les voitures américaines : Ford, Chevrolet, Plymouth, etc.; et sur les voitures européennes : Mercedes, Peugeot, Fiat, etc.

N'est-il pas plus logique d'écrire simplement *collab.*?

Si l'abréviation qui termine la phrase figure entre parenthèses, le point final est de rigueur :

Le mot « nénuphar », qui nous vient du persan *nelufar*, s'écrivait naguère « nénufar » (début du XX$^e$ s.).

### 1.1.3    Autres modes de formation

— *Retranchement des lettres médianes*

Dans ce genre d'abréviation, on conserve la lettre initiale ainsi que la ou les lettres finales du mot. Le point abréviatif est omis, étant donné que l'abréviation se termine par la lettre finale du mot. La position supérieure de la ou des lettres finales est nécessaire lorsqu'il y a risque de confusion, par exemple entre *Me* (pronom) et $M^e$ (*maître*), *Mes* (adjectif) et $M^{es}$ (*maîtres*), *nos* (adjectif) et $n^{os}$ (*numéros*). Lorsque ce risque n'existe pas, l'usage fluctue entre la position supérieure et la position inférieure :

| | |
|---|---|
| bd *ou* $b^d$ | boulevard |
| vx *ou* $v^x$ | vieux |
| Mme *ou* $M^{me}$ | madame |
| Dr *ou* $D^r$ | docteur |

— *Retranchement de la plupart des lettres*

Le point abréviatif est omis après la lettre finale, mais il est de rigueur lorsque l'abréviation se termine par une lettre intermédiaire :

| | |
|---|---|
| qqn | quelqu'un |
| qqch. | quelque chose |
| qqf. | quelquefois |

— *Retranchement de toutes les lettres, sauf l'initiale*

On fait suivre l'initiale du point abréviatif :

| | |
|---|---|
| N. | nord |
| M. | monsieur |
| n. | nom |

— *Combinaison de chiffres et de lettres*

La lettre ou le chiffre est en position supérieure :

| | |
|---|---|
| $1°$ | primo, premièrement |
| in-$4°$ | in-quarto |
| $23^e$ | vingt-troisième |

— *Utilisation de symboles*

| | |
|---|---|
| $°$ | degré *ou* zéro supérieur |
| & | et (perluète *ou* esperluète) |
| § | paragraphe |
| + | plus |

### 1.1.4    Pluriel des abréviations

Sauf dans les cas mentionnés ci-dessous, les abréviations ne prennent pas la marque du pluriel :

2 bull. mens. de linguistique
une ville de 300 000 hab.

L'abréviation du suffixe ordinal prend la marque du pluriel, quel que soit le système de numération utilisé :

1$^{ers}$                         premiers
XI$^{es}$                        onzièmes

Certains titres de courtoisie ou de civilité prennent également la marque du pluriel. Pour certains, ce peut être le *s* final; pour d'autres, le redoublement de l'initiale :

Drs *ou* D$^{rs}$, Dres *ou* D$^{res}$        docteurs, docteures
M$^{es}$                         maîtres
Mmes *ou* M$^{mes}$              mesdames
MM.                              messieurs

L'abréviation de certains autres mots prend aussi le *s* du pluriel :

Sts *ou* S$^{ts}$, Stes *ou* S$^{tes}$        saints, saintes
n$^{os}$                         numéros
Éts, É$^{ts}$ *ou* Établ$^{ts}$          établissements
mss                              manuscrits

Prennent la marque du pluriel beaucoup d'abréviations, dites « apocopes », devenues des mots dans la langue courante :

des autos
des stylos

## 1.1.5  Règles pratiques

On évitera d'abréger un mot pour économiser une lettre (l'espace ainsi économisé serait repris par le point abréviatif) ou même deux (ce qui ne ferait gagner qu'un espace).

Font exception à cette règle certains mots contenus dans des expressions telles que *par intérim* (*p. i.*) et *note de la rédaction* (*N. D. L. R.*), ainsi que les formes abrégées des mots *idem* (*id.*), *ibidem* (*ibid.*), *partie* (*part.*), *lundi* (*lun.*), *mardi* (*mar.*), etc., qui sont passées depuis longtemps dans l'usage.

Lorsqu'il faut, en présence de deux mots, n'en abréger qu'un, il est préférable de raccourcir celui qui est le plus courant :

classific. linnéenne *plutôt que* classification linn.

Dans les ouvrages scientifiques, toutefois, on abrège, après les avoir présentés d'abord en toutes lettres, les substantifs latins désignant différents genres d'animaux, de plantes, etc. C'est l'adjectif caractérisant l'espèce qui reste en toutes lettres :

*Clematis virginiana*              *C. virginiana*

Dans certaines abréviations usuelles, la barre oblique remplace le point abréviatif :

a/s de                           aux soins de
s/o                              sans objet

### 1.1.6    Adjectifs ordinaux

Les adjectifs numéraux (ou nombres) ordinaux, en chiffres arabes ou romains, s'abrègent avec un *e* supérieur :

La Sicile devint, au XI$^e$ siècle, un État normand.

C'est au 3$^e$ étage, à gauche.

Les adjectifs *premier, première* font exception et s'abrègent en *1$^{er}$, I$^{er}$, 1$^{re}$, I$^{re}$* :

Catherine I$^{re}$ de Russie

Certains auteurs abrègent *second* et *seconde* en *2$^d$, II$^d$, 2$^{de}$, II$^{de}$*.

Il n'est plus recommandé d'utiliser la finale *ième* ou *ème* pour abréger les adjectifs ordinaux. Elle peut toutefois se joindre aux lettres *n* et *x* pour former des adjectifs ordinaux indéfinis : *nième* (ou *énième*), *xième* (ou *ixième*).

### 1.1.7    *Compagnie, société*

Dans une raison sociale, il est nettement préférable d'écrire les mots *compagnie, établissements* et *société* au long lorsqu'ils sont placés au début. Placés à la fin, ces termes peuvent s'abréger en *Cie* (ou *C$^{ie}$*), *Éts* (ou *Établ$^{ts}$*), *Sté* (ou *S$^{té}$*) :

la Compagnie d'excursions maritimes
la Société L. Miron & C$^{ie}$
les Établissements Lacombe et Cie

Dans le deuxième exemple, on remarque l'emploi de la perluète (&), qui est déconseillé dans tout autre contexte.

### 1.1.8    *Degré*

Lorsqu'il est précédé d'un nombre cardinal écrit en chiffres, le mot *degré* peut s'abréger au moyen d'un zéro supérieur (petit oeil) accolé au chiffre qui le précède :

20°
11,5°

Le symbole du degré et, s'il y a lieu, l'indication qui en précise la nature (p. ex. *C* pour *Celsius*) doivent toutefois être accolés l'un à l'autre, mais séparés du nombre par un espace (v.a. 2.4.6) :

25 °C
60,3 °B

### 1.1.9    *Docteur*

Le terme *docteur* s'abrège seulement si on ne s'adresse pas à la personne même :

J'ai vu ce matin le Dr (*ou* D$^r$) Tremblay et sa fille.

Nous avons communiqué les résultats de l'examen au Dre (*ou* D$^{re}$) Claudette Massicotte.

Employés sans autre précision, le mot *docteur* et son abréviation ne s'appliquent en français qu'aux diplômés en médecine, en dentisterie et en art vétérinaire. Pour désigner les titulaires d'un autre doctorat universitaire, il convient le plus souvent de les omettre ou de les remplacer selon le cas par *M.* (*monsieur*) ou par *Mme* ou *M$^{me}$* (*madame*).

Dans les listes de participants à des congrès internationaux, on peut, si l'on doit reproduire les titres et qualités de chacun, rendre *Doctor* par l'abréviation appropriée (*Ph. D.*, *Litt. D.*, *D. ès L.*, etc.), après le nom de la personne.

Pluriel : Drs ou D$^{rs}$, Dres ou D$^{res}$

## 1.1.10  *Et cetera*

L'expression d'origine latine *et cetera* ou *et cætera*, dont l'abréviation est *etc.*, signifie « et les autres choses ». Elle s'applique aussi bien aux personnes qu'aux choses et n'est jamais suivie de points de suspension.

V.a. 5.3.3 et 6.7.1.

## 1.1.11  *Figure*

Le mot *figure* s'abrège en *fig.* lorsqu'il est suivi d'un nombre ou d'une lettre, et uniquement dans les légendes, les renvois ou les notes entre parenthèses.

fig. 10
fig. C

## 1.1.12  *Heure, minute, seconde*

Dans les textes courants, y compris les horaires de réunions, il convient d'observer l'usage suivant :

| | |
|---|---|
| 14 h | 14 h 30 |
| 14 h 5 | 14 h 30 min 5 s |

La lettre *h*, sans point abréviatif, est précédée et suivie d'un espace.

Il n'est pas recommandé d'écrire « 14 h 00 », « 14 hres » ni « 14 h 05 ».

Il est préférable de réserver l'usage des deux points à l'échange d'informations entre systèmes de données et à la présentation en colonne ou en tableau, par exemple dans les horaires des trains et des avions (v.a. 2.4.3 R.6) :

14:30:05

Dans les cas où l'indication de l'heure s'ajoute à la notation numérique de la date, la présentation codifiée par des organismes comme l'ISO et l'ACNOR est la suivante :

1996-06-10-20:35 (*10 juin 1996, 20 h 35*)

Dans les textes militaires, l'indication de l'heure obéit à des règles précises. Dans les documents opérationnels et les messages, l'heure est exprimée au moyen d'un bloc de quatre chiffres : les deux premiers désignent l'heure à compter de minuit, et les deux derniers les minutes à compter de l'heure juste. À ce groupe s'ajoute la lettre correspondant au fuseau horaire. Cette lettre est précédée d'un espace et le symbole *h* est omis :

1525 A (*15 h 25, fuseau horaire A*)

## 1.1.13 *In-folio, in-quarto, etc.*

Les désignations de formats de livres ne s'abrègent que dans les notes et références bibliographiques :

Chartres, *Catalogue général des manuscrits des bibliothèques publiques de France. Départements,* 1898, in-8°.

Conformément à l'usage le plus répandu, il convient de considérer les désignations de formats comme invariables. Elles s'abrègent de la manière suivante :

| | | | |
|---|---|---|---|
| in-f° | in-folio | in-6 | in-six |
| in-pl° | in-plano | in-12 | in-douze |
| in-4° | in-quarto | in-18 | in-dix-huit |
| in-8° | in-octavo | in-24 | in-vingt-quatre |
| | | in-32 | in-trente-deux |
| | | in-64 | in-soixante-quatre |

## 1.1.14 *Livre, volume, chapitre*

Les mots qui désignent les divisions, subdivisions et autres éléments constitutifs d'un ouvrage ne s'abrègent que dans les notes et les références bibliographiques :

| | | | |
|---|---|---|---|
| al. | alinéa | paragr. | paragraphe |
| chap. | chapitre | pl. | planche |
| liv. | livre | sect. | section |
| p. | page | vol. | volume |

## 1.1.15 *Numéro*

Le mot *numéro* s'abrège s'il suit immédiatement le substantif qu'il détermine :

le billet n° 123456

Mais on écrira :

Le billet gagnant porte le numéro 123456.

Pluriel : n$^{os}$

On ne doit jamais utiliser en français le symbole # comme abréviation du mot *numéro*.

### 1.1.16 *Page*

L'abréviation de *page* est *p.*

En ce qui concerne le pluriel, on constate un double usage : *p.* et *pp.* Par souci de simplification, nous recommandons l'emploi de *p.* dans tous les cas :

| | |
|---|---|
| p. 3 | page trois |
| p. 3-5 | de la page trois à la page cinq |
| p. 3 et s. | pages trois et suivantes |
| p. 3, 5, 8 | pages trois, cinq et huit |

### 1.1.17 *Pied, pouce*

Les mots *pied* et *pouce* ne s'abrègent que s'ils sont précédés d'un nombre en chiffres :

dimensions du tableau : 4 pi x (*ou* sur) 3 pi

une feuille de 8½ po x (*ou* sur) 11 po

On écrira donc :

Cette tour a quarante pieds (*et non* pi) de hauteur.

### 1.1.18 Points cardinaux

Le nom des points cardinaux s'abrège (*N., S., E., O.*) :

— Dans les indications de longitude et de latitude :

Ils découvrirent l'épave par 36° 7′ 25″ de latitude N. et 15° 24′ 00″ de longitude O.

— Dans les expressions composées :

un vent de direction N.-N.-E.

On peut aussi écrire les points cardinaux en toutes lettres :

40° de latitude nord

V.a. 3.3.2.

**Remarque**

On voit l'abréviation W. (de l'anglais *West*) pour O. (*ouest*) dans certains ouvrages, notamment de marine, où l'on veut éviter la confusion entre le chiffre 0 et la lettre O quand il est question de mesures de longitude et de latitude.

### 1.1.19 *Pour cent*

Le pourcentage est représenté le plus souvent par un *p*. précédé d'un espace et suivi d'un espace et du chiffre cent (*30 p. 100*) ou par le signe % précédé d'un espace (*30 %* et non *30%*). À noter que ce dernier emploi (*30 %*), obligatoire en finances, en statistique et dans les tableaux, tend à devenir le plus courant. L'expression s'écrit en toutes lettres lorsqu'elle a le sens de « entièrement », « pur », ou quand elle commence une phrase :

> un produit cent pour cent canadien

> Dix pour cent de ses tomates ont été détruites par le gel, et 10 % n'ont jamais mûri.

Dans les textes de style soigné, on peut écrire :

> trente pour cent
> 30 pour 100
> 30 p. 100

Les formules mixtes (*30 pour cent*), critiquées, se rencontrent parfois. Par ailleurs, il ne faut jamais écrire *pourcent* en un seul mot.

Les mêmes règles s'appliquent à *pour mille* (*30 p. 1000* ou *30 ‰*).

V.a. 2.4.5.

### 1.1.20 *Primo, secundo,* etc.

Ces adverbes latins s'emploient pour annoncer, en français, certaines subdivisions et énumérations. Ils s'abrègent avec un *zéro* supérieur :

| | |
|---|---|
| 1° *primo,* premièrement | 7° *septimo,...* |
| 2° *secundo,* deuxièmement | 8° *octavo,...* |
| 3° *tertio,* troisièmement | 9° *nono,...* |
| 4° *quarto,...* | 10° *decimo,...* |
| 5° *quinto,...* | 11° *undecimo,...* |
| 6° *sexto,...* | 12° *duodecimo,...* |

V.a. 6.8.2.

### 1.1.21 *Professeur*

Le mot *professeur* s'abrège (*Prof., Pr* ou $P^r$, et *Pre* ou $P^{re}$ au féminin) seulement si on ne s'adresse pas à la personne même :

> Les travaux seront corrigés par le Pr (ou $P^r$) Delisle.

Pluriel : Prs ou $P^{rs}$, Pres ou $P^{res}$

### 1.1.22 *Saint, sainte*

Il faut, autant que possible, ne pas abréger cet adjectif, qu'il désigne une personne sainte (p. ex. *saint Thomas*) ou qu'il fasse partie d'un nom de famille, d'un nom géographique, d'un nom de voie de communication, etc.

S'il est nécessaire de le faire, par manque d'espace notamment, on utilise les abréviations *St, Ste, Sts, Stes* (ou *S$^t$, S$^{te}$, S$^{ts}$, S$^{tes}$*), avec trait d'union :

| | |
|---|---|
| Mme St-Martin | St-Victor |
| M. St-Laurent | Ste-Scholastique |

V.a. 3.3.21 R.

## 1.1.23 Titres de civilité et titres honorifiques

Les titres de civilité *monsieur* et *madame* s'abrègent respectivement en *M.* et *Mme* ou *M$^{me}$*. Ce dernier titre traduit également l'anglais *Ms*. Il est recommandé de n'employer *mademoiselle* (*Mlle* ou *M$^{lle}$*) qu'à la demande de l'intéressée, ou si l'on s'adresse à une toute jeune fille.

Pluriel : MM. (messieurs), Mmes ou M$^{mes}$ (mesdames), Mlles ou M$^{lles}$ (mesdemoiselles)

Noter que les abréviations *Mr* (pour *monsieur*) et *Mde* (pour *madame*) sont incorrectes.

En général, les titres de civilité et les titres honorifiques s'abrègent lorsqu'ils sont suivis du nom de famille ou de la mention d'une qualité (titre de noblesse, fonction, grade, etc.) et que l'*on parle de la personne* en question :

Avez-vous parlé à M. le maire?

M$^e$ Lamontagne a accepté de nous représenter.

Mgr (*ou* M$^{gr}$) de Laval a été le premier évêque de Québec.

S.M. la reine arrivera dans deux jours.

On peut aussi recourir à la graphie en toutes lettres : c'est une marque de déférence. Il appartient au rédacteur de déterminer si le contexte justifie son utilisation.

Les titres ne s'abrègent pas quand *on s'adresse à la personne* elle-même ni, par conséquent, dans une adresse ou dans la vedette d'une lettre :

Je vous prie d'agréer, Monsieur, mes sincères salutations.

Pourriez-vous, Madame Cousineau, lui transmettre ce message?

Monsieur Yves Martin
50, rue Principale
Hull (Québec)

Lorsque ces termes forment le titre d'un ouvrage, ils s'écrivent en toutes lettres :

*Madame Bovary*

Ils s'abrègent toutefois lorsqu'ils ne constituent qu'un des éléments du titre :

*Les lettres de M$^{me}$ de Sévigné*

V.a. 3.3.12, 3.3.14 et 3.3.15.

## 1.1.24  Diplômes et certificats

Ces abréviations et titres peuvent varier selon l'établissement d'enseignement.

| | |
|---|---|
| B.A. | Baccalauréat ès arts |
| B.A.A. | Baccalauréat en administration des affaires |
| B.Arch. | Baccalauréat en architecture |
| B.A.V. | Baccalauréat en arts visuels |
| B.Com. | Baccalauréat en sciences commerciales |
| B.Ed. | Baccalauréat en éducation |
| B.E.E. | Baccalauréat d'enseignement élémentaire |
| B.Ing. | Baccalauréat en ingénierie |
| B.Mus. | Baccalauréat en musique |
| B.Pharm. | Baccalauréat en pharmacie |
| B.Ps. | Baccalauréat en psychologie |
| B.Sc. | Baccalauréat ès sciences |
| B.Sc.A. | Baccalauréat ès sciences appliquées |
| B.Sc.Inf. | Baccalauréat en sciences infirmières |
| B.Sc.(Nutr.) | Baccalauréat ès sciences (nutrition) |
| B.Sc.Soc. | Baccalauréat en sciences sociales |
| B.Serv.Soc. | Baccalauréat en service social |
| B.Th. | Baccalauréat en théologie |
| B.Urb. | Baccalauréat en urbanisme |
| C.A.E.S.L.S. | Certificat d'aptitude à l'enseignement spécialisé d'une langue seconde |
| C.A.P.E.M. | Certificat d'aptitude pédagogique à l'enseignement musical |
| C.A.P.E.S. | Certificat d'aptitude au professorat de l'enseignement secondaire |
| C.E.C. | Certificat pour l'enseignement collégial |
| C.E.C.P. | Certificat pour l'enseignement collégial professionnel |
| C.E.E. | Certificat pour l'enseignement au cours élémentaire |
| C.E.S. | Certificat pour l'enseignement au cours secondaire |
| C.E.S.P. | Certificat pour l'enseignement secondaire professionnel |
| C.P.E.C.P. | Certificat de pédagogie pour l'enseignement collégial professionnel |
| D.C.L. | Doctorat en droit civil |
| D.D.N. | Diplôme de droit notarial |
| D.E.A. | Diplôme d'études africaines |
| D.E.C. | Diplôme d'études collégiales |
| D.Ed. | Doctorat en éducation |
| D.E.S. | Diplômes d'études spécialisées (ou supérieures) |
| D. ès L. | Doctorat ès lettres |

| | |
|---|---|
| D.M.D. | Doctorat en médecine dentaire |
| D.Mus. | Doctorat en musique |
| D.M.V. | Doctorat en médecine vétérinaire |
| D.M.V.P. | Diplôme de médecine vétérinaire préventive |
| D.P.H. | Diplôme de pharmacie d'hôpital |
| D.S.A. | Diplôme de sciences administratives |
| D.Sc. | Doctorat ès sciences |
| D.U. | Doctorat de l'Université |
| L. ès L. | Licence ès lettres |
| L.Sc.compt. | Licence en sciences comptables |
| LL.B. | Baccalauréat en droit (*Legum Baccalaureus*) |
| LL.D. | Doctorat en droit (*Legum Doctor*) |
| LL.L. | Licence en droit (*Legum Licentiatus*) |
| LL.M. | Maîtrise en droit (*Legum Magister*) |
| L.Ph. | Licence en philosophie |
| L.Pharm. | Licence en pharmacie |
| L.Th. | Licence en théologie |
| M.A. | Maîtrise ès arts |
| M.A.P. | Maîtrise en administration publique |
| M.A.Ps. | Maîtrise ès arts en psychologie |
| M.A.(th.) | Maîtrise ès arts en théologie |
| M.B.A. | Maîtrise en administration des affaires |
| M.D. | Doctorat en médecine (*Medicinae Doctor*) |
| M.Ed. | Maîtrise en éducation |
| M.Env. | Maîtrise en environnement |
| M.G.S.S. | Maîtrise en gestion des services de santé |
| M.Ing. | Maîtrise en ingénierie |
| M.Mus. | Maîtrise en musique |
| M.Nurs. | Maîtrise en nursing |
| M.Sc. | Maîtrise ès sciences |
| M.Sc.A. | Maîtrise ès sciences appliquées |
| M.Urb. | Maîtrise en urbanisme |
| Ph.D. | Doctorat en philosophie (*Philosophiae Doctor*) |
| S.T.D. | Doctorat en théologie (*Sacrae Theologiae Doctor*) |

## 1.1.25  Grades militaires

La liste des abréviations ci-après est tirée de l'*Avis d'uniformisation n° 4 sur les grades des Forces armées canadiennes*, publié par la Direction de la terminologie du Bureau de la traduction, le 7 janvier 1988.

| Armée de terre et armée de l'air | | Marine | |
|---|---|---|---|
| gén | général | am | amiral |
| lgén | lieutenant général | vam | vice-amiral |
| mgén | major général | cam | contre-amiral |

| bgén | brigadier général | cmdre | commodore |
| col | colonel | capt | capitaine |
| lcol | lieutenant-colonel | cdr | commander |
| maj | major | lcdr | lieutenant-commander |
| capt | capitaine | lt | lieutenant |
| lt | lieutenant | slt | sous-lieutenant |
| slt | sous-lieutenant | o comm | officier commissionné |
| élof | élève officier | slt(int) | sous-lieutenant |
| adjuc | adjudant-chef | | intérimaire |
| adjm | adjudant-maître | asp | aspirant |
| adj | adjudant | élof | élève officier |
| sgt | sergent | pm 1 | premier maître de |
| cplc | caporal-chef | | 1$^{re}$ classe |
| capl | caporal | pm 2 | premier maître de |
| sdt | soldat | | 2$^e$ classe |
| | | m 1 | maître de 1$^{re}$ classe |
| | | m 2 | maître de 2$^e$ classe |
| | | mat 1 | matelot de 1$^{re}$ classe |
| | | mat 2 | matelot de 2$^e$ classe |
| | | mat 3 | matelot de 3$^e$ classe |

### 1.1.26  Provinces et territoires

| | |
| --- | --- |
| Alberta (*fém.*) | Alb. |
| Colombie-Britannique (*fém.*) | C.-B. |
| Île-du-Prince-Édouard (*fém.*) | Î.-P.-É. |
| Manitoba (*masc.*) | Man. |
| Nouveau-Brunswick (*masc.*) | N.-B. |
| Nouvelle-Écosse (*fém.*) | N.-É. |
| Ontario (*masc.*) | Ont. |
| Québec (*masc.*) | Qc |
| Saskatchewan (*fém.*) | Sask. |
| Terre-Neuve (*fém.*) | T.-N. |
| Territoires du Nord-Ouest | T.N.-O. |
| Yukon (*masc.*) | Yn |

**Remarque**

Dans sa brochure intitulée *Principes et directives pour la dénomination des lieux*, le Comité canadien permanent des noms géographiques recommande l'emploi des abréviations *Qc* ou *Qué*. Dans les adresses toutefois, il est préférable d'écrire *Québec* au long [v. 8.1.4f)].

## 1.2  Les sigles et les acronymes

### 1.2.1  Formation et emploi

Le sigle peut être utilisé pour un nom propre comme pour un nom commun. Strictement parlant, on distingue :

— Le *sigle*, qui est uniquement formé des lettres initiales d'un groupe de mots (une seule par mot), et qui se prête ou non à la prononciation syllabique du français :

| | |
|---|---|
| CSN | Confédération des syndicats nationaux |
| OPEP | Organisation des pays exportateurs de pétrole |
| adav | avion à décollage et atterrissage verticaux |

— L'*acronyme*, qui peut comporter des lettres autres que des initiales et qui se prononce comme un seul mot :

| | |
|---|---|
| ACNOR | *A*ssociation *c*anadienne de *nor*malisation |
| BENELUX | *Be*lgique, *N*ederland, *Lux*embourg |
| radar | *R*adio *D*etecting *a*nd *R*anging |

Si un sigle ou un acronyme est susceptible de ne pas être compris par le lecteur, il est nécessaire d'écrire l'appellation au long dès sa première mention, et de la faire suivre, entre parenthèses, du sigle ou de l'acronyme. On peut également choisir d'écrire le sigle en indiquant, à sa première mention, l'appellation complète entre parenthèses.

## 1.2.2  Règles d'écriture

On constate une certaine confusion dans la graphie des sigles en ce qui concerne les points abréviatifs, les majuscules et les accents. Par souci de simplification, nous recommandons :

— *La suppression des points abréviatifs*

| | | |
|---|---|---|
| OTAN | *plutôt que* | O.T.A.N. |

— *L'emploi exclusif des majuscules*

| | | |
|---|---|---|
| UNESCO | *plutôt que* | Unesco |

— *La non-accentuation*

| | | |
|---|---|---|
| CEE | *plutôt que* | CÉE |

— *La prononciation selon les règles de la phonétique française*

| | |
|---|---|
| ALENA | *se prononce* « aléna » |
| REER | *se prononce* « réèr » |
| REA | *se prononce* « réa » |

**Remarque**

Cette recommandation ne vise pas les sigles qui sont devenus des noms communs, tels que *cégep, laser, ovni, radar, sida,* etc. Ceux-ci se plient aux règles de l'accentuation française et peuvent servir à former des mots nouveaux : p. ex. *cégépien, sidéen.*

## 1.2.3   Genre

Les sigles français prennent normalement le genre du premier substantif énoncé :

la SOFIRAD     la *Société* financière de radiodiffusion
le PNB         le *produit* national brut

Il en va autrement des sigles empruntés tels quels à une autre langue et, plus particulièrement, à l'anglais. Dans ce cas, on attribue au sigle le genre qu'aurait l'équivalent *français* du nom de l'entité :

la BBC         British Broadcasting *Corporation* (société)
le FBI         Federal *Bureau* of Investigation (bureau)

Contrairement à l'usage anglais, les sigles s'emploient généralement avec l'article.

## 1.2.4   Nombre

Les sigles, d'origine française ou étrangère, restent invariables tant qu'ils ne sont pas clairement lexicalisés :

On ne parle plus guère des ICBM (*intercontinental ballistic missiles*).

Les ASBL sont des associations sans but lucratif.

Les sigles lexicalisés prennent un *s* au pluriel :

les cégeps
les lasers
les radars

## 1.2.5   Équivalents français ou anglais

Certains organismes, étrangers ou internationaux, n'ont pas de sigle français officiel. Il est, dans ce cas, préférable de ne pas en créer un. Ainsi, on conserve :

ISO            International Organization for Standardization —
               Organisation internationale de normalisation

UNESCO         United Nations Educational, Scientific and
               Cultural Organization — Organisation des Nations
               Unies pour l'éducation, la science et la culture

Mais on emploie :

OIPC           Organisation internationale de protection civile
                         *pour*
ICDO           International Civil Defence Organization

OCDE           Organisation de coopération et de développement
               économiques
                         *pour*
OECD           Organization for Economic Cooperation and
               Development

| OACI | Organisation de l'aviation civile internationale |
|------|--------------------------------------------------|
|      | *pour* |
| ICAO | International Civil Aviation Organization |

Au Canada, cette mesure de prudence devrait s'étendre aux sigles des institutions et des organismes privés ou relevant d'un gouvernement provincial dont la langue officielle est l'anglais. Le même raisonnement devrait s'appliquer en sens inverse aux institutions ou organismes francophones, notamment québécois, dont le sigle officiel ne devrait pas faire l'objet d'une traduction improvisée en anglais. On peut cependant donner entre parenthèses une traduction officieuse de l'appellation au long.

## 1.2.6  Ordres, décorations et médailles

La liste suivante indique l'ordre dans lequel se portent les insignes des ordres, décorations et médailles du Canada. Les sigles comportent le point abréviatif et, s'il y a lieu, l'accent.

| | |
|---|---|
| Croix de Victoria | V.C. |
| Croix de la vaillance | C.V. |

— *Ordres nationaux*

| | |
|---|---|
| Compagnon de l'Ordre du Canada | C.C. |
| Commandeur de l'Ordre du mérite militaire | C.M.M. |
| Commandeur de l'Ordre royal de Victoria | C.V.O. |
| Officier de l'Ordre du Canada | O.C. |
| Officier de l'Ordre du mérite militaire | O.M.M. |
| Lieutenant de l'Ordre royal de Victoria | L.V.O. |
| Membre de l'Ordre du Canada | C.M. |
| Membre de l'Ordre du mérite militaire | M.M.M. |
| Membre de l'Ordre royal de Victoria | M.V.O. |

— *Ordres provinciaux*

| | |
|---|---|
| Ordre national du Québec | G.O.Q., O.Q., C.Q. |
| Ordre du mérite de la Saskatchewan | S.O.M. |
| Ordre de l'Ontario | O.Ont. |
| Ordre de la Colombie-Britannique | O.B.C. |
| Ordre d'excellence de l'Alberta | A.O.E. |

— *Décorations*

| | |
|---|---|
| Étoile de la vaillance militaire | É.V.M. |
| Étoile du courage | É.C. |
| Croix du service méritoire | C.S.M. |
| Médaille de la vaillance militaire | M.V.M. |
| Médaille de la bravoure | M.B. |
| Médaille du service méritoire | M.S.M. |
| Médaille royale de Victoria | R.V.M. |

V.a. 3.3.38.

# 1.3   Les symboles

## 1.3.1   Champ d'application

Il existe une multitude de codes abréviatifs et symboliques qui se sont formés, pour ainsi dire, à huis clos : ce sont les systèmes de notation des sciences et des techniques. Artificielles dans une large mesure, ces abréviations permettent aux gens et aux institutions de se comprendre dans certains domaines, indépendamment des frontières linguistiques. Tel est le cas des signes de l'arithmétique, de la physique et de la chimie et, dans un ordre plus pratique, des symboles du Système international d'unités.

## 1.3.2   Système international d'unités

Ce système est le fruit des travaux du Bureau international des poids et mesures (BIPM), qui a son siège à Paris. Voici quelques-unes des règles officielles à appliquer au Canada, d'après le *Guide canadien de familiarisation au système métrique* de l'Association canadienne de normalisation.

Les symboles des unités sont exprimés en minuscules, sauf lorsqu'ils sont dérivés de noms propres. Ils sont invariables et sont les mêmes dans toutes les langues. Ils ne sont jamais suivis d'un point :

| | | | |
|---|---|---|---|
| h | heure | A | ampère |
| min | minute | kW | kilowatt |

Sauf exception (v. 1.1.8), on doit toujours laisser un espace entre le nombre et le symbole :

| | |
|---|---|
| 40 h | 3,5 m |
| 15 ml | 36 °C |

On n'emploie un symbole que s'il est précédé d'un nombre écrit en chiffres :

50 g *et non* cinquante g

On ne doit jamais commencer une phrase par un symbole.

## 1.3.3   Préfixes

On forme les multiples et sous-multiples des unités à l'aide des préfixes; ceux-ci se joignent sans espace et sans trait d'union aux noms des unités :

décalitre
kilomètre
milligramme

De même, le symbole du préfixe se juxtapose directement au symbole de l'unité :

da (déca) + g (gramme) = dag (décagramme)
k  (kilo) + g (gramme) = kg  (kilogramme)

### 1.3.4    Tableau des préfixes

Voici, avec leurs symboles et leurs facteurs de conversion, les préfixes qui servent à la composition des multiples et sous-multiples décimaux jusqu'à la puissance 18 :

| Préfixe | Symbole | Expression numérique | Puissance |
|---|---|---|---|
| exa | E | 1 000 000 000 000 000 000 | $10^{18}$ |
| péta | P | 1 000 000 000 000 000 | $10^{15}$ |
| téra | T | 1 000 000 000 000 | $10^{12}$ |
| giga | G | 1 000 000 000 | $10^{9}$ |
| méga | M | 1 000 000 | $10^{6}$ |
| kilo | k | 1 000 | $10^{3}$ |
| hecto | h | 100 | $10^{2}$ |
| déca | da | 10 | $10^{1}$ |
|  |  | 1 | $10^{0}$ |
| déci | d | 0,1 | $10^{-1}$ |
| centi | c | 0,01 | $10^{-2}$ |
| milli | m | 0,001 | $10^{-3}$ |
| micro | μ | 0,000 001 | $10^{-6}$ |
| nano | n | 0,000 000 001 | $10^{-9}$ |
| pico | p | 0,000 000 000 001 | $10^{-12}$ |
| femto | f | 0,000 000 000 000 001 | $10^{-15}$ |
| atto | a | 0,000 000 000 000 000 001 | $10^{-18}$ |

## 1.4    Liste d'abréviations, de sigles et de symboles

Les termes qui sont suivis d'un *astérisque* dans cette liste ont été traités dans le présent chapitre.

Les abréviations proposées peuvent servir à désigner l'adjectif de la même famille. Par exemple, *alph.* est l'abréviation d'*alphabet* et d'*alphabétique*. Toutefois, s'il faut abréger et le nom et l'adjectif dans un même texte, on attribuera à l'un et à l'autre mot une abréviation différente. Certaines abréviations peuvent, dans des contextes non ambigus, être plus courtes.

### A

| | |
|---|---|
| A | ampère |
| AC | administration centrale |
| ACC | Association canadienne des consommateurs |
| ACDI | Agence canadienne de développement international |
| ACNOR | Association canadienne de normalisation |
| add. | addition |
| adj. | adjectif |
| *ad lib.* | *ad libitum* (au choix) |
| ADN | acide désoxyribonucléique |

| | |
|---|---|
| adv. | adverbe |
| AFNOR | Association française de normalisation |
| AFP | Agence France-Presse |
| AID | Association internationale de développement |
| AIEA | Agence internationale de l'énergie atomique |
| ALE | Accord de libre-échange |
| ALENA | Accord de libre-échange nord-américain |
| alph. | alphabet; alphabétique |
| AM | modulation d'amplitude |
| amér. | américain; américanisme |
| anc. | ancien |
| anglic. | anglicisme |
| ann. | annexe |
| ANSI | American National Standards Institute Inc. |
| AOC | appellation d'origine contrôlée |
| AP | Associated Press |
| app. | appartement |
| app., append. | appendice |
| apr. J.-C. | après Jésus-Christ |
| A/R, A. R. | accusé de réception; à rappeler; avis de réception |
| art. | article |
| a/s de | aux (bons) soins (de) |
| ASA | American Standards Association Inc. |
| ASME | American Society of Mechanical Engineers |
| assoc. | association |
| ASTM | American Society for Testing and Materials |
| ATME | appareil de télécommunications pour malentendants |
| av. | avenue |
| av. J.-C. | avant Jésus-Christ |
| avr. | avril |

## B

| | |
|---|---|
| BCG | vaccin bilié de Calmette et Guérin |
| bd, b$^d$, boul. | boulevard |
| BD | bande dessinée |
| BD, B.D. | base de données |
| BENELUX | Union douanière de la Belgique, du Luxembourg et des Pays-Bas |
| BFD | Banque fédérale de développement |
| bibl. | bibliothèque |
| bibliogr. | bibliographie; bibliographique |
| biogr. | biographie; biographique |
| BIRD | Banque internationale pour la reconstruction et le développement (*en abrégé* Banque mondiale) |
| BIT | Bureau international du travail |
| BN | Bibliothèque nationale |

| | |
|---|---|
| BNQ | Bureau de normalisation du Québec |
| BP | Bibliothèque du Parlement |
| BPC | biphényle polychloré (*ou* polychlorobiphényle) |
| Bq | becquerel (*activité des radionucléides*) |
| BSI | British Standards Institution |
| bull. | bulletin |
| bx-arts | beaux-arts |

# C

| | |
|---|---|
| c, © | copyright |
| ¢ | cent (*monnaie*) |
| c. | contre |
| C | coulomb (*charge électrique*) |
| c.a. | comptable agréé |
| CAC | Conseil des arts du Canada |
| c.-à-d. | c'est-à-dire |
| can. | canadien |
| CANDU | Canada-Deutérium-Uranium (*réacteur*) |
| cap. | capitale |
| car. ital. | caractère italique |
| car. rom. | caractère romain |
| c/c | compte courant |
| c.c. | copie conforme |
| CCDP | Commission canadienne des droits de la personne |
| C. civ. | Code civil |
| CCN | Conseil canadien des normes; Commission de la capitale nationale |
| cd | candela (*intensité lumineuse*) |
| CD | corps diplomatique |
| CDBC | Centre de distribution des biens de la Couronne |
| CD-ROM | disque compact à mémoire morte (*compact disk read-only memory*) |
| CE | Conseil de l'Europe; Communauté européenne |
| CEE | Communauté économique européenne |
| CEI | Communauté des États indépendants (*ancienne URSS*) |
| *cf.* | *confer* (comparer, se reporter à) |
| CFP | Commission de la fonction publique |
| CGSB | Canadian General Standards Board (*en français* ONGC) |
| ch. | chemin; chèque |
| chap. | chapitre |
| CIDP | code d'identification de dossier personnel |
| Cie, C^{ie} | compagnie* |
| CIO | Comité international olympique |

| | |
|---|---|
| circ. | circonscription |
| CISR | Commission de l'immigration et du statut de réfugié |
| cl | centilitre |
| CLO | commissaire aux langues officielles |
| CNA | Centre national des arts |
| CNRC | Conseil national de recherches du Canada |
| col. | colonne |
| coll. | collectif; collection; collaborateur |
| concl. | conclusion |
| conj. | conjonction; conjugaison |
| coop. | coopération; coopérative |
| cour. | courant |
| C.P. | case postale; colis postal |
| C. pén. | Code pénal |
| C. proc. civ. | Code de procédure civile |
| C.Q.F.D. | ce qu'il fallait démontrer |
| cr. | crédit; créditeur (*adjectif*) |
| C.R. | contre remboursement |
| CROP | Centre de recherches sur l'opinion publique |
| CRTC | Conseil de la radiodiffusion et des télécommunications canadiennes |
| CSA | Canadian Standards Association (*en français* ACNOR) |
| CSC | Conseil des sciences du Canada |
| CSD | Centrale des syndicats démocratiques |
| CSN | Confédération des syndicats nationaux |
| CTC | Congrès du travail du Canada |
| CTIC | Conseil des traducteurs et interprètes du Canada |
| c.v. | curriculum vitae |

## D

| | |
|---|---|
| d | jour (lat. *dies*) [système international] |
| d. | date |
| DDT | dichloro-diphényl-trichloréthane |
| déb. | débit; débiteur |
| déc. | décembre |
| *del.* | *deleatur* (à enlever) |
| dest. | destinataire |
| dim. | dimanche |
| dir. | directeur, directrice; direction |
| disp. | disponible |
| dl | décilitre |
| doc., docum. | document; documentation |
| DOS | système d'exploitation à disques (*disk operating system*) |
| douz., dz | douzaine |
| dr. | droit; droite |

| | |
|---|---|
| Dr, D$^r$; Dre, D$^{re}$ | docteur; docteure* |
| dr. can. | droit canon |
| dr. civ. | droit civil |
| dr. comm. | droit commercial |
| dr. cout. | droit coutumier |
| dr. crim. | droit criminel |
| dr. fiscal | droit fiscal |
| dr. pén. | droit pénal |
| dr. pos. | droit positif |
| Drs, D$^{rs}$; Dres, D$^{res}$ | docteurs; docteures* |
| dupl. | duplicata |
| °C | degré Celsius* |
| °F | degré Fahrenheit* |

# E

| | |
|---|---|
| E. | est* |
| écon. | économie |
| éd. | éditeur, éditrice; édition |
| e.g. | *exempli gratia* (par exemple) [travaux d'édition] |
| élém. | élément |
| enr. | enregistrée (*raison sociale*) |
| env. | environ |
| *err.* | *erratum, errata* (erreur, erreurs) |
| É$^{ts}$, Établ$^{ts}$ | établissements* |
| *et al.* | *et alii* (et autres) |
| ét. | étage |
| etc. | et cetera* |
| et coll. | et collaborateurs |
| ex. | exemple |
| exempl. | exemplaire |
| exerc. | exercice |
| exp. | expéditeur |

# F

| | |
|---|---|
| f. | feuillet(s) |
| F | farad (*capacité électrique*) |
| F. | frère |
| FAA | Federal Aviation Administration |
| F.A.B. | franco à bord |
| fac-sim. | fac-similé |
| FAO | Organisation des Nations Unies pour l'alimentation et l'agriculture |
| FAQ | foire aux questions (*frequently asked questions*) |
| fasc. | fascicule |
| f$^{co}$ | franco |
| féd. | fédéral; fédération |

| | |
|---|---|
| fém. | féminin |
| févr. | février |
| FF. | frères |
| F.G. | frais généraux |
| fig. | figure*; figuré |
| fin. | finance(s) |
| fl. | fleuve |
| FM | modulation de fréquence |
| FMI | Fonds monétaire international |
| f$^o$, f$^{os}$ | folio, folios |
| form. | format |
| FORPRONU | Force de protection des Nations Unies |
| fr., franç. | français |
| F.S. | faire suivre |
| FTP | protocole FTP (*File Transfer Protocol*) |
| FTQ | Fédération des travailleurs du Québec |

# G

| | |
|---|---|
| g. | gauche |
| gén. | général |
| G. L. | grand livre |
| Go | gigaoctet |
| gouv. | gouvernement |
| GRC | Gendarmerie royale du Canada |
| Gy | gray (*dose de rayonnements ionisants*) |

# H

| | |
|---|---|
| h | heure* |
| H | henry (*inductance*) |
| ha | hectare |
| HAE | heure avancée de l'Est |
| hab. | habitant |
| haut. | hauteur |
| HLM | habitation à loyer modique |
| HNE | heure normale de l'Est |
| hon. | honorable |
| HTML | *Hyper Text Markup Language* |
| HTTP | protocole HTTP (*Hypertext Transfer Protocol*) |
| hyp. | hypothécaire; hypothèque |
| Hz | hertz (*fréquence*) |

# I

| | |
|---|---|
| *ibid.* | *ibidem* (au même endroit) |
| IBN | Institut belge de normalisation |
| *id.* | *idem* (le même auteur) |
| *i. e.* | *id est* (c'est-à-dire) [travaux d'édition] |

| | |
|---|---|
| IEEE | Institute of Electrical and Electronics Engineers (*ancien* American Institute of Electrical Engineers) |
| inc. | incorporée |
| incl. | inclusivement |
| *in ext.* | *in extenso* (au complet) |
| inf. | information |
| *inf.* | *infra* (ci-dessous) |
| in-f° | in-folio* |
| inform. | informatique |
| ing. | ingénieur, ingénieure |
| int. | intérêt |
| INTELSAT (ou Intelsat) | Organisation internationale des télécommunications par satellites |
| internat. | international |
| introd. | introduction |
| IR | infrarouge |
| ISI | Indian Standards Institution |
| ISO | Organisation internationale de normalisation |
| ital. | italique |

## J

| | |
|---|---|
| j | jour* |
| J | joule (*énergie*) |
| janv. | janvier |
| jeu. | jeudi |
| juill. | juillet |
| jur., jurid. | juridique |
| jurispr. | jurisprudence |

## K

| | |
|---|---|
| K | kelvin (*température thermodynamique*) |
| kg | kilogramme |
| km/h | kilomètre à l'heure |
| ko | kilo-octet |
| kW | kilowatt |

## L

| | |
|---|---|
| l, L | litre |
| larg. | largeur |
| latit. | latitude |
| lb | livre (*poids*) |
| législ. | législation; législature |
| lex. | lexique |
| liv. | livre (*ouvrage*)* |
| livr. | livraison |
| LL. AA. | Leurs Altesses |
| LL. AA. II. | Leurs Altesses Impériales |

| | |
|---|---|
| LL. AA. RR. | Leurs Altesses Royales |
| LL. EE. | Leurs Excellences |
| LL. ÉÉm. | Leurs Éminences |
| LL. EExc. | Leurs Excellences |
| LL. GG. | Leurs Grandeurs |
| LL. MM. | Leurs Majestés |
| LL. MM. II. | Leurs Majestés Impériales |
| LL. MM. RR. | Leurs Majestés Royales |
| lm | lumen (*flux lumineux*) |
| loc. | locution |
| *loc. cit.* | *loco citato* (à l'endroit cité) |
| long. | longueur |
| longit. | longitude |
| ltée | limitée (*raison sociale*) |
| lun. | lundi |
| lx | lux (*éclairement*) |

## M

| | |
|---|---|
| m | mètre |
| m. | mois |
| M., MM. | monsieur, messieurs* |
| maj. | majuscule |
| mar. | mardi |
| masc. | masculin |
| max. | maximum |
| $M^e$, $M^{es}$ | maître, maîtres* |
| méd. | médecine |
| mer. | mercredi |
| métr. | métrique |
| Mgr, $M^{gr}$; Mgrs, $M^{grs}$ | monseigneur; messeigneurs |
| min | minute* |
| min. | minimum; minuscule |
| ml | millilitre |
| Mlle, $M^{lle}$; Mlles, $M^{lles}$ | mademoiselle; mesdemoiselles* |
| Mme, $M^{me}$; Mmes, $M^{mes}$ | madame; mesdames* |
| Mo | mégaoctet |
| mol | mole (*quantité de matière*) |
| MRC | Monnaie royale canadienne; municipalité régionale de comté |
| ms, mss | manuscrit, manuscrits |
| m/s | mètre par seconde |

## N

| | |
|---|---|
| N | néant |
| N | newton (*force*) |
| N. | nord* |

| | |
|---|---|
| n/, N/ | nous; notre; nos |
| N.B. | nota bene |
| NAS | numéro d'assurance sociale |
| NASA | National Aeronautics and Space Administration |
| n$^{bre}$ | nombre |
| n/c | notre compte |
| N.D.A. | note de l'auteur |
| N.D.É. | note de l'éditeur |
| N.D.L.R. | note de la rédaction |
| N.D.T. | note du traducteur |
| néol. | néologisme |
| NN. SS. | Nos Seigneurs |
| n$^o$, n$^{os}$ | numéro, numéros* |
| NORAD | Défense aérienne du continent nord-américain |
| nouv. éd. | nouvelle édition |
| nov. | novembre |
| n. p. | non paginé |
| N/Réf. | notre référence |

# O

| | |
|---|---|
| o | octet |
| O. | ouest* |
| OACI | Organisation de l'aviation civile internationale |
| obs. | observation |
| OC | ondes courtes |
| OCDE | Organisation de coopération et de développement économiques |
| oct. | octobre |
| OEA | Organisation des États américains |
| OIT | Organisation internationale du travail |
| OMC | Organisation mondiale du commerce (*remplace le GATT*) |
| OMM | Organisation météorologique mondiale |
| OMS | Organisation mondiale de la santé |
| ONF | Office national du film |
| ONG | organisation non gouvernementale |
| ONGC | Office des normes générales du Canada |
| OPA | offre publique d'achat |
| *op. cit.* | *opere citato* (dans l'ouvrage cité) |
| OPEP | Organisation des pays exportateurs de pétrole |
| ordin. | ordinateur |
| OTAN | Organisation du Traité de l'Atlantique Nord |
| OTASE | Organisation du Traité de l'Asie du Sud-Est |
| OUA | Organisation de l'unité africaine |
| ouvr. cité | ouvrage cité |

| oz | once |
| Ω | ohm (*résistance électrique*) |

## P

| p. | page(s)* |
| P. | père |
| Pa | pascal |
| PAJLO | Programme national de l'administration de la justice dans les deux langues officielles |
| paragr., § | paragraphe |
| parenth. | parenthèse(s) |
| part. | partie |
| PC | Presse canadienne |
| p. 100, p. cent, % | pour cent* |
| p. c. q. | parce que |
| PCV | paiement contre vérification |
| P.D. | port dû |
| P.-D. G. | président-directeur général, présidente-directrice générale |
| p. ex. | par exemple |
| p. ext. | par extension |
| pi | pied* |
| p. i. | par intérim |
| PIB | produit intérieur brut |
| p.j., P.J. | pièce jointe |
| plur. | pluriel |
| PME | petite ou moyenne entreprise, petites et moyennes entreprises |
| PMI | petite ou moyenne industrie, petites et moyennes industries |
| PNB | produit national brut |
| po | pouce* |
| pop. | populaire |
| p.p. | par procuration |
| PP. | pères |
| P.P. | port payé |
| P. & P. | profits et pertes |
| préf. | préface |
| Prof., Pr, P$^r$; Pre, P$^{re}$ | professeur; professeure* |
| progr. | programme |
| prov. | province |
| Prs, P$^{rs}$; Pres, P$^{res}$ | professeurs; professeures |
| P.-S. | post-scriptum |
| publ. | public; publié |
| P. V. | prix de vente |
| p.-v. | procès-verbal |
| §, paragr. | paragraphe |
| %, p. 100, p. cent | pour cent* |

# Q

| | |
|---|---|
| QG | quartier général |
| QI | quotient intellectuel |
| qq. | quelques |
| qqch. | quelque chose |
| qqf. | quelquefois |
| qqn | quelqu'un |
| quant. | quantité |

# R

| | |
|---|---|
| RAM | mémoire vive (*random access memory*) |
| RCB | rationalisation des choix budgétaires (*équivalent de l'anglais PPBS*) |
| RD, R-D, R et D | recherche et développement |
| recomm. | recommandation; recommandé |
| réf. | référence |
| rem., R. | remarque |
| RISQ | Réseau interordinateurs scientifique québécois |
| r$^o$ | recto |
| rom. | romain |
| R. P. | révérend père |
| R.R. | route rurale |
| RR. PP. | révérends pères |
| R.S.V.P. | Répondez s'il vous plaît |
| rte | route |

# S

| | |
|---|---|
| s | seconde* |
| s. | siècle |
| s., suiv. | suivant(s), suivante(s) |
| S | siemens (*conductance électrique*) |
| S. | sud* |
| S. A. | Son Altesse |
| S. A. I. | Son Altesse Impériale |
| sam. | samedi |
| S. A. R. | Son Altesse Royale |
| s. d. | sans date |
| SE | système d'exploitation |
| S. E., S. Exc. | Son Excellence |
| S. Ém. | Son Éminence |
| sect. | section |
| sem. | semaine; semestre |
| sept. | septembre |
| SFI | Société financière internationale |
| SGBD, S.G.B.D. | système de gestion de base de données |
| S. H. | Son Honneur |
| SI | Système international (d'unités) |

| | |
|---|---|
| SIDA (*ou* sida) | syndrome d'immunodéficience acquise |
| SIG | système intégré de gestion; système d'information de gestion |
| sing. | singulier |
| s. l. | sans lieu |
| s. l. n. d. | sans lieu ni date |
| S. M. | Sa Majesté |
| S. M. I. | Sa Majesté Impériale |
| S. M. R. | Sa Majesté Royale |
| s. n. | sans nom |
| s/o, s. o. | sans objet |
| s. soc. | siège social |
| somm. | sommaire |
| S.O.S. | *abréviation de l'anglais* Save Our Souls |
| soul. | souligné |
| Sr, Srs | soeur, soeurs |
| SRC | Société royale du Canada; Société Radio-Canada |
| S. S. | Sa Sainteté |
| s. t. | sans titre |
| St, S$^t$; Ste, S$^{te}$ | saint; sainte* |
| stat. | statistique |
| Sté, S$^{té}$ | société* |
| Sts, S$^{ts}$; Stes, S$^{tes}$ | saints; saintes* |
| suiv., s. | suivant(s), suivante(s) |
| *sup.* | *supra* (ci-dessus) |
| suppl. | supplément |
| s.v. | *sub verbo* (au mot) |
| S.V.P. | s'il vous plaît |

# T

| | |
|---|---|
| t | tonne |
| t. | tome |
| T | tesla (*densité de flux magnétique*) |
| T. | taxe |
| TABDT | vaccin antityphoïdique et antiparatyphoïdique A et B, antidiphtérique et tétanique |
| tél. | téléphone |
| téléc. | télécopieur |
| temp. | température |
| TNT | trinitrotoluène |
| TPS | taxe sur les produits et services |
| trad. | traducteur; traduction |
| très hon. | très honorable |
| trib. | tribunal |
| trim. | trimestre |
| T.S.V.P. | Tournez s'il vous plaît |
| TTC | toutes taxes comprises |

| | |
|---|---|
| TVA | taxe sur la valeur ajoutée |
| TVQ | taxe de vente du Québec |

## U

| | |
|---|---|
| UIT | Union internationale des télécommunications |
| UNESCO | Organisation des Nations Unies pour l'éducation, la science et la culture |
| UNICEF | Fonds des Nations Unies pour l'enfance |
| univ. | université |
| UPI | United Press International |
| UPU | Union postale universelle |
| URL | Uniform Resource Locator (*comme dans* adresse URL) |
| us. | usage; usuel |
| USASI | United States of America Standards Institute |
| UV | ultraviolet |

## V

| | |
|---|---|
| v. | voir |
| V | volt |
| v/, V/ | vous; votre; vos |
| v.a. | voir aussi |
| v/c | votre compte |
| ven. | vendredi |
| VIH | virus de l'immunodéficience humaine |
| v$^o$ | verso |
| vol. | volume |
| V/Réf. | votre référence |
| VTT | véhicule tout terrain; vélo tout terrain |
| vx, v$^x$ | vieux |

## W

| | |
|---|---|
| W | watt |
| Wb | weber (*flux magnétique*) |
| W3 | World Wide Web (*réseau*) |

## X, Y, Z

| | |
|---|---|
| X | inconnu, anonyme |

# 2  Les nombres

La notion de nombre recouvre à la fois l'idée de quantité et celle de rang. Le nombre est dit :

— *Cardinal*, s'il sert à préciser le nombre des êtres ou la quantité des choses de même espèce :

un billet de 20 dollars
les sept jours de la semaine

— *Ordinal*, s'il marque le rang d'un être dans son groupe ou l'ordre de classement d'une chose dans sa série :

le septième jour de la semaine
le XX$^e$ siècle

## 2.1   En lettres ou en chiffres?

Dans quels cas convient-il d'écrire les nombres en toutes lettres plutôt qu'en chiffres? Certains auteurs conseillent de toujours écrire en lettres les nombres de 1 à 9, de 1 à 10, ou de 1 à 16, et en chiffres les nombres supérieurs. La limite choisie pour passer des lettres aux chiffres reste en fait un critère arbitraire; l'essentiel est de s'en tenir à la règle que l'on s'est fixée.

Lorsque, dans un même texte, on est en présence de nombres dont certains devraient s'écrire en lettres et d'autres en chiffres, on peut toutefois, par souci d'uniformité, les mettre tous en lettres ou tous en chiffres :

un enfant de 6 ans et sa mère de 45 ans

*ou*

un enfant de six ans et sa mère de quarante-cinq ans

Par ailleurs, il faut éviter d'exprimer un nombre de façon mi-littérale, mi-chiffrée : on peut très bien écrire *3 000* ou *trois mille*, mais non *3 mille*. Font exception les nombres contenant les mots *million* et *milliard*, parce que ces termes sont des substantifs : il est parfaitement correct d'écrire qu'un pays compte *150 millions* d'habitants.

## 2.2   Le nombre en lettres

### 2.2.1   Nombres à composer en toutes lettres

Dans les textes juridiques, protocolaires ou de style soutenu, les nombres s'écrivent habituellement en toutes lettres.

On compose également en lettres :

— *Le nombre qui commence une phrase*

Deux mille personnes meurent accidentellement chaque jour, dont 800 dans des accidents de la route.

Le totalisateur indiquait 100. Cent kilomètres en moins de quarante minutes!

Toutefois, indépendamment de sa position dans la phrase, le nombre accompagné d'un symbole du Système international d'unités doit être exprimé en chiffres :

150,8 km/h : vitesse étonnante pour un moteur de 1,75 litre!

— *Tout nombre employé dans une expression figurée*

répéter trente-six fois la même chose
faire les quatre cents coups

— *Le nombre qui figure dans un nom composé*

un deux-pièces
la ville de Trois-Rivières
le chemin des Quatre-Bourgeois

— *Tout nombre faisant fonction de nom*

un premier de classe
jouer le huit de coeur
du quinze pour cent

— *Les fractions ordinaires*

les neuf dixièmes du revenu national
dilapider les trois quarts d'un héritage
deux cent-vingtièmes de gramme

V.a. 2.3.2.

— *En général, les nombres inclus dans un vers*

Mil huit cent onze! Ô temps où des peuples sans nombre
Attendaient, prosternés sous un nuage sombre,
Que le ciel eût dit oui!

(V. Hugo)

Dans certains textes où les nombres revêtent une importance particulière (actes de vente, contrats, etc.), on les écrit en lettres en les faisant suivre des chiffres correspondants, entre parenthèses :

La livraison devra être effectuée dans les trois (3) mois qui suivront la signature du contrat.

Dans les documents commerciaux, on fait plutôt l'inverse :

Nous vous retournons 6 (six) bobines défectueuses.

## 2.2.2 Principes d'écriture

**a) Nombres inférieurs à *cent***

Les composants d'un nombre inférieur à *cent* sont reliés :

— Soit par le trait d'union :

vingt-quatre
quarante-septième

— Soit par la conjonction *et* devant *un* et *onze* :

vingt et un
soixante et onze

à l'exception de *quatre-vingt-un* et *quatre-vingt-onze*.

**b) *Cent, mille***

Les nombres *cent* et *mille* ne sont jamais précédés ni suivis du trait d'union, ni normalement suivis de la conjonction *et* :

mille vingt
cent onze
deux mille cent quatre-vingt-dix-sept hectares
l'an mille (*ou* mil) sept cent vingt et un

On rencontre encore *mil* dans l'écriture des dates. Cette graphie est toutefois moins courante de nos jours. La conjonction *et* subsiste dans certaines expressions consacrées et certains titres d'ouvrages :

les cent et une manières d'avoir tort
*Les mille et une nuits*

## 2.2.3 Accord des adjectifs cardinaux

Les nombres (ou adjectifs numéraux) cardinaux, même employés comme noms, sont toujours invariables, sauf *un*, *vingt* et *cent* :

Les quarante-cinq dernières pages sont les plus intéressantes.

J'avais les quatre neuf dans mon jeu (de cartes).

**a) *Un***

*Un* est **variable** en genre seulement. Ainsi on écrira :

trente et une fenêtres

vingt et une cartes

Il se leva à quatre heures une (minute), et partit à cinq heures moins une.

Malgré une certaine hésitation de l'usage, *un* est généralement *invariable* dans les deux cas suivants :

— Indication d'une page, d'un livre ou d'une autre subdivision d'ouvrage où *un* a valeur d'ordinal :

> page 1 (*page* « un »)
> lettre XXI (*lettre* « vingt et un »)

— Expressions (*vingt et un mille, trente et un mille*, etc.) où *un* porte sur *mille* plutôt que sur le nom féminin qui suit :

> vingt et un mille pommes

**Remarque**

On fait généralement l'*élision* devant *un* :

> les multiples d'un million
> être suivi d'un ou de plusieurs nombres

Il n'y a pas d'élision quand *un* est pris comme substantif et représente un numéro, ou quand il marque le point de départ d'une série :

> le un de telle rue (*la maison qui porte le numéro 1*)
> le un (*le numéro 1 à la loterie*)
> la une (*la première page d'un journal*)
> compter de un à dix

On peut aussi ne pas faire l'élision quand on veut souligner le nombre *un* en le faisant précéder d'une pause :

> une pièce de un dollar (*ou* d'un dollar)

Quand *un* est représenté par un chiffre, on n'élide pas :

> une pièce de 1 dollar

b)   *Vingt* et *cent*

*Vingt* et *cent* **varient** en nombre quand, multipliés par un autre nombre, ils constituent le dernier terme d'un adjectif numéral composé :

> quatre-vingts oiseaux
> cinq cents litres

On écrit cependant *cent vingt*, parce qu'il ne s'agit pas d'une multiplication.

Lorsque *vingt* et *cent* sont suivis d'un ou de plusieurs autres adjectifs numéraux, ils restent *invariables* :

> quatre-vingt-dix oiseaux
> cinq cent vingt et un grammes
> trois cent mille dollars

Employés avec une valeur *ordinale*, ces mots restent invariables :

les années quatre-vingt
la page quatre-vingt
le quatre-vingt du boulevard Maisonneuve
l'an mille huit cent
le paragraphe deux cent

c)  **Mille**

*Mille* employé comme numéral est toujours invariable, même lorsqu'il est substantivé :

des mille et des cents                    des centaines de mille
trois mille dollars                       vingt-deux mille tonnes

*Mille* s'accorde au pluriel quand il désigne une unité de mesure :

à trois mille milles de New York
cent milles à l'heure

## 2.2.4    Accord des adjectifs ordinaux

Les adjectifs numéraux ordinaux varient en genre et en nombre :

les premières années
les vingt et unièmes gagnants

À noter que l'abréviation du suffixe ordinal prend aussi la marque du pluriel, quel que soit le système de numération utilisé :

les XI$^{es}$ Jeux du Commonwealth

## 2.2.5    *Millier, million, milliard, etc.*

Les mots *millier, million, milliard, billion, trillion,* etc. − qui sont des substantifs − s'accordent au pluriel. Les adjectifs *vingt* et *cent* qui les précèdent sont variables quand ils ne sont pas suivis d'un autre adjectif numéral :

dix milliards trois cents millions de dollars

dix milliards trois cent cinquante millions de dollars

**Remarques**

1.  Pour éviter de multiplier les zéros à la suite d'un nombre, on écrit en lettres *million, milliard* et, plus rarement, *trillion, quatrillion, quintillion,* etc. Ainsi, on peut écrire :

dix millions d'habitants *ou* 10 millions d'habitants

trente milliards d'étoiles *ou* 30 milliards d'étoiles

En sciences, on se sert d'un exposant pour indiquer le nombre de zéros : 40 000 000 000, par exemple, prendrait la forme : $4 \times 10^{10}$.

2. Le système de représentation des grands nombres adopté par la Grande-Bretagne et la France est basé sur les multiples d'un million ($10^6$), tandis que le système américain, utilisé largement au Canada anglais, est basé sur les multiples de mille ($10^3$). Cela donne, par exemple :

| Anglais | | Français |
|---------|---|----------|
| *million* (Can./É.-U./G.-B.) | $10^6$ | million (Can./Fr.) |
| *billion* (Can./É.-U.) | $10^9$ | milliard (Can./Fr.) |
| *milliard* (G.-B.) | $10^9$ | milliard (Can./Fr.) |
| *billion* (G.-B.) | $10^{12}$ | billion (Can./Fr.) |
| *trillion* (Can./É.-U.) | $10^{12}$ | billion (Can./Fr.) |
| *trillion* (G.-B.) | $10^{18}$ | trillion (Can./Fr.) |
| *quadrillion* (Can./É.-U.) | $10^{15}$ | sans équivalent |
| *quadrillion* (G.-B.) | $10^{24}$ | quatrillion (Can./Fr.) |

Les Américains et les Canadiens anglais emploient le mot *billion* au sens de « milliard », contrairement aux Britanniques, pour qui l'expression *billion* a le même sens qu'en français.

## 2.3  Le nombre en chiffres

### 2.3.1  Nombres entiers

On doit toujours respecter scrupuleusement l'intégrité arithmétique d'un nombre : on ne le coupe donc jamais en fin de ligne (v.a. 4.3).

### a)  Triades

Les nombres de plus de trois chiffres sont formés de triades, complètes ou non, séparées par un espace : de droite à gauche pour les nombres entiers (*2 650; 53 000; 360 000*), et de gauche à droite à partir de la ponctuation décimale pour les fractions (*56 789,432 19*). La séparation n'est cependant jamais obligatoire quand le nombre comporte seulement quatre chiffres :

1 500 lettres *ou* 1500 lettres

On ne sépare pas les tranches de trois chiffres dans les nombres qui ont une fonction de numérotage : millésimes, matricules, articles de lois, numéros de vers, de pages ou de chapitres, adresses, etc. :

l'année 1995
le dossier 16145
10400, rue Laurier

### b)  Abrègement

On n'abrège pas les nombres exprimés totalement en chiffres quand cela peut nuire à la clarté de l'énoncé ou créer une équivoque. Ainsi, on écrira :

Il traite de 2 000 à 3 000 demandes par année (*et non* de 2 à 3 000 demandes).

## 2.3.2    Fractions ordinaires

Les fractions ordinaires s'écrivent généralement en toutes lettres (v. 2.2.1), mais dans certains cas, par exemple dans les ouvrages de mathématiques, les documents financiers et les textes scientifiques ou techniques, elles doivent être écrites en chiffres. Il convient alors d'observer les règles suivantes :

— Dans les ouvrages scientifiques et les manuels scolaires, le numérateur et le dénominateur, centrés l'un au-dessus de l'autre, sont séparés par une barre horizontale :

$$\frac{1}{2} \quad \frac{2}{3} \quad \frac{3}{4} \quad \frac{4}{5}$$

— L'emploi de la barre horizontale étant peu commode, il est de plus en plus courant de séparer les deux termes de la fraction par une barre oblique :

1/2    2/3    3/4    4/5

— Bien que, dans certaines fractions, le dénominateur ait l'apparence d'un nombre ordinal (4/5 se dit « quatre cinquièmes »), il n'est jamais suivi du *e* abréviatif.

— On n'utilise pas les fractions ordinaires avec les symboles du Système international d'unités. On n'écrira donc pas *1/2 km*, mais *0,5 km*.

## 2.3.3    Fractions décimales

Les fractions décimales sont normalement écrites en chiffres.

### a)    Signe décimal

Le signe décimal en français est la virgule. Elle n'est ni précédée ni suivie d'un espace. C'est l'usage que recommandent l'ACNOR, l'ISO, l'AFNOR et le BNQ.

Les décimales ne sont jamais séparées de l'unité. On écrit donc :

1,50 m  (*et non* 1 m,50 *ni* 1 m 50)

3,25 km (*et non* 3 km,25 *ni* 3 km 25)

### b)    Emploi du zéro

Lorsque le nombre est inférieur à un, la virgule décimale doit être précédée d'un zéro :

0,55 kg
0,767 mm
0,1 kPa

Placé après le signe décimal, le zéro ajoute un élément de précision utile aux statisticiens. En effet, dans l'exemple suivant :

Les installations génératrices ont fourni 15,0 % de toute l'énergie produite pendant l'année.

l'expression 15,0 % signale que le chiffre réel de production est compris entre 14,96 et 15,04 %, alors que 15 % signifierait que le chiffre réel se situe entre 14,6 et 15,4 %.

La pratique de Statistique Canada est de mettre le zéro après la virgule dans les tableaux (presque toujours publiés en présentation bilingue), mais de le supprimer lorsqu'il est évident que les calculs, dans les textes, ont été poussés à deux ou trois décimales.

c)  **Arrondissement des fractions**

Dans un texte courant, il n'y a pas lieu de pousser une fraction jusqu'à sa dernière décimale. Cette recherche de la précision absolue est d'ailleurs impossible pour les fractions dites périodiques (3/11 ≈ 0,272727...; 2/13 ≈ 0,153846153846...; 7/11 ≈ 0,636363...), où les mêmes groupes de chiffres reviennent indéfiniment dans le même ordre.

L'Association canadienne de normalisation recommande de conserver un nombre de chiffres significatifs de la partie décimale selon la méthode suivante :

— *Lorsque le premier chiffre supprimé est inférieur à cinq*, le dernier chiffre retenu reste inchangé. Par exemple, 3,141 326 arrondi à quatre chiffres devient 3,141.

— *Lorsque le premier chiffre supprimé est supérieur à cinq*, ou lorsque c'est un cinq suivi d'au moins un chiffre différent de zéro, le chiffre que l'on retient est augmenté d'une unité. Par exemple, 2,213 72 arrondi à quatre chiffres devient 2,214. Et 4,168 501 arrondi à quatre chiffres devient 4,169.

— *Lorsque le premier chiffre supprimé est cinq*, et qu'il n'est suivi que de zéros, le chiffre que l'on retient est augmenté d'une unité s'il s'agit d'un chiffre impair, et reste inchangé dans le cas d'un chiffre pair. Par exemple, 2,35 arrondi à deux chiffres devient 2,4. Et 2,45 arrondi à deux chiffres devient aussi 2,4.

## 2.3.4    Chiffres romains

La numération romaine repose, comme on le sait, sur la relation d'équivalence entre les majuscules I, V, X, L, C, D, M, et les valeurs numériques 1, 5, 10, 50, 100, 500 et 1 000 qui leur sont assignées. À partir de cette base, on compose les différents nombres :

— Par addition, quand une lettre est supérieure ou égale à la suivante;
— Par soustraction, quand une lettre est inférieure à la suivante.

On n'utilise pas plus de trois fois le même signe, sauf pour le chiffre IIII (4) sur les cadrans d'horloge, usage qui remonte à une très vieille tradition. Ainsi on aura, par décomposition :

| | |
|---|---|
| XVII | 10 + 5 + 1 + 1 = 17 |
| XXIV | 10 + 10 + (-1 + 5) = 24 |
| XLIII | (-10 + 50) + 1 + 1 + 1 = 43 |
| XCVI | (-10 + 100) + 5 + 1 = 96 |
| CMXCIX | (-100 + 1000) + (-10 + 100) + (-1 + 10) = 999 |
| MCMLXXX | 1000 + (-100 + 1000) + 50 + 10 + 10 + 10 = 1980 |

## 2.3.5 Nombres à composer en chiffres romains

Malgré l'utilisation de plus en plus courante d'autres systèmes, les chiffres romains conservent certaines de leurs fonctions traditionnelles. On y recourt encore pour représenter le nombre qui précise le rang d'un élément particulier dans un ensemble. Les chiffres romains servent généralement à indiquer :

— *L'ordre dans un ouvrage de facture classique*

Des *divisions principales* (tome, livre, volume, partie, fascicule, section, acte) et *divisions secondaires* (chapitre, leçon, scène, poème, strophe, etc.). Font exception *premier* et *première*, qui s'écrivent habituellement en toutes lettres dans les titres;
Des *pages préliminaires* (préface, avant-propos, introduction, etc.);
Des *hors-texte* (illustrations, cartes, tableaux, planches et tirés à part);
Des *appendices* et *annexes*.

On écrit ainsi :

En vertu de la partie XV de l'annexe III de la *Loi sur...*

*Le Cid*, acte I, scène II.

À la fin du chapitre X du tome III des *Essais*, Montaigne...

Mais, dans le cas des mots *premier* et *première* disposés en vedette, dans un titre par exemple, on écrit :

| | |
|---|---|
| ACTE PREMIER | Premier tableau |
| PREMIÈRE PARTIE | Chapitre premier |

— *Les grandes manifestations convoquées périodiquement*

Les XXI$^{es}$ Jeux olympiques ont eu lieu à Montréal en 1976.

— *Les siècles et les millénaires*

le XVIII$^e$ siècle ou l'Europe des lumières

On les écrit aussi en toutes lettres. Les noms des siècles sont souvent composés en petites capitales dans les textes imprimés. D'autre part, on rencontre de plus en plus les chiffres arabes dans les ouvrages récents (p. ex. : *18$^e$ siècle*).

— *Les dynasties et certains régimes politiques*

le III$^e$ Reich *ou* le Troisième Reich

— *Le rang des souverains de même lignée*

Pierre III, roi d'Aragon, régna en Sicile sous le nom de Pierre I$^{er}$.

— *Les divisions principales des livres saints*

Samuel I et Samuel II désignent aujourd'hui les deux premiers Livres des Rois de l'Ancien Testament.

Pour les chapitres et les versets, on emploie toutefois les chiffres arabes.

— *Les tableaux du chemin de la Croix*

La I$^{re}$ station rappelle la scène du tribunal.

— *L'année* dans une inscription sur un monument, sur la page frontispice d'un livre, au générique d'un film ou d'une émission de télévision :

MCMLXXXVIII

## 2.4   Cas particuliers

### 2.4.1   Année, époque, etc.

Pour les exercices financiers ou les années scolaires, on conserve toujours les quatre chiffres :

l'exercice 1995-1996

On compose en lettres la désignation abrégée d'une époque historique ou particulièrement mémorable, bien que les chiffres soient souvent employés aujourd'hui :

la guerre de Cent Ans
la crise des années trente *ou* des années 30

Comme on peut le constater par le dernier exemple, l'usage admet dans certains cas que l'on retranche les deux premiers chiffres du millésime, pourvu qu'il n'y ait pas de risque d'équivoque quant au siècle. Noter, en français, l'absence d'apostrophe avant le chiffre :

la rébellion de 37
la guerre de 14-18

Quand on donne, comme ci-dessus, l'année du début et l'année de la fin d'une période, il faut retrancher les deux premiers chiffres du millésime dans les deux cas *ou* les garder dans les deux cas. Ainsi, on écrit :

14-18 *ou* 1914-1918, *mais non* 1914-18
30-35 *ou* 1930-1935, *mais non* 1930-35

## 2.4.2  Date

Dans les textes de style soutenu, où les nombres figurent en toutes lettres
(v. 2.2.1), le quantième du mois et l'année sont quand même écrits en
chiffres :

> le 24 août 1995
> le 1$^{er}$ décembre 1996 (*et non* le 1 décembre 1996)

On compose toutefois en lettres la date (quantième, mois, année) figurant
dans un document protocolaire ou juridique : faire-part, invitation, achevé
d'imprimer, acte juridique, notarié, etc. :

> Le vingt-cinq octobre mille neuf cent quatre-vingt-quatorze, en
> l'église de Notre-Dame-des-Victoires, sera célébré...

> Cet ouvrage a été achevé d'imprimer sur les presses de
> Typographicus, le cinq octobre mil neuf cent quatre-vingt-quinze.

Les dates historiques s'écrivent en chiffres dans les noms de rues, de
boulevards, etc. :

> la rue du 24-Juin
> la rue du 1$^{er}$-Juillet

## 2.4.3  Heure

On indique l'heure en lettres lorsqu'il n'y a pas insistance sur un moment
précis de la journée ou lorsque l'expression contient les mots *quart,
demi(e), trois quarts* :

> Venez entre huit et neuf heures.

> Il est parti à huit heures et quart.

> Prenons rendez-vous pour dix heures et demie.

On compose également en lettres le nombre exprimant une *durée*, de
façon à faire la distinction avec le moment :

> Le trajet a duré onze heures trois quarts.

> Elle a travaillé pendant deux heures.

Dans les autres cas, on a recours aux chiffres, que l'on fait suivre soit des
symboles courants, soit des noms des unités en toutes lettres :

> 23 h 12 min 8 s
> *ou*
> 23 heures 12 minutes 8 secondes

**Remarques**

1. On compose en lettres n'importe quelle fraction d'heure accompagnant
un nombre entier déjà écrit en lettres, ou suivant les mots *midi* et *minuit* :

> huit heures douze
> minuit quarante

2. La conjonction *et* s'emploie obligatoirement lorsque l'indication de l'heure comprend le mot *demi(e)*. Elle s'emploie aussi en général devant les mots *quart* :

> minuit et demi
> midi et quart

3. Lorsqu'un nom d'unité est composé en lettres, tous les autres doivent l'être aussi. Ainsi, les expressions hybrides du genre *8 h 5 minutes* ou *8 heures 5 min* sont inacceptables.

4. Si le nom de la première unité de temps est abrégé, celui de la dernière peut être soit abrégé, soit omis :

> 8 h 5 min       *ou*     8 h 5
> 20 min 12 s     *ou*     20 min 12

5. L'accent simple ou prime (´) et l'accent double ou seconde (˝) sont les symboles normalisés des minutes et des secondes d'arc et non de la mesure du temps.

6. Le zéro que l'on place fréquemment devant le chiffre indiquant les minutes ou les secondes (22 h 08 min 07 s) n'a ni valeur décimale ni contenu arithmétique; il n'a donc aucune raison d'être, sauf en informatique et dans certains tableaux. Dans les textes courants, on écrit *8 heures* ou *8 h*, mais non *8 h 00* (v.a. 1.1.12).

### 2.4.4     Sommes d'argent

**a)     Mode d'écriture du nombre**

En règle générale, on représente les sommes d'argent par des chiffres. Le nom de l'unité monétaire peut figurer en lettres dans les textes courants (*dollar, franc, yen, mark,* etc.), mais il est d'usage de le remplacer par son symbole ($, F, Y, DM, etc.) dans les documents statistiques ou financiers :

> L'an dernier, les dépenses se chiffraient déjà à 17 544 146 $.

> Le prix du café atteignait 7,35 dollars le kilo et celui des oeufs, 1,05 dollar la douzaine.

Noter l'orthographe du mot *dollar*, qui reste au singulier pour toutes les quantités inférieures à deux. Une somme telle que *deux millions trois cent mille dollars* s'exprimerait correctement de deux manières :

> 2 300 000 $

> 2,3 millions de dollars

On ne peut écrire *2 millions 300 mille dollars* parce que *mille*, adjectif numéral, ne peut pas jouer le rôle d'un substantif au même titre que *million* ou *milliard*. Pour la même raison, on n'écrit pas : *100 vingt hommes, 10 mille habitants, 100 mille kilomètres,* comme on écrit : *100 millions d'habitants, 200 milliards de dollars,* etc.

Lorsque la somme est écrite en lettres, il faut indiquer le nom de l'unité monétaire au long :

dix mille dollars *et non* dix mille $

Pour les cents, on peut employer soit le symbole du dollar, en mettant un zéro avant la virgule *(0,50 $)*, soit le symbole « ¢ » *(50 ¢)*.

## b) Symboles des unités monétaires

Dans la langue des affaires, la monnaie d'un pays est désignée par un signe conventionnel : le dollar par le S barré ($), le franc par son initiale majuscule (F), la livre sterling par le symbole £, etc.

Pour distinguer les devises de même nom ou du même bloc monétaire, on ajoute l'abréviation ou le code accepté à l'échelle nationale ou internationale, selon ce que la situation exige. On peut notamment distinguer :

— *Les différents dollars*

| | | | |
|---|---|---|---|
| dollar américain : | $US | dollar guyanais (Guyana) : | $G |
| dollar australien : | $A | dollar libérien : | $LBR |
| dollar canadien : | $CAN | dollar néo-zélandais : | $NZ |
| dollar de Hong Kong : | $HKG | etc. | |

— *Les différents francs*

| | | | |
|---|---|---|---|
| franc français : | FF | franc de la Communauté | |
| franc belge : | FB | financière du Pacifique | |
| franc suisse : | FS | (Polynésie française) : | FCFP |
| franc malgache : | FMG | franc de la Communauté | |
| | | financière africaine : | FCFA |

## c) Place du symbole

En français, le symbole d'une monnaie se place, précédé d'un espace, à la suite de l'expression numérale. C'est l'ordre logique des termes de la langue parlée :

918 $CAN
2 345 678 FS

La position postérieure du symbole a notamment l'avantage de permettre les combinaisons classiques suivantes :

2 800 $/ha
50 $/h

Dans les tableaux et les états financiers, on peut faire précéder l'expression numérale du symbole suivi d'un espace :

$ 47 432

On peut en outre utiliser les symboles k$ (kilo) pour *millier de dollars*, et M$ (méga) pour *million de dollars* :

2 000 000 $, 2 000 k$ *ou* 2 M$

### 2.4.5    Pourcentages

Les nombres exprimant les pourcentages sont accompagnés du signe %
(précédé d'un espace). Ce symbole, autrefois réservé aux textes à
caractère financier, commercial ou statistique, est aujourd'hui de plus en
plus courant dans tous les types de textes :

> Le taux d'escompte est de 11 % depuis hier.

> Il a atteint ses objectifs dans une proportion de 80 %.

Dans les textes soignés, on peut écrire :

> 2 p. 100, 2 pour 100 *ou* deux pour cent

L'écriture en toutes lettres est utilisée surtout dans les textes littéraires et
au début d'une phrase :

> Quarante pour cent des hommes approuvent cette mesure, alors que
> 75 % des femmes s'y opposent.

La forme mixte, bien que condamnée par certains auteurs, se rencontre
parfois :

> 60 pour cent *ou* 60 p. cent

Ces règles s'appliquent aussi à l'expression *pour mille* :

> 2 ‰, 2 p. 1000, 2 pour 1000, deux pour mille

### 2.4.6    Température

On exprime la température en faisant suivre immédiatement le nombre du
petit zéro supérieur (°) tenant lieu du mot *degré* :

> À 40° au-dessous de zéro, l'échelle Celsius et l'échelle Fahrenheit
> indiquent la même température.

Lorsque la nature du degré doit être précisée, on laisse un espace entre
le nombre et le petit zéro supérieur, que l'on accole alors au symbole de
l'échelle de température :

> La glace fond à 32 °F, à 0 °C et à 0 °R.

On peut, dans un texte non spécialisé, noter la température en lettres si
l'on s'en tient au nombre entier :

> Le thermomètre était descendu à trente-sept degrés au-dessous de
> zéro.

### 2.4.7    Numéros

On compose en chiffres arabes le numéro des articles de codes, de lois,
de décrets, le numéro des notes, des paragraphes, des pages et des
colonnes d'un ouvrage imprimé, le numéro des vers et des versets, et les
autres numéros d'ordre (adresses, billets de loterie, etc.) :

> Veuillez consulter l'article 7 de la *Loi sur la protection des
> renseignements personnels.*

L'information en question se trouve au paragraphe 3 de la page 232.

Envoyez cette lettre au 404, rue Boucher.

Les numéros se composent d'un seul tenant, c'est-à-dire sans espace entre les tranches de trois chiffres, à moins que le traitement par machine n'exige cette séparation :

C.P. 3745

Le billet gagnant porte le numéro 112234.

## 2.4.8   Textes juridiques

On emploie habituellement des chiffres, arabes ou romains, pour désigner les divisions d'actes notariés et d'autres documents juridiques ou administratifs (sections, articles, paragraphes, alinéas, etc.). Par ailleurs, selon le *Guide canadien de rédaction législative française*, on subdivise les lois et leurs règlements d'application de la façon suivante :

| Anglais | Français |
|---|---|
| Part I | partie I |
| Division A | section A |
| Subdivision a | sous-section a |
| section 12 | article 12 |
| subsection 12(1) | paragraphe 12(1) |
| paragraph 12(1)(*a*) | alinéa 12(1)*a*) |
| subparagraph 12(1)(*a*)(i) | sous-alinéa 12(1)*a*)(i) |
| clause 12(1)(*a*)(i)(B) | division 12(1)*a*)(i)(B) |
| subclause 12(1)(*a*)(i)(B)(VI) | subdivision 12(1)*a*)(i)(B)(VI) |
| sub-subclause 1 | sous-subdivision 1 |
| schedule | annexe |
| table | tableau ou table |
| figure | figure |

## 2.4.9   Âge

On écrit l'âge en lettres ou en chiffres :

Depuis 1970, les pensions de retraite sont payables aux cotisants âgés de soixante-cinq ans (*ou* 65 ans).

## 2.4.10   Adresse

Le nombre ordinal qui caractérise une voie publique peut s'écrire en lettres (avec une majuscule) ou en chiffres :

Madame Marie Labonté
12, Seizième Avenue
Montréal (Québec)

Monsieur Jean Ledoux
16, 25e Rue
Moncton (Nouveau-Brunswick)

## 2.4.11  Divisions de l'arc et du cercle

Les chiffres sont soit affectés des symboles du *degré* (°), de la *minute* (′)
et de la *seconde* (″), soit accompagnés, pour chaque grandeur, du nom
complet de l'unité :

20° 19′ 6″
20 degrés 19 minutes 6 secondes

On ne met ni espace entre le nombre et le symbole, ni signe de
ponctuation entre les unités, sauf la virgule qui introduit une fraction
décimale :

20° 19′ 6,7″

Dans les mesures de *longitude* et de *latitude*, le symbole °, qui signifie
« degré », ne doit pas être employé comme signe ordinal ($^e$). Ainsi on
écrit :

L'épave se trouve à 40° de longitude ouest.
    *mais*
Le navire atteignit le 40$^e$ degré (*et non* le 40°) à 13 h 33.

## 2.4.12  Cartes et plans

En cartographie et dans les plans de construction, on représente les
échelles numériques en séparant les données soit par une barre
horizontale :

$$\frac{1}{100\ 000}$$

soit, selon l'usage le plus fréquent, par une barre oblique :

1/100 000

On doit traiter l'indication de l'échelle comme une fraction ordinaire
(v. 2.3.2), c'est-à-dire sans accoler au second terme la lettre supérieure
du numéral ordinal :

À l'échelle 1/100 000, 1 mm représente 100 m.

On n'écrit donc pas *1/100 000$^e$*, même si l'on prononce « un cent-
millième ».

## 2.4.13  Typographie

Les mesures typographiques relèvent de la numération duodécimale (ayant
pour base le nombre *douze*). Les fractions de ces unités sont donc de
même nature que les fractions *ordinaires* (v. 2.3.2). Pour cette raison, il
n'est pas admis de les accoler au nombre entier ou de les représenter sous
forme de fractions *décimales*. La seule façon correcte de les représenter
est la suivante :

une justification sur 22 picas ½
un cadrat fondu sur 2 cadratins ½
une espace de 2 points à 2 points ½ (*le mot* espace *est féminin en
typographie*)

### 2.4.14   Titres et alliages

Les titres et alliages s'expriment de la manière suivante :

Cette liqueur titre 17 degrés (*ou* 17°).

Le laiton se compose généralement de quelque 75 % de cuivre et d'à peu près 23 % de zinc. Pour l'or de 22 carats, le titre sera de 920 ‰; pour l'or de 18 carats, il sera de 750 ‰.

### 2.4.15   Système international d'unités

Les nombres qui accompagnent les unités SI s'écrivent en chiffres, qu'ils soient placés au début ou dans le corps de la phrase :

un courant de 25 A
un homme de 1,85 m

Dans un texte non technique, si l'on décide d'écrire en lettres le nombre accompagnant une unité SI, celle-ci doit également s'écrire en lettres :

Il est tombé trois centimètres de pluie hier.

# 3 La majuscule

La majuscule remplit deux grandes fonctions : 1° elle signale le début d'une phrase; 2° elle met en valeur le caractère unique, singulier ou supérieur de certaines réalités physiques ou abstraites exprimées par le nom propre.

Pour le nom propre, il n'y a pas de règles absolues concernant l'emploi des majuscules. Comme l'usage est souvent flottant, il est préférable, en cas d'hésitation, de choisir la minuscule.

## 3.1 La phrase

### 3.1.1 Majuscule et ponctuation

Le mot qui suit un point final commence toujours par une majuscule. De même, on met la majuscule après le point d'interrogation, le point d'exclamation et les points de suspension si l'on considère que ces signes terminent la phrase :

> Que cherche-t-il? La meilleure solution.

> Tenez parole! L'honneur l'exige.

> Minuit... La ville dort.

La minuscule est cependant de rigueur si l'on estime que ces points ne servent qu'à détacher les éléments successifs d'une phrase :

> Ô rage! ô désespoir! ô vieillesse ennemie!

> Que préférez-vous : une poire? une pêche? du raisin?

Une phrase indépendante, inscrite entre parenthèses, commence par une majuscule :

> Je suis sûr que tout se passera très bien. (Relisez quand même attentivement votre copie.)

### 3.1.2 Énumération horizontale

#### a) Énumération courte

On met la minuscule à tous les termes de l'énumération courte présentée à l'horizontale, que ces éléments soient simplement juxtaposés au moyen de la virgule, ou séparés par un point-virgule et mis en valeur par un numéro ou une lettre d'ordre :

La Société accorde de nombreux avantages : voiture de service, indexation de la retraite, remboursement des frais de déplacement.

Prière de présenter : 1° sa carte d'identité; 2° sa carte d'assurance; 3° son permis de conduire.

Le bon écrivain se méfie : *a)* de l'ampoulé; *b)* du pompeux; *c)* de l'ésotérique.

**b)   Énumération longue**

Lorsque les éléments de l'énumération horizontale sont d'une certaine longueur, on peut employer la majuscule au premier mot de chacun de ces éléments, même si le segment précédent se termine par un point-virgule. La majuscule contribue à renforcer l'importance de l'idée ainsi détachée :

Les fonctions principales du directeur sont : 1° D'élaborer et de mettre en oeuvre les politiques et les normes nationales en matière de gestion et de modernisation des installations; 2° D'assurer la gestion des biens immobiliers en ce qui concerne l'achat, l'aliénation et l'arpentage des propriétés; 3° D'administrer les politiques et les lignes directrices en vigueur.

V.a. 10.4.5.

## 3.1.3   Énumération verticale

L'énumération verticale est généralement annoncée par les deux points. La présentation de ses éléments peut être renforcée par des lettres, des numéros ou d'autres jalons comme les puces (•) et les tirets.

Souvent, chacun des éléments commence par la minuscule et se termine par le point-virgule (sauf le dernier, qui prend le point final), quelles que soient sa longueur et sa ponctuation interne — autrement dit, même s'il contient déjà un point. Signalons toutefois que la majuscule initiale est également très fréquente, peu importe la longueur des éléments, et que la ponctuation peut varier.

Les éléments doivent être présentés de façon uniforme. Seules les énumérations d'éléments très courts peuvent admettre la virgule ou se passer de ponctuation. Les exemples qui suivent n'illustrent que certaines des combinaisons possibles :

La Société accorde de nombreux avantages :

voiture de service;
indexation de la retraite;
remboursement des frais de déplacement.

La Société accorde de nombreux avantages :

*a)*   voiture de service;
*b)*   indexation de la retraite;
*c)*   remboursement des frais de déplacement.

Le bon écrivain se méfie

de l'ampoulé,
du pompeux,
de l'ésotérique.

Un bon rédacteur recherche :

— La clarté
— La simplicité
— La concision

Cette règle définit notamment :

1° L'organisation du transfert et de la distribution des explosifs, des détonateurs et autres articles de mise à feu;

2° La conduite à tenir...;

3° Les précautions à prendre pour la foration des trous de mines, le chargement et l'amorçage.

Le rédacteur peut se trouver dans l'une ou l'autre des situations suivantes :

a) il ne connaît pas très bien le dossier de la personne à qui le ministre doit répondre. On lui a simplement communiqué les grandes lignes de l'affaire et le résumé de la décision;

b) il est parfaitement au courant du dossier, mais on lui a demandé de rester vague sur certains points.

Pour bien préparer son voyage, il faut :

1. s'informer sur sa destination :

   — température,
   — sécurité,
   — coût de la vie,
   — fêtes et coutumes,
   — moyens de transport,
   — etc.;

2. penser plusieurs jours d'avance à ce qu'il faut absolument emporter, et surtout à ce dont on peut se passer;

3. prévoir les situations difficiles;

4. apprendre à dire au moins quelques mots dans la langue du pays.

### 3.1.4    Citation

Annoncée par les deux points ou placée au début de la phrase, la citation commence par une majuscule :

> Je lui disais souvent : « Lève-toi plus tôt! » Il me répliquait d'un ton léger : « *Chi va piano, va sano.* »

> « Qu'est-ce que vous voulez encore? », a demandé la vendeuse.

Elle prend toutefois la minuscule initiale si elle est entièrement fondue dans la phrase :

> Est-il exact qu'à l'époque de Beaumarchais l'on pouvait « tout imprimer librement »?

V.a. 7.2.3.

### 3.1.5    Poésie

La tradition veut que le premier mot d'un vers porte la majuscule, qu'il y ait ou non un signe de ponctuation à la fin du vers précédent :

> Par les longs soirs d'hiver, sous la lampe qui luit,
> Douce, vous resterez près de moi, sans ennui,
> Tandis que, feuilletant les pages d'un vieux livre,
> Dans les poètes morts je m'écouterai vivre...

> > (A. Lozeau.)

En poésie moderne, toutefois, on trouve souvent la minuscule au premier mot du vers :

> Chez un tailleur de pierre
> où je l'ai rencontré
> il faisait prendre ses mesures
> pour la postérité.

> > (J. Prévert.)

### 3.1.6    Entrées dans les listes

Pour que, dans les listes de tous ordres, il soit facile de distinguer le nom propre du nom commun, il est conseillé de réserver la majuscule aux entrées et aux vedettes qui l'exigent.

### 3.1.7    Lettres soudées en début de phrase

Lorsque, en début de phrase, les deux premières lettres d'un mot sont soudées (on dit qu'elles forment une *ligature*), elles doivent toutes deux prendre la majuscule :

> Œil pour œil, dent pour dent.

# 3.2   Le nom propre

## 3.2.1   Nom propre par nature

Le nom propre par nature est une appellation particulière à un être, à une chose ou à un groupe d'êtres ou de choses. Il peut s'agir d'un nom de famille, d'un prénom, d'un pseudonyme, d'un nom de peuple, etc. Le nom peut être composé et peut comprendre l'article :

> L'homme qu'était Laurier...

> Jean-Baptiste Poquelin, dit Molière.

> Elle venait de La Tuque.

Le nom propre peut devenir nom commun :

— À la suite d'une généralisation :

> Séraphin (*héros de roman*)      un séraphin (*homme avaricieux*)
> Mécène                           un mécène

— À la suite d'un transfert métonymique (rapport d'origine, en particulier) :

> Oka                              un morceau d'oka
> la Champagne                     du champagne

## 3.2.2   Nom propre par convention

Le nom propre par convention est un nom ou un adjectif du vocabulaire commun que l'on élève au rang de nom propre. Comme le nom propre par nature, il peut être simple ou composé :

> le Pacifique
> la rue Cinq-Mars

Le nom commun peut devenir nom propre :

— S'il acquiert une *valeur unique* dans un contexte restreint. Dans ce cas, il se présente fréquemment sous une forme elliptique :

> la Loi
> les Prairies
> les Communes

À noter que, dans le cas de *loi*, l'article défini joint à la majuscule renvoie à une loi précise, identifiée par le contexte; on écrirait cependant *cette loi, la présente loi* (v.a. 5.2.2).

— S'il est employé comme *allégorie*, ou à la suite d'une personnification ou de la déification d'idées, d'animaux, de choses ou de phénomènes :

> La Cigale ayant chanté tout l'été...

> La Nuit est fille de la Terre et du Ciel.

— S'il est utilisé comme *nom d'animal* :

La course a été remportée par le cheval Secrétariat.

L'adjectif peut aussi devenir nom propre :

le Septième (*personnage de Marie-Claire Blais*)
les Rocheuses

### 3.2.3    Principes d'écriture

#### a)    Article

L'article prend la *majuscule* lorsqu'il est le premier élément d'une appellation ou d'un titre :

*Le malade imaginaire*
La Ronge (*ville de la Saskatchewan*)

En cours de phrase, l'article se plie aux lois de la syntaxe : c'est dire que l'article défini *le* ou *les*, précédé de la préposition *à* ou *de*, prend la forme contractée, et qu'il se met alors en caractères ordinaires, avec *minuscule* initiale :

J'ai lu *Le malade imaginaire* en une soirée.

Je n'ai lu que quelques pages du *Malade imaginaire.*

V.a. 3.3.41 R. 1.

#### b)    Trait d'union

Le nom commun composé conserve ses traits d'union lorsqu'il devient nom propre :

la boutique Croque-Monsieur

Il en est de même pour le nom propre composé que l'on abrège :

Î.-P.-É. *pour* Île-du-Prince-Édouard

#### c)    Préfixe

Les préfixes qui sont suivis d'un trait d'union dans un nom propre prennent la majuscule initiale :

l'Anti-Liban (*chaîne de montagnes*)
la Contre-Réforme
la région de l'Entre-Deux-Mers
les Néo-Zélandais

Toutefois, ces préfixes gardent la minuscule lorsqu'ils ne forment pas, avec les éléments auxquels ils sont joints par le trait d'union, un nom ou une dénomination véritable :

une manifestation anti-États-Unis
des pseudo-Français
nos alliés d'outre-Atlantique

**d) Adjectif antéposé**

Dans un nom propre composé ou une dénomination, comme dans le surnom d'une région, l'adjectif placé avant le premier substantif prend la majuscule :

la Grande-Bretagne
le Moyen-Orient
le Nouveau Monde
le Troisième Reich
les Hautes Études commerciales

**e) Accents et autres signes**

On doit mettre tous les signes orthographiques exigés par les mots (accent, cédille, tréma), y compris l'accent sur la préposition *à* :

*Émilie*
*À la recherche du temps perdu*

Cette règle s'applique notamment aux abréviations; seuls font exception les sigles proprement dits et les acronymes écrits tout en majuscules (v. 1.2.2). On écrit donc :

| | |
|---|---|
| É.-U. | États-Unis |
| Î.-P.-É. | Île-du-Prince-Édouard |
| *mais* | |
| CEE | Communauté économique européenne |

**f) Lettres soudées dans un nom propre**

Lorsque les deux premières lettres d'un nom propre sont soudées, elles prennent l'une et l'autre la majuscule :

Le complexe d'Œdipe est un élément central de la psychanalyse freudienne.

Les Ægates sont des îles proches de la Sicile.

## 3.3   Cas particuliers

Dans les règles qui suivent, le mot *générique* désigne le nom commun d'espèce qui entre dans une dénomination. Le *spécifique*, quant à lui, est l'adjectif, le nom en apposition ou le complément qui accompagne le générique en l'identifiant de façon particulière :

la crise (*générique*) d'Octobre (*spécifique*)
la fête (*générique*) des Mères (*spécifique*)
l'étoile (*générique*) Polaire (*spécifique*)
le ministère (*générique*) de l'Agriculture (*spécifique*)

### 3.3.1 Astres

On met la *majuscule* à tous les noms ou adjectifs désignant en propre des planètes, des étoiles, des constellations, etc., lorsqu'ils sont employés dans un *sens scientifique*, ainsi qu'aux mots *Univers* et *Cosmos* :

Sirius

Mercure

les Gémeaux

la Voie lactée

calculer la distance de la Terre au Soleil

L'Univers trouverait son origine dans une formidable explosion.

Le générique accompagné d'un spécifique prend toutefois la *minuscule* :

la planète Vénus
l'étoile Polaire
les lunes de Jupiter
la galaxie d'Andromède

On met la *majuscule* aux termes génériques (p. ex. *planète, lune, étoile, galaxie*) employés seuls pour désigner une réalité astronomique en particulier :

la Galaxie (*la nôtre*)
Neil Armstrong, le premier homme à marcher sur la Lune

Lorsque l'appellation est formée d'un nom précédé d'un adjectif, les deux prennent la *majuscule* :

la Grande Ourse
le Petit Chariot

On met la *minuscule* aux mots *soleil, terre, lune, univers* et *cosmos*, lorsqu'ils sont employés dans un *sens courant*, ainsi qu'aux termes génériques. Les autres noms d'astres prennent toujours la *majuscule* :

Elle se lève avec le soleil.

Ces gens se croient le centre de l'univers.

Il rêve d'être connu dans toute la galaxie.

Le Poisson volant et le Petit Renard sont des constellations.

### 3.3.2 Points cardinaux

On met la *majuscule* aux points cardinaux qui, employés comme noms ou comme adjectifs, désignent une région, un État ou un territoire, un continent ou une portion de continent, une partie quelconque de la terre :

le Grand Nord

le pôle Nord

l'hémisphère Sud

l'Amérique du Nord

l'Extrême-Nord canadien

l'Atlantique Sud

voyager dans l'Ouest

le Sud-Est asiatique

l'Europe de l'Ouest

les parfums du Midi

L'été dernier, nous avons visité tous les villages de la côte Nord.

Sa famille vient de la rive Sud.

Pour des raisons de simplicité et de logique, nous recommandons d'appliquer la même règle lorsque le point cardinal est suivi d'un complément introduit par *de* ou *du* :

voyager dans l'Ouest du Canada

habiter dans le Nord de l'Ontario

les parfums du Midi de la France

On annonce de la pluie pour tout l'Est du pays.

Il convient aussi de mettre la *majuscule* aux points cardinaux qui font partie d'un nom de lieu ou d'une adresse :

le cap Nord
la rivière Nicolet Sud-Ouest
rue Sainte-Catherine Ouest

On met enfin la *majuscule* aux points cardinaux qui entrent dans le nom d'entités architecturales :

l'édifice du Centre, l'édifice de l'Ouest (*édifices du Parlement*)
la tour Est
la gare du Nord

Par contre, on met la *minuscule* aux points cardinaux qui désignent une position du compas, une direction, une orientation, une situation relative :

le nord géographique
le nord magnétique
le côté ouest de l'étage
le versant sud-ouest de la montagne (*exposé au sud-ouest*)
suivre un axe est-ouest
à vingt degrés de latitude nord
une faible brise du sud-ouest
une fenêtre exposée à l'est
35 kilomètres au nord d'Ottawa

### 3.3.3    Vents

Les noms des vents sont des noms communs, qui s'écrivent avec une minuscule initiale :

le chinook
le mistral
le noroît

Lorsqu'ils sont personnifiés par la poésie ou la légende, ils prennent la majuscule.

### 3.3.4    Nuages

D'après l'usage que l'on observe tant dans les encyclopédies que dans les dictionnaires généraux, les noms de nuages se composent sans majuscule initiale :

| | |
|---|---|
| altocumulus (Ac) | cumulonimbus (Cb) |
| altostratus (As) | cumulus (Cu) |
| cirrocumulus (Cc) | nimbostratus (Ns) |
| cirrostratus (Cs) | stratocumulus (Sc) |
| cirrus (Ci) | stratus (St) |

### 3.3.5    Divisions géologiques et archéologiques

Il convient d'écrire avec la *majuscule* les substantifs désignant, dans les ouvrages spécialisés, les grandes divisions géologiques et archéologiques :

le Quaternaire
le Paléolithique

On met la *minuscule* à ces mêmes mots dans les textes ordinaires.

### 3.3.6    Zoologie et botanique

On écrit avec une *majuscule* les noms des embranchements, classes, ordres, familles, genres et espèces, dans les ouvrages de zoologie ou de botanique :

| | |
|---|---|
| les Rosacées | les Batraciens |
| les Apétales | les Mammifères |
| les Protozoaires | le Chimpanzé |

Ces mêmes noms prennent la *minuscule* dans le langage courant :

L'amibe est un protozoaire.

La grenouille est un batracien.

L'aubépine est une rosacée.

Les noms scientifiques latins s'écrivent avec une majuscule au premier mot (v.a. 5.3.3) :

*Cycas revoluta*
*Rosa gallica*

### 3.3.7    Noms géographiques

Les noms géographiques, ou *toponymes*, sont généralement composés d'un générique et d'un spécifique. Le *générique* est l'élément qui identifie de façon générale la nature de l'entité (*baie, lac, rivière, village*, etc.), alors que le *spécifique* identifie l'entité de façon particulière (dans *montagnes Rocheuses* et *rivière des Outaouais*, *Rocheuses* et *Outaouais* sont des spécifiques).

#### a)    Entités géographiques

On entend par *entités géographiques* les *entités naturelles* comme les monts, les chaînes de montagnes, les vallées, les rivières, les lacs et les mers, et les *entités artificielles* comme les barrages, les canaux, les chenaux, les ponts, les quais et les réservoirs. Le *générique* de ces entités prend normalement la *minuscule* :

> la baie Georgienne
> le lac des Bois

Il s'écrit cependant avec une *majuscule* initiale s'il est placé après le spécifique entier, même quand il est suivi d'un point cardinal :

> Les Grands Lacs
> le Grand Ruisseau Ouest

Le *spécifique* prend toujours la *majuscule*. S'il est composé, on met la majuscule à chacun des éléments, y compris au point cardinal placé à la fin :

> la baie de Fundy
> la rivière de la Grande Anse
> la Petite rivière Miramichi Sud-Ouest

L'*article*, l'article contracté et la particule de liaison prennent la *minuscule* :

> les rapides du Joug aux Boeufs
> le chenal de l'Île au Cochon
> le lac État de Grâce
> le lac à la Loutre

Cependant, l'article, l'article contracté et la particule (*d'*, *de*...) qui font partie d'un nom de famille ou qui sont les premiers constituants du spécifique prennent la *majuscule* :

> le lac Le Gardeur
> le mont D'Iberville
> le ruisseau De La Durantaye

Les spécifiques constitués d'un nom de municipalité ou d'un nom de personne, et ceux qui sont composés d'une expression comportant un verbe et un sujet ou un complément, prennent le *trait d'union* :

le lac Saint-Pierre                          la rivière Qui-Pleure
le lac Émile-Nelligan                     le pont Regarde-Qui-Pêche
le barrage de                                le ruisseau Vire-Crêpe
L'Anse-Saint-Jean

**Remarque**

Sur les affiches, les panneaux de signalisation, les cartes, les listes et les tableaux, le générique prend la *majuscule* s'il n'est pas précédé d'un autre mot :

Baie Simpson

Il s'écrit cependant avec une *minuscule* s'il est encadré par les éléments du spécifique :

Grand lac des Esclaves (*générique* : lac)

**b)   Entités administratives**

L'*entité administrative* est un territoire tel qu'une ville, un village, un parc provincial ou national, une réserve faunique. On peut également considérer comme entités administratives les *entités politiques* telles que les circonscriptions électorales, les provinces et les pays.

Le *générique* prend la *minuscule*, et le **spécifique** prend la *majuscule*. Si le spécifique est composé, ses éléments sont reliés par un *trait d'union* :

la ville de Lachine
la municipalité des Méchins
la municipalité de L'Annonciation-Partie-Nord
Saint-Jean-Port-Joli
Fort-Chimo

L'*article* et la particule de liaison prennent la *minuscule* :

Rivière-de-la-Chaloupe est un lieu-dit.

Cependant, l'article défini et la particule (*d'*, *de*...) qui font partie d'un nom de famille ou qui sont les premiers constituants du spécifique prennent la *majuscule*, et ne sont pas suivis d'un trait d'union :

De Grasse
le hameau de Lac-La Motte (*l'article fait partie d'un nom de famille*)
Les Méchins (*l'article est le premier élément du spécifique*)

Lorsque l'article *Le* ou *Les* ne fait pas partie d'un nom de famille, on fait la contraction si la syntaxe l'exige :

la ville de Le Gardeur (*le nom* Le Gardeur *correspond à un nom de famille*) la municipalité des Méchins (*le nom* Les Méchins *ne correspond pas à un nom de famille*)

Le spécifique des entités administratives est souvent formé d'un nom de lieu naturel. Dans de tels cas, le générique qui est compris dans ce spécifique prend la majuscule :

parc du Mont-Tremblant
circonscription électorale du Lac-Saint-Jean

**Remarque**

Le spécifique des noms d'entités administratives ne prend pas de trait d'union lorsqu'il est de *langue anglaise, amérindienne* ou *inuite*, à moins qu'il s'agisse d'un nom de personne ou que le spécifique soit emprunté à un terme ou à un toponyme qui en comporte déjà dans cette langue :

la localité de North Hatley (*spécifique anglais*)
le parc Saint-Clare (*spécifique anglais, mais il s'agit d'un nom de personne*)
route de Willow-Bed (*spécifique anglais, mais il s'agit d'un nom composé qui nécessite un trait d'union dans cette langue*)

### 3.3.8    Voies de communication

Le *générique* d'un *odonyme*, c'est-à-dire d'un nom de voie de communication, doit toujours accompagner le spécifique. Il commence par une *minuscule* à l'intérieur d'un texte ou dans une adresse :

boulevard Saint-Cyrille Est
l'autoroute Ville-Marie
Vieux chemin du Quai (*générique* : chemin)
Petite rue des Récollets (*générique* : rue)
Grand rang des Terres-Basses (*générique* : rang)

Cependant, si le spécifique précède entièrement le générique, celui-ci prend la *majuscule*, même quand il est suivi d'un point cardinal :

Grand Rang
1$^{re}$ Avenue
Grande Allée Est (*générique* : allée)

Les éléments du *spécifique* prennent la *majuscule*. Cependant, les articles et les particules de liaison prennent la *minuscule*, à moins qu'ils ne fassent partie d'un nom de famille ou qu'ils ne soient les premiers constituants du spécifique. Le spécifique des noms de voies de communication prend le *trait d'union*, sauf exception :

chemin du Petit-Bois-d'Autray
route du Deuxième-Rang-Saint-Augustin

route du Bois-de-l'Ail
rue De La Chevrotière (De La Chevrotière *est un nom de famille*)
route de La Tuque

## 3.3.9    Noms de famille

Le nom de famille, ou *patronyme*, prend bien sûr la *majuscule* initiale. Il convient toutefois de rappeler ici les règles qui s'appliquent à l'article et à la particule nobiliaire ou patronymique, dans l'usage moderne.

### a)    Particules *d'*, *de*

Conformément à l'usage le plus fréquent, il est préférable de mettre la *minuscule* à la particule *d'*, *de* :

Madeleine de Verchères             Pierre de Coubertin
le duc d'Orléans                   Charles de Gaulle

Il est toutefois admissible, notamment dans le corps d'un texte ou dans les dénominations sociales, d'écrire la particule avec une *majuscule* initiale, afin d'éviter soit une répétition gênante pour l'oeil, soit une confusion possible avec la préposition grammaticale :

un discours de De Gaulle
une production De Neuville

### b)    Articles *le*, *la*, *les*

Les articles *le*, *la*, *les* commençant un nom de famille s'écrivent avec une *majuscule* dans l'usage actuel, même s'ils sont précédés de la particule *de* :

La Fontaine
le duc de La Rochefoucauld

En général, l'article agglutiné au nom prend seul la *majuscule* :

Louis-Hippolyte Lafontaine (*plutôt que* LaFontaine)

Il faut mettre la *minuscule* à l'article qui ne fait pas partie d'un nom de famille, mais qui se trouve employé, sous l'influence de l'usage italien, devant le nom de famille ou devant le surnom de personnages illustres :

la Callas
le Tintoret

### c)    Particules ou articles contractés *du*, *des*

Les auteurs d'ouvrages de typographie recommandent généralement de mettre la *majuscule* aux particules ou articles contractés *du*, *des* :

un sonnet de Du Bellay, de Joachim Du Bellay

Il avait rencontré Des Ormeaux.

### 3.3.10  Surnoms

On met la *majuscule* aux noms ou aux adjectifs qui sont employés comme surnoms de personnages historiques ou de personnages de la littérature, que ces surnoms soient ajoutés au nom propre ou qu'ils le remplacent. L'article prend cependant la *minuscule* :

| | |
|---|---|
| Alexandre le Grand | le Libérateur (*Bolivar*) |
| Guillaume le Conquérant | la Grande Mademoiselle |
| saint Jean l'Évangéliste | (*M<sup>lle</sup> de Montpensier*) |
| saint Jean Baptiste | le Prince Noir (*Édouard, fils* |
| Richard Coeur de Lion | *d'Édouard III*) |
| Jean sans Terre | le Petit Chaperon Rouge |

On ne doit pas considérer comme surnoms les épithètes poétiques accolées à certains noms propres, ni les simples périphrases :

Achille aux pieds légers
Berthe au grand pied
l'auteur d'*Antigone*

### 3.3.11  Peuples, races et collectivités

On met la *majuscule* au substantif qui désigne un peuple, une race ou les habitants d'une région déterminée. Lorsque cette désignation est un nom composé, chacun des éléments reliés par le trait d'union prend la majuscule :

| | |
|---|---|
| les Canadiens | les Franco-Manitobains |
| les Européens | les Anglo-Québécois |
| les Basques | les Italo-Canadiens |
| un Noir | les Néo-Zélandais |
| une Blanche | un Néo-Brunswickois |
| un Oriental | une Néo-Québécoise (*hab. du* |
| une Québécoise | *Nouveau-Québec*) |

On écrit *un néo-Québécois* pour désigner une personne nouvellement établie au Québec. De même, on écrit toujours *les néo-Canadiens*, étant donné qu'il n'existe pas de pays, de province ni de région s'appelant *Nouveau-Canada*.

On met la *minuscule* à l'adjectif qui renvoie à un peuple, à une race ou aux habitants d'une région déterminée, et à celui qui, qualifiant un nom de peuple, est le second élément d'une dénomination double :

| | |
|---|---|
| la littérature canadienne | un Canadien français |
| une éducation européenne | une Canadienne anglaise |
| la musique noire | un Basque espagnol |

**Remarques**

1. Dans la langue générale, le substantif **autochtone** ne s'applique pas à un peuple, à une race ni à une collectivité en particulier; il s'écrit donc

avec une *minuscule*. Dans le contexte canadien, toutefois, ce mot est aujourd'hui assimilé à un nom de peuple. En conséquence, il s'écrit avec une *majuscule* dans la fonction publique fédérale : *Autochtone*.

2. Le nom de peuple devrait conserver la *majuscule* lorsqu'il est attribut. C'est l'usage le plus répandu :

Mon arrière-arrière-grand-mère était Allemande.

On met la *minuscule* au nom évoquant un peuple, une race ou les habitants d'une région déterminée, lorsque ce nom est employé pour désigner la langue, le costume, etc. :

apprendre l'allemand

## 3.3.12 *Monsieur, madame, mademoiselle*

Dans l'usage canadien, les titres de civilité *monsieur, madame, mademoiselle* prennent toujours la *majuscule* lorsqu'*on s'adresse directement à la personne* :

Je tiens à vous redire, Monsieur, à quel point vos marques de sympathie m'ont touché.

Veuillez croire, Madame la Directrice, que je vous suis reconnaissante de votre intervention.

Il est cependant préférable de les écrire avec une *minuscule* initiale lorsqu'ils précèdent le nom ou le titre d'*une personne dont on parle* :

Savez-vous que madame Lefebvre assistera à la réunion?

J'ai le regret de vous dire que monsieur le ministre ne peut accepter votre invitation.

Il est admis, devant le nom ou le titre d'une personne dont on parle, d'abréger le titre de civilité :

J'ai rencontré M. Jobin hier après-midi.

M$^{me}$ la présidente me charge de vous transmettre ses félicitations.

V.a. 1.1.23.

## 3.3.13 Titres de fonctions et grades militaires

Devant les hésitations de l'usage et par souci de simplification, nous recommandons de toujours mettre la *minuscule* au titre de fonction ou au grade militaire lorsqu'il désigne *une personne dont on parle* :

Il appartient au premier ministre de choisir les membres du Cabinet.

Elle travaille à la résidence du gouverneur général.

Ils ont rencontré la ministre.

Il a eu un entretien avec le général hier après-midi.

Avez-vous lu le dernier rapport du vérificateur général?

M. Lépine relève maintenant du directeur des Communications.

La présidente, M^{me} Boisvert, recevra brièvement les journalistes.

J'aimerais obtenir un rendez-vous avec la doyenne.

L'ambassadeur rencontrera demain le président de la République.

Veuillez libeller votre chèque à l'ordre du receveur général du Canada.

Il est par contre préférable de mettre la *majuscule* au titre de fonction ou au grade militaire dans le cas où il désigne *la personne à qui l'on s'adresse*, notamment dans les formules d'appel ou de salutation :

Monsieur le Recteur et cher ami,

Je vous serais reconnaissant, Madame la Présidente, de bien vouloir me rencontrer pour discuter de la question.

Veuillez agréer, Monsieur le Directeur, l'expression...

Je vous prie d'agréer, Excellence,...

Lorsque le titre est formé de deux substantifs, et qu'il s'agit de la personne à qui l'on s'adresse, les deux substantifs prennent la *majuscule* s'ils désignent des fonctions différentes :

Président-Directeur général
Secrétaire-Trésorière

Lorsque la personne à qui l'on s'adresse est désignée par un titre de fonction composé (avec ou sans trait d'union), la *majuscule* doit se mettre au premier substantif, ainsi qu'à l'élément qui précède :

Gouverneur général
Première Ministre
Lieutenant-Gouverneur (Lieutenant *joue ici le rôle d'un adjectif*)
Sous-Ministre
Vice-Président
Haut-Commissaire
Directeur adjoint
Directrice générale

## 3.3.14  *Docteur, maître*

Écrits en toutes lettres, les titres *docteur* et *maître* prennent la *minuscule*, sauf si l'on s'adresse directement à la personne ainsi désignée :

Il est docteur en physique nucléaire.

J'ai demandé à la docteure Champagne de passer voir le patient.

Il a discuté de votre affaire avec maître Rochette.

Veuillez agréer, chère Maître, l'expression...

V.a. 1.1.9, 1.1.23 et 9.2.5.

### 3.3.15   Titres honorifiques

On met toujours la *majuscule* aux noms et aux adjectifs, qualificatifs ou possessifs, qui entrent dans la composition des *titres honorifiques* :

La foule se pressait sur le passage de Sa Majesté.

Leurs Altesses Royales visiteront l'exposition technologique.

C'est hier que Son Éminence est arrivée à Rome.

### 3.3.16   Titres de noblesse

Les *titres de noblesse* prennent la *minuscule* initiale :

le roi de Suède
le duc de Saint-Simon
l'impératrice Joséphine
Sa Majesté la reine
S. M. la reine Fabiola
S. A. R. le prince de Galles

Devant les hésitations de l'usage, nous recommandons de toujours mettre la *minuscule* aux titres *lady*, *lord* et *sir*. Noter que *sir* ne s'emploie jamais sans le prénom.

### 3.3.17   Titres religieux

Les titres religieux prennent la *majuscule* initiale lorsqu'on les emploie pour s'adresser à une personne, en particulier dans les formules d'appel et de salutation :

Monsieur le Curé,

Je vous prie d'agréer, Révérende Soeur, l'expression de mes sentiments les plus respectueux.

Dans les autres cas, ils prennent la *minuscule* :

| | |
|---|---|
| l'abbé | le nonce |
| l'aumônier | le pape |
| le curé | le père |
| le dalaï-lama | le rabbin |
| l'évêque | la soeur |
| l'imam | le souverain pontife |

### 3.3.18   Dieu et les personnes sacrées

On met la *majuscule* aux noms qui désignent Dieu et les personnes sacrées dans les religions monothéistes :

| | |
|---|---|
| Jésus | la Vierge |
| le Prophète | le Fils |
| (Mahomet) | Allah |

On met aussi la *majuscule* aux surnoms désignant l'Être divin :

> le Tout-Puissant
> le Très-Haut
> le Rédempteur

Par ailleurs, les mots *jésus* et *christ* prennent la *minuscule* lorsqu'ils s'appliquent à des objets :

> des christs d'ivoire

On les écrit cependant avec une *majuscule* lorsqu'ils désignent le sujet d'une oeuvre d'art :

> un Christ du Greco

## 3.3.19  Divinités et personnages mythiques

Il convient de mettre la *majuscule* :

— Aux noms des divinités appartenant aux religions autres que les grandes religions monothéistes :

> Baal                        Amon
> Brahma                      Vishnu

— Aux noms désignant en propre les dieux, les héros, les monstres de la mythologie :

> Apollon                     le Minotaure
> Athéna                      Prométhée

— Aux noms qui désignent un petit groupe de divinités ou qui sont assimilés à des noms de peuples :

> les (trois) Grâces          les Titans
> les (neuf) Muses            les Amazones

— Aux noms qui désignent en propre certains êtres surnaturels :

> Gabriel                     Viviane
> Lucifer                     Carabosse

On met par contre la *minuscule* :

— Aux noms qui désignent une catégorie entière de divinités, de personnages légendaires ou d'êtres surnaturels :

> les djinns                  les anges
> les sirènes                 les nymphes

— Aux noms employés au sens figuré pour évoquer une qualité attribuée à un être ou à une catégorie d'êtres surnaturels :

> avoir une taille de nymphe  taquiner la muse
> un hercule de foire         c'est une vraie furie

## 3.3.20  *Saint*

*Saint*, adjectif, se rencontre dans un grand nombre d'expressions sur la graphie desquelles les auteurs ne s'entendent guère. Ainsi, on écrit *la sainte Famille* ou *la Sainte Famille*, *les saintes Écritures* ou *les Saintes Écritures*. Les indications qui suivent ne concernent donc que les points sur lesquels on s'accorde aisément.

Le mot *saint* prend la *majuscule* lorsqu'il entre dans la composition de noms auxquels il se joint par un trait d'union pour former un **nom propre** désignant, notamment, une personne, un ordre religieux, une société, une alliance, une date historique, une fête, un lieu :

| | |
|---|---|
| le compositeur Saint-Saëns | la ville de Sainte-Foy |
| la Saint-Vincent-de-Paul | la rue Sainte-Catherine |
| la Saint-Jean-Baptiste | le Saint-Père |
| la Sainte-Alliance | le Saint-Laurent |

Le mot *saint* prend cependant la *minuscule* :

— Quand, ne faisant pas partie d'un nom composé, il désigne le **personnage** même :

la vie de sainte Thérèse
la légende de saint Nicolas

— Quand il fait partie d'un **nom commun** composé, avec trait d'union, désignant une réalité étrangère au domaine de la religion :

| | |
|---|---|
| un saint-bernard (*chien*) | un saint-honoré (*gâteau*) |
| un saint-émilion (*vin*) | du saint-nectaire (*fromage*) |

## 3.3.21  *Église*

*Église* prend la *majuscule* :

— Lorsqu'il désigne une confession chrétienne :

l'Église catholique
l'Église grecque orthodoxe
l'Église adventiste du septième jour
les Églises réformées ou protestantes

— Lorsqu'il s'applique à l'ensemble des fidèles et du clergé :

un homme d'Église
l'Église du Canada

Ce mot s'écrit cependant avec la *minuscule* :

— Lorsqu'il désigne l'édifice consacré au culte de la religion chrétienne :

aller à l'église

— Lorsqu'il sert à désigner un groupe de personnes, un parti dont les membres professent la même doctrine avec une ardeur quasi religieuse :

Les amateurs de ce style de peinture forment une église très fermée.

**Remarque**

Dans le nom propre des églises, le mot *saint* ne s'abrège jamais et se joint au nom du saint par un trait d'union. Les autres éléments liés au nom du saint sont également unis par un trait d'union, sauf s'ils ne font pas vraiment partie de la désignation mais indiquent plutôt le lieu où est situé l'édifice :

> la basilique Sainte-Anne-de-Beaupré
> l'église Sainte-Ursule de Montréal

## 3.3.22 Partis politiques, mouvements artistiques, religions

Il convient de mettre la *majuscule* :

— Au premier mot du nom exact d'un parti ou d'un mouvement politique. Si le premier mot est un adjectif, on met aussi la *majuscule* au substantif qui suit :

> le Nouveau Parti démocratique     le Parti québécois
> le Parti libéral du Canada         le Front islamique du salut

La même règle s'applique aux noms de mouvements artistiques ou littéraires :

> le Groupe des sept
> l'École littéraire de Montréal

— Aux noms de religions et à ceux de leurs adeptes lorsqu'on veut assimiler ces appellations à des noms de peuples, notamment pour marquer une opposition :

> la Chrétienté contre l'Islam
> la défaite des Infidèles

On met toutefois la *minuscule* :

— Aux mots *parti*, *mouvement*, etc., et aux termes qui évoquent des regroupements politiques, lorsqu'ils n'entrent pas dans le libellé exact d'une dénomination :

> la droite
> le centre gauche
> le parti communiste

— Aux noms de religions, de doctrines et d'écoles lorsqu'ils ne s'appliquent qu'à la doctrine, même s'ils sont dérivés d'un nom propre de personne :

> l'intégrisme            le duplessisme
> le christianisme        le nazisme

— Aux noms des membres de partis politiques :

> les libéraux           les conservateurs
> les péquistes          les réformistes
> les bloquistes         les républicains

— Aux noms qui désignent les adeptes de doctrines, d'idéologies religieuses ou politiques, et d'écoles artistiques et littéraires :

les impressionnistes                    les moudjahidin
les romantiques                         les protestants
les juifs                               les catholiques

— Aux noms qui désignent les membres des ordres monastiques et des ordres religieux :

les clarisses
les jésuites

## 3.3.23 Fêtes civiles et religieuses

Il convient de mettre la *majuscule* :

— À l'appellation formée d'un seul élément :

Pâques
la Toussaint
les Fêtes

On écrit par ailleurs « la période des Fêtes », *période* ne faisant pas partie de l'appellation. De même, lorsqu'il est question de la fête judaïque annuelle qui commémore l'exode d'Égypte, « la pâque » s'écrit avec une *minuscule* initiale, quoique l'on trouve assez souvent aujourd'hui la *majuscule*, plus respectueuse.

— Au nom et à l'adjectif, qualificatif ou numéral, qui le précède :

le Nouvel An                            le 11 Novembre
le Vendredi saint                       le Premier Mai *ou* 1ᵉʳ Mai

On met cependant la *minuscule* au terme générique (comme « fête ») et la *majuscule* au spécifique (comme « Travail ») dans une appellation formée du mot *jour*, *fête* ou du nom d'un jour de la semaine :

la fête du Travail                      le jour de l'An
la fête des Mères                       le jour des Rois
la fête de l'Armistice                  le jour des Morts
la fête du Saint-Sacrement              le mercredi des Cendres
le jour du Souvenir                     le dimanche des Rameaux

Quand le spécifique est formé d'un nom suivi d'un complément, on met la *majuscule* au nom, la *minuscule* au complément :

le Premier de l'an
l'Action de grâces

## 3.3.24 Manifestations culturelles, commerciales et sportives

On met toujours la *majuscule* au premier substantif et, le cas échéant, à l'adjectif, qualificatif ou numéral, qui le précède :

les Jeux du Québec                      les Médiévales
le Festival de jazz de Montréal         les Jeux olympiques d'hiver

le Carnaval de Québec
la Biennale de Venise
le Tour de France
la Coupe du monde
la Coupe Davis
la Foire du livre
les Floralies
le Salon de l'automobile
le X$^e$ Salon du livre

l'Exposition universelle de
1967
les Olympiques
les XXIII$^{es}$ Jeux olympiques
le Rallye de Monte-Carlo
le Salon de 1920
les Vingt-Quatre Heures du
Mans
le Grand Prix de Monaco

**3.3.25  *Colloque, conférence, congrès*, etc.**

Les avis étant partagés, nous recommandons de mettre la *majuscule* au mot initial de la dénomination de congrès, conciles, colloques, conférences, etc. :

la Conférence d'action nationale sur l'usage des drogues
le Congrès annuel des champignonnistes du Canada
le Colloque international de bioéthique
le Symposium canadien sur la télédétection
le Concile du Vatican

**3.3.26  Guerres et autres grands événements**

**a)  Guerres et batailles**

On met la *majuscule* au mot *guerre*, de même qu'à l'adjectif qui précède, uniquement lorsqu'il entre dans le nom d'un conflit mondial, et que la date n'est pas indiquée :

la Première Guerre mondiale
la Grande Guerre
la Seconde Guerre mondiale
la Deuxième Guerre mondiale

Dans les autres cas, on l'écrit avec une *minuscule*. La *majuscule* est réservée aux éléments de l'éventuel complément du nom (nom et adjectif antéposé) :

les deux guerres mondiales
la guerre civile
la guerre froide
la guerre sainte
la troisième guerre israélo-
arabe

la guerre du Golfe
la guerre de 1914-1918
la guerre de Cent Ans
la guerre de l'Indépendance
américaine
la guerre du Rif

Il en va de même des autres noms désignant des guerres ou des batailles :

l'intifida
la bataille des Plaines
d'Abraham

la retraite de Russie
la huitième croisade
le djihad

Dans le cas où le nom est constitué seulement d'un spécifique, on met la *majuscule* au nom et, s'il y a lieu, à l'adjectif antéposé :

la Longue Marche

**b)   Autres grands événements**

Il convient de mettre la *minuscule* au terme générique (*querelle, massacre, prise, siège, chute, sac, révolution, journée,* etc.) et la *majuscule* au spécifique, c'est-à-dire au nom en apposition ou au nom complément :

la rébellion de 1837            la crise d'Octobre
le soulèvement des Métis        le printemps de Prague
le siège de Québec              l'affaire Dreyfus

On met la *majuscule* au spécifique non accompagné d'un générique et à l'adjectif qui le précède, de même qu'au générique employé seul :

le Grand Dérangement            la Révolution (*mais* la
la Révolution tranquille            révolution de 1789)
la Libération                   Mai 68

### 3.3.27   Époques et régimes

On met la *minuscule* aux éléments des noms d'époques légendaires, préhistoriques ou historiques composés du générique *âge* ou *ère* suivi d'un adjectif ou d'un nom complément :

l'âge d'or                      l'ère moderne
l'âge de la pierre polie        l'ère atomique
l'âge féodal                    l'ère Meiji

On met la *majuscule* au nom d'un *régime politique* évoquant une époque, ainsi qu'à l'adjectif qui le précède. Si le nom s'accompagne d'un complément ou d'un nom en apposition, c'est ce complément ou ce nom en apposition qui prend la majuscule :

la Deuxième République          la république de Weimar
la Restauration                 la monarchie de Juillet
le Régime français              le régime Trudeau

Les historiens mettent la *majuscule* à certaines désignations d'époques qu'ils considèrent comme des *noms propres*. On écrit donc, avec une *majuscule* au premier nom et à l'adjectif qui le précède éventuellement :

l'Antiquité                     le Moyen Âge
l'Inquisition                   la Belle Époque
la Renaissance                  le Siècle de Périclès
les Années folles               le Siècle des lumières
les Temps modernes              la Ruée vers l'or

Noter qu'on peut écrire *Moyen Âge, Moyen-Âge, moyen âge, moyen-âge* ou *Moyen âge.*

Les appellations suivantes ne sont pas tenues pour des noms propres, et prennent donc la *minuscule* :

l'époque romaine                    les grandes migrations
l'époque contemporaine              les grandes invasions

### 3.3.28  *État*

Le mot *état* prend toujours la *majuscule* lorsqu'il désigne un territoire, son gouvernement ou son administration. Sinon, il s'écrit avec la *minuscule* :

les États africains                 l'état civil
l'État d'Israël                     l'état des lieux
l'État de New York                  l'état de siège
un secret d'État                    les états généraux
les rouages de l'État               un état d'âme

### 3.3.29  Institutions, administrations, organismes

Il convient de mettre la *majuscule* au terme générique par lequel commence le nom officiel d'une institution, d'une administration, d'un service de l'État ou d'un organisme international, de même qu'à l'adjectif qui le précède. Cette règle s'applique aux désignations suivantes :

— *Corps de l'État et organes des **pouvoirs législatif et exécutif***

l'Assemblée législative (*du Nouveau-Brunswick, du Manitoba...*)
l'Assemblée nationale (*du Québec*)
le Cabinet, *mais* le cabinet restreint
le Conseil des ministres
la Chambre des communes, *mais* les Communes
la Commission de la fonction publique
le Conseil du Trésor
le Parlement
le Sénat
le Conseil privé de la Reine pour le Canada (Reine *prend ici la majuscule*)

Noter que *fonction publique* s'écrit toujours avec deux minuscules. Dans le sens de « trésor public », *Trésor* prend toujours la majuscule.

— *Organes du **pouvoir judiciaire** et tribunaux administratifs*

l'Office national des transports
la Commission de l'immigration et du statut de réfugié
la Cour canadienne de l'impôt
la Cour fédérale du Canada
la Cour suprême (*du Yukon, des Territoires du Nord-Ouest...*)
la Cour suprême du Canada
la Cour supérieure du Québec
la Haute Cour (*de l'Ontario*)
le Tribunal canadien du commerce extérieur

— *Administrations et établissements publics ou parapublics*

l'Agence canadienne de développement international
l'Administration de la voie maritime du Saint-Laurent
le Bureau du vérificateur général
le Bureau du surintendant des institutions financières
la Commission de la capitale nationale
la Commission des droits de la personne
le Conseil canadien de la magistrature
le Conseil supérieur de l'éducation
le Conseil municipal de Trois-Rivières
la Monnaie royale canadienne
l'Office de la langue française
l'Office du crédit agricole
la Régie des rentes du Québec
la Société canadienne d'hypothèques et de logement
la Société d'aménagement de la baie James
la Société générale de financement du Québec

— *Organismes internationaux ou supranationaux*

la Banque mondiale
la Communauté économique européenne
le Fonds monétaire international
le Marché commun
l'Organisation des Nations Unies
la Société des Nations
l'Union postale universelle

Certaines de ces désignations peuvent cependant s'employer comme noms communs, et prendre dans ce cas la *minuscule* :

Cette localité vient d'élire un nouveau conseil municipal (*article indéfini*).

Les assemblées législatives votent les lois (*pluriel*).

Je ne sais plus s'il a travaillé à la cour supérieure du Manitoba ou à celle de l'Ontario (*reprise par un pronom*).

### 3.3.30   *Ministère*

L'usage canadien veut que l'on mette une *minuscule* à *ministère* lorsqu'il commence la dénomination. On met une *majuscule* à chacun des compléments :

le ministère de l'Agriculture
le ministère du Tourisme, de la Chasse et de la Pêche
le ministère des Affaires culturelles

le ministère des Travaux publics et des Services gouvernementaux
le ministère de la Défense nationale

Au sein de la fonction publique, *ministère* prend la *majuscule* lorsque,
précédé de l'article défini ou contracté, il est employé seul pour désigner
un ministère précis, clairement identifié par le contexte :

*Le* Ministère a lancé ce programme afin de...

Les fonctionnaires *du* Ministère sont invités...
　*mais*
Pour assurer la saine gestion de *notre* ministère...

### 3.3.31　*Direction, division, service,* etc.

On met la *majuscule* seulement au terme générique (*direction générale,
direction, division, section, sous-section, service,* etc.) par lequel
commence le nom d'une subdivision administrative :

la Direction générale de l'exploitation
la Direction de la terminologie
la Division de l'inspection des viandes
la Section des approvisionnements
la Sous-Section du catalogage
le Service de la comptabilité

À condition d'être précédé de l'article défini, le terme générique prend la
*majuscule* lorsqu'il est employé sans complément pour désigner une entité
bien précise, clairement identifiée par le contexte :

*La* Division offre ces cours à tout le personnel.
　*mais*
*Ces* directions ont convenu d'organiser un programme d'échanges...

Si l'on fait l'ellipse du mot *direction, division,* etc., pour ne garder que
le complément, celui-ci prend la *majuscule.* Dans le cas où l'appellation
elliptique comporte plus d'un complément, on met la *majuscule* à
chacun :

La politique des Langues officielles...

Elle est directrice générale de la Correspondance ministérielle et des
Relations avec les médias.

### 3.3.32　*Loi, règlement, décret*

Il convient de mettre la *majuscule,* conformément à l'usage canadien, au
premier mot des titres de lois et de règlements :

*Loi sur le divorce*
*Règlement sur l'inspection des viandes*
*Décret n° 1 de 1985 sur l'importation de volailles*

### 3.3.33  *Programme, projet, plan*, etc.

On met la *majuscule* aux mots *programme, projet, plan, opération*, etc., lorsque, suivis d'un adjectif ou d'un complément, ils font partie du nom officiel d'une activité :

le Plan vert
le Programme d'abandon du tabac
le Programme d'accueil des entreprises étrangères
le Programme de lutte contre la contrebande
le Projet spécial de développement des productions animales

Ces mots prennent cependant la *minuscule* lorsque le nom officiel de l'activité est placé en apposition :

le programme Nouveaux Horizons
la campagne Centraide
le plan Marshall
l'opération Nez rouge

Lorsqu'il ne s'agit pas d'un titre officiel, on ne met aucune majuscule. On peut utiliser les guillemets pour signaler le nom de l'activité :

Pour attirer les clients, il va falloir lancer une opération « baisse des prix ».

En fin de semaine, c'était chez nous l'opération « coup de pinceau ».

V.a. 5.2.5 et 7.3.4.

### 3.3.34  Unités militaires

L'usage canadien veut que l'on mette la *majuscule* aux termes génériques qui entrent dans les noms d'unités militaires :

les Forces canadiennes
le Commandement aérien
l'Artillerie royale canadienne
la Force terrestre
la Réserve aérienne
le Centre des opérations aéroportées du Canada
le Centre d'alerte provincial Valcartier
le Royal 22$^e$ Régiment
la 16$^e$ Escadre
le 1$^{er}$ Groupe-brigade mécanisé du Canada

Dans le cas où l'appellation comprend plus d'un nom d'unité, tous les génériques prennent la *majuscule* :

le Commandement de la Force terrestre
le Quartier général du Commandement de la Force terrestre
l'École de navigation aérienne des Forces canadiennes
l'École de combat de l'Artillerie royale canadienne
la Musique du Commandement aérien
la Station des Forces canadiennes Flin Flon

la 17<sup>e</sup> Escadrille de renfort de la Réserve aérienne
la Compagnie du renseignement du Secteur de l'Ouest de la Force terrestre

On met aussi la *majuscule* aux appellations métonymiques :

les Bérets verts
les Casques bleus

Il faut mettre la *minuscule*, par contre, aux génériques employés comme noms communs pour désigner des unités d'un certain type :

Les missions de ce genre doivent être confiées à un escadron de transport.

### 3.3.35 *État-major*

Au Canada, ce terme ne commence pas de dénomination officielle et prend donc toujours la *minuscule* :

l'état-major d'un corps d'armée
l'état-major d'une entreprise
l'état-major d'un syndicat
l'état-major d'un ministre
l'École d'état-major des Forces canadiennes

### 3.3.36 Maisons d'enseignement

La question de la majuscule à l'initiale des noms de maisons d'enseignement, de centres de recherche et de sociétés savantes est loin de faire l'unanimité, et les règles énoncées par la plupart des linguistes ne sont pas toujours d'application facile. Par ailleurs, chacun des établissements a droit à son identité propre, et la majuscule a précisément pour fonction de distinguer le nom propre du nom commun. On est donc fondé à mettre la *majuscule*, dans tous les cas, au terme générique qui commence le nom d'une maison d'enseignement, d'un centre de recherche ou d'une société savante :

l'Académie française
l'Académie des lettres du Québec
le Cégep du Vieux-Montréal
le Collège militaire royal de Kingston
le Collège Saint-Joseph
le Conservatoire de musique de Hull
l'École secondaire André-Laurendeau
l'École nationale d'administration publique
l'École des hautes études commerciales
l'École polytechnique
l'École supérieure des arts et métiers
l'École de ski ISS
l'École de musique Vincent-d'Indy
la Faculté de droit de l'Université d'Ottawa
l'Institut de formation de Transports Canada
l'Institut Armand-Frappier

la Polyvalente Donnacona
la Société royale du Canada
l'Université Laval
l'Université de Montréal
l'Université de Princeton

S'il y a lieu d'*abréger* le nom en indiquant seulement le spécifique, on met la *majuscule* au premier substantif et à l'adjectif qui le précède, ou encore à l'adjectif employé seul :

les Hautes Études commerciales
un diplômé de Polytechnique

Lorsque le spécifique est formé de substantifs coordonnés, la *majuscule* se met à chacun de ces éléments :

Elle s'est inscrite à Arts et Métiers.

On met cependant la *minuscule* au générique (*cégep, collège, école, institut, conservatoire,* etc.) lorsqu'il est employé comme *nom commun* :

les cégeps du Vieux-Montréal et du Bois-de-Boulogne (*pluriel*)

l'école primaire de Saint-Marc-des-Carrières et celle de Pont-Rouge (*reprise par un pronom*)

Elle s'est inscrite à une académie de danse située non loin de chez elle (*article indéfini*).

J'ai laissé mes gants dans ma case, à l'université (*immeuble*).

Il n'a jamais eu les moyens de fréquenter l'université (*niveau d'études*).

Nous nous sommes donné rendez-vous devant le collège (*immeuble*).

## 3.3.37   Groupements et entreprises

Dans un document de caractère juridique, il importe de reproduire exactement le nom officiel de l'entreprise ou du groupement, même si son libellé est contestable sur le plan linguistique : p. ex. *la Société des Grands Travaux.* Cela dit, il est conforme à la règle générale de mettre la *majuscule* au premier substantif ainsi qu'à l'adjectif et à l'article qui le précèdent, si ces éléments font partie du nom officiel :

l'Association canadienne-française pour l'avancement des sciences
l'Association des traducteurs et interprètes de l'Ontario
le Cercle des jeunes naturalistes
la Chambre de commerce de Montréal
la Chorale de l'Université d'Ottawa
la Corporation des enseignants du Québec
la Société d'études et de conférences
la Société générale de financement
Les Gens de l'air
Les Grands Ballets canadiens

On met par contre la *minuscule* au générique s'il précède seulement le nom propre d'une entreprise ou d'un groupement, sans faire partie de l'appellation :

les magasins Eaton
l'association Les Gens de l'air
la compagnie Les Grands Ballets canadiens
la chorale Les Chansonniers

Dans les comptes rendus, rapports et statuts de société, on met une *majuscule* aux mots *assemblée, comité, conseil, bureau*, etc., seulement lorsque ces mots désignent nettement des subdivisions de l'organisme en question.

### 3.3.38 Distinctions civiles et militaires

Dans l'usage canadien, on met la *majuscule* au terme générique (*ordre, médaille*, etc.) et la *minuscule* au mot caractéristique des ordres et distinctions civils ou militaires, sauf, bien sûr, s'il s'agit d'un nom propre (*Canada, Victoria*, etc.) :

la Croix de Victoria                    la Médaille de la bravoure
la Croix du service méritoire            l'Ordre du Canada
l'Étoile du courage                       l'Ordre du mérite militaire

Cette démarche est l'inverse de l'usage européen, qui, lui, privilégie la *majuscule* au mot caractéristique et la *minuscule* au générique, lorsqu'il y en a un :

la croix de la Libération
la médaille de la Résistance
la Légion d'honneur

### 3.3.39 *Prix, oscar*

Par souci d'uniformité, il serait préférable de toujours mettre la *minuscule* au mot *prix* et au mot *oscar* lorsqu'ils désignent une récompense :

le premier grand prix de Rome
le prix Nobel de physique
le prix Paul-Émile-Borduas
le prix Femina
les prix Anik
l'oscar de la meilleure interprétation masculine

### 3.3.40 Devises

Lorsque la devise est formée de noms coordonnés ou juxtaposés, la *majuscule* se met à chacun de ces mots clés :

*Dieu et mon Droit*
*Honneur et Patrie*
*Liberté, Égalité, Fraternité*

Lorsque la devise est une phrase, complète ou elliptique, la *majuscule* se met au premier mot seulement :

> *Je me souviens*
> *Toujours prêt*
> *A mari usque ad mare*

## 3.3.41 Titres d'écrits et autres

L'emploi de la majuscule dans les titres d'écrits est traditionnellement soumis à plusieurs règles, dont on regrette souvent l'arbitraire, la complexité et le manque d'uniformité. Il faut donc favoriser une simplification de cet usage.

On met la *majuscule* uniquement au premier mot du titre, quelle que soit la nature du mot et quel que soit le genre de document (roman, manuel, article, rapport, etc.), ainsi qu'aux noms propres contenus dans le titre. Cette recommandation s'applique aussi aux films, aux émissions de radio ou de télévision et aux documents électroniques :

> *À la recherche du temps perdu*
> *Du sang, de la volupté et de la mort*
> *Smilla ou l'amour de la neige*
> *Mon oncle Benjamin*
> *Une saison dans la vie d'Emmanuel*
> *Six personnages en quête d'auteur*
> *Belles infidèles*
> *Les belles-soeurs*
> *Le parfum*
> *Le bon usage*
> *Les fées ont soif*
> *Le barbier de Séville*
> *Le rouge et le noir*
> *Le meunier, son fils et l'âne*
> *Le grand Meaulnes*
> *Les plus belles années de notre vie*
> *Rapport de la Commission sur l'égalité en matière d'emploi*
> *Cycle, migration et reproduction du saumon du Pacifique*
> *Comment on élève un grand vin*
> *Dictionnaire Hachette multimédia*

Les noms d'accords et de traités suivent également la règle de la majuscule initiale (v. 5.2.2). D'autre part, sauf exception, l'article, le nom et l'adjectif antéposé qui composent les titres de journaux et de revues prennent tous la *majuscule* :

> *Le Devoir*
> *La Presse*
> *Le Monde*
> *Le Nouvel Observateur*
>     mais
> *L'actualité*

Lorsque le titre d'un journal ou d'une revue est cité dans le cours d'une phrase, on peut considérer l'article défini initial comme appartenant à la phrase même. Cet article prend dans ce cas la minuscule :

Il a vu cette annonce dans le *Monde* (*ou* dans *Le Monde*).

L'article défini initial du titre anglais d'un journal ou d'une revue que l'on cite à l'intérieur d'une phrase se traduit, et appartient dès lors à la syntaxe de la phrase :

N'oublie pas d'acheter le *Globe and Mail*.

Elle était correspondante du *Washington Post*.

**Remarques**

1. Si l'*article* défini initial du titre forme, avec la préposition qui précède, un article contracté, ou que la syntaxe de la phrase entraîne sa disparition, on met alors la *majuscule* au premier mot du titre ainsi abrégé :

Veuillez analyser ce passage du *Côté de Guermantes*.

Te rappelles-tu cette scène des *Femmes savantes*?

Venise fait songer aux *Mille et une nuits*.

Il venait aux réunions avec son *Petit Robert*.

Il est préférable de ne pas faire la contraction lorsque le titre est formé de noms communs coordonnés par *et* ou par *ou*, ou lorsqu'il forme une phrase. On écrit :

la fin mouvementée de *Le rouge et le noir*
la morale de *Le chat, la belette et le petit lapin*
les personnages de *Le deuil sied à Électre*

2. Le mot **bible** prend la *majuscule* lorsqu'il désigne l'Écriture sainte, et la *minuscule* dans les autres cas :

prêter serment sur la Bible

Cette revue est la bible des ingénieurs.

De même, il faut mettre la *majuscule* aux noms des livres qui composent la Bible (noter que l'article ne fait pas partie de l'appellation) :

la Genèse                                    les Psaumes
le Cantique des cantiques          les Évangiles

Ces noms, lorsqu'ils ne désignent pas les livres comme tels, prennent la *minuscule* :

Il y a cent cinquante psaumes.

C'était un ciel tourmenté, un ciel d'apocalypse.

3. Les projets de loi, toujours désignés par un numéro, prennent la *minuscule* :

le projet de loi C-24

### 3.3.42  Titres d'oeuvres d'art

Il est souhaitable de suivre, pour les titres d'oeuvres d'art (tableaux, sculptures, opéras, symphonies, etc.), les mêmes règles que pour les titres d'écrits. Ainsi, pour uniformiser la présentation des titres, on peut mettre la *majuscule* uniquement au premier mot, quel qu'il soit :

> *Hercule et le lion de Némée* (tableau de Rubens)
> *Hommage à Rosa Luxemburg* (fresque de Riopelle)
> *Les botteleurs de foin* (tableau de Millet)
> *Les bourgeois de Calais* (groupe en bronze de Rodin)
> *La jeune fille et la mort* (lied de Schubert)
> *La flûte enchantée* (opéra de Mozart)

### 3.3.43  Places, jardins et parcs

On met la *minuscule* aux termes génériques qui entrent dans le nom des places, des jardins ou des parcs municipaux, lorsque ces termes sont accompagnés d'un adjectif, d'un nom propre ou d'un nom commun qui donne un caractère unique à l'entité. Ce nom ou cet adjectif prend la *majuscule* :

> le carré Saint-Louis          le parc Lafontaine
> la place Royale               le bois de Boulogne
> les plaines d'Abraham         le jardin des Tuileries

Il y a lieu par contre de mettre la *majuscule* au générique et la *minuscule* au spécifique lorsque ce dernier signale l'appartenance à une catégorie :

> le Jardin botanique
> le Jardin zoologique

Enfin, il convient de mettre la *majuscule* au générique lorsqu'il est employé seul :

> le Parc (Lafontaine, *pour les résidants de l'Est de Montréal*)
> les Plaines (d'Abraham, *pour les Québécois*)

### 3.3.44  Établissements

Dans les textes juridiques, il est essentiel de reproduire exactement la raison sociale des établissements. Dans les textes non juridiques, mieux vaut adopter une présentation simple et uniforme. Comme les établissements sont des personnes morales, il y a lieu d'appliquer ici la même règle qu'aux maisons d'enseignement. On mettra donc la *majuscule* au générique qui commence la dénomination, de même qu'à l'adjectif qui le précède :

> l'Auberge du rossignol
> l'Auberge de l'aéroport (*mais* l'auberge de l'aéroport et celle de la gare)
> la Banque de Montréal
> la Bibliothèque nationale

la Bibliothèque municipale d'Ottawa (*mais* une bibliothèque municipale)
la Boutique du bricoleur
le Café anglais
le Grand Café des amis
le Cinéma Bellevue (*mais* les cinémas Bellevue et Paradis)
le Centre national des arts
le Centre hospitalier de Gatineau (*mais* le centre hospitalier de la
région)
l'Hôpital Sainte-Justine
l'Hôpital général de Montréal
l'Hôtel Esmeralda
la Librairie Garneau
le Musée des beaux-arts de Montréal
le Musée canadien des civilisations
le Musée océanographique
le Restaurant du marché
le Restaurant de la bonne fourchette
le Grand Théâtre de Québec
le Théâtre Denise-Pelletier
le Théâtre national populaire

## 3.3.45 Bâtiments publics et monuments

Il convient de mettre la *minuscule* au terme générique qui désigne un
bâtiment public, un édifice religieux ou un monument, et la *majuscule* au
spécifique :

| | |
|---|---|
| l'aéroport de Mirabel | la chapelle Sixtine |
| le complexe Desjardins | la mosquée de Cordoue |
| l'édifice commémoratif de | la statue de la Liberté |
| l'Ouest | le monument aux Morts |
| l'édifice Jules-Léger | le pont Jacques-Cartier |
| la mairie de Chicoutimi | la porte Saint-Louis |
| l'hôtel de ville d'Ottawa | le château Ramezay |
| la tour Est | la tour Eiffel |
| la cathédrale de Québec | la tour de Londres |
| l'abbaye d'Oka | la tour de la Paix |

À noter qu'on écrit ***hôtel de ville*** avec deux majuscules lorsqu'on veut
parler non pas de l'édifice, mais des autorités municipales :

Il a eu maille à partir avec l'Hôtel de Ville.

Il convient par contre de mettre la *majuscule* au nom commun qui
commence la désignation s'il n'est pas employé dans son sens véritable
ou s'il est uni à son déterminant par un trait d'union :

| | |
|---|---|
| l'Esplanade Laurier | le Forum de Montréal |
| les Terrasses de la Chaudière | la Sainte-Chapelle |

On met enfin la *majuscule* au nom commun qui n'est pas suivi d'un déterminant s'il s'emploie fréquemment seul ou précédé d'un adjectif :

> la Tour (*la tour de Londres*)
> l'Oratoire (*l'oratoire Saint-Joseph*)
> la Grande Galerie (*du Louvre*)

## 3.3.46 Enseignes

Les inscriptions qui figurent sur les enseignes sont des noms de fantaisie : il appartient donc au concepteur de décider de l'emploi des majuscules. Il est admissible, par exemple, de mettre la *majuscule* non seulement au mot initial, mais encore à tout mot auquel on souhaite donner de l'importance, sur le plan sémantique ou visuel. Cela exclut, en général, les articles et prépositions qui ne commencent pas le titre :

> Au Lutin Qui Bouffe
> Auberge du Bon Sourire
> Restaurant des Pêcheurs d'Éperlans
> Aux Élégants du Mail

La même règle s'applique aux noms que l'on donne en propre à une villa, à un chalet, à un pavillon, à un domaine, etc. :

> la villa Belle Garde
> le domaine Aux Quatre Vents

## 3.3.47 Marques de commerce

On met normalement la *majuscule* aux noms de marques désignant des produits :

> La Boréale est une bière québécoise.

> Il avait une Camaro.

Ces mots prennent cependant la minuscule s'ils se sont incorporés à la langue au point de devenir de véritables noms communs :

> un dictaphone
> une aspirine
> des jeeps

Ils retrouvent toutefois leur valeur de noms propres lorsqu'ils sont précédés d'un nom d'espèce :

> un diesel                          un moteur Diesel
> un frigidaire                      un réfrigérateur Frigidaire

## 3.3.48 Créations de luxe

Dans le cas de marques déposées, il faut reproduire exactement la graphie officielle. Celle-ci comporte normalement une *majuscule* au mot initial ainsi qu'aux substantifs et adjectifs importants :

> Un flacon d'*Inoubliable Nuit*, et tout est oublié.

### 3.3.49  Véhicules

Il convient de laisser la *minuscule* aux modèles de fabrication désignés par leur profil, leur puissance ou une caractéristique d'ordre mécanique :

un coupé
un quinze-tonnes
des tractions avant

On signale cependant par la *majuscule* les noms attribués en propre à des véhicules, de même que les noms de marque et les noms de type ou de série. La majuscule se met aux substantifs et aux adjectifs importants ainsi qu'à l'article initial, s'il fait indiscutablement partie de l'appellation :

le *Marie-Hélène*              une [bicyclette] CCM
*L'Infatigable*                un [camion] Chevrolet
le *Pierre-Radisson*           une [voiture] Honda Accord
la fusée *Ariane*              un [sous-marin] Polaris
la navette *Challenger*        un [chasseur] Mirage

# 4 La division des mots

Pour indiquer la division des mots en fin de ligne, on emploie couramment le signe « - », qui est également le trait d'union. Dans le présent chapitre, pour la clarté de l'exposé, les coupures permises sont indiquées par la barre oblique (/), et les coupures non permises, par l'oblique double (//).

De façon générale, on doit éviter de diviser les mots en fin de ligne. On le fait toutefois dans une justification moyenne ou étroite (p. ex. une colonne de journal) ou dans des circonstances particulières tenant à la nature du texte.

## 4.1 Division syllabique et division étymologique

La division *syllabique*, c'est-à-dire la division entre les syllabes, est de loin la plus pratiquée. On doit garder au moins *deux lettres en fin de ligne* et rejeter au moins *trois lettres au début de la ligne* suivante. À moins que le texte soit présenté en colonnes, on évitera de renvoyer en début de ligne toute syllabe muette :

| | |
|---|---|
| sé/pa/ra/tion | dé/chif/fre/ment |
| com/mis/sion | syn/thèse |
| par/ti/ci/pant | en/cy/clo/pé/die |

On peut aussi utiliser la division *étymologique* pour faire ressortir la racine grecque ou latine d'un mot savant. Le premier élément du mot doit alors être nettement perceptible et doit se terminer par une voyelle autre que le *e* sans accent :

| | |
|---|---|
| trans/action | électro/statique |
| chlor/hydrique | oxy/chlorure |
| tropo/sphère | méta/psychique |

## 4.2 Les coupures permises

On peut couper les mots :

— *Entre deux consonnes, selon la division syllabique*

| | |
|---|---|
| car/gaison | dés/hériter |
| ex/patrier | en/gazon/ner |
| ex/caver | déchif/frement |

— *Avant la consonne qui sépare deux voyelles*

| | |
|---|---|
| cargai/son | rhy/tidome |
| poly/culture | enga/zonner |
| géronto/logie | déchiffre/ment |

— *Entre deux voyelles dans les mots composés écrits d'un seul tenant,* lorsque le préfixe ou le premier élément se termine par une voyelle et que le second élément commence également par une voyelle :

| | |
|---|---|
| extra/ordinaire | bi/oxyde |
| rétro/actif | ré/unir |
| télé/objectif | anti/alcoolique |

On coupe après la deuxième voyelle si celle-ci termine le premier élément étymologique :

oléo/duc *et non* olé//oduc

— *Entre les termes d'un mot composé*

| | |
|---|---|
| chasse-/neige | quatre-/vingt-/huit |
| bain-/marie | c'est-/à-/dire |

Le trait d'union est donc le meilleur point de coupure d'un mot composé. Il est évidemment préférable de couper entre deux mots non reliés par un trait d'union :

cent / dix-sept

— *Entre le verbe et le sujet dans une forme interrogative*

Viendriez-/vous?

Qu'en pensez-/vous?

Le trait d'union reste le meilleur point de coupure. Dans le cas des verbes à la troisième personne qui demandent le *t* dit « euphonique », on coupe autant que possible *avant* le *t* :

Pleuvra-/t-il demain?

Que lui reproche-/t-on?

— *Entre un nombre exprimé en lettres et le mot auquel il se rapporte*

quinze / mètres
dix millions / de / dollars

— *Selon la division étymologique*

trans/action
électro/statique

# 4.3 Les coupures non permises

De façon générale, on évite de couper les noms propres, les mots importants dans une phrase, le dernier mot d'un paragraphe ou d'une page. On évite également les coupures de mots sur plus de trois lignes consécutives. Ci-après, le symbole **//** signale les coupures non permises. On ne doit pas couper :

— *Avant ou après* x *ou* y *intercalé entre deux voyelles*

vo//y//age
Bru//x//elles

On tolère cependant la coupure avant *x*, si cette lettre correspond au son [z], comme dans *deu/xième.*

— *Entre deux voyelles*

di//amant
ou//ananiche

La coupure est toutefois permise après un préfixe (v. 4.2) :

pré/avis
anti/alcoolique

— *Avant les pronoms* y *ou* en *accompagnant un verbe à l'impératif*

Retournes-//y aussitôt que possible.

Distribues-//en les trois quarts.

— *Après une apostrophe*

aujourd'//hui
presqu'//île
Les règles qu'//avaient imposées...

— *Entre les lettres d'une abréviation, d'un sigle ou d'un acronyme,* même s'il offre la combinaison classique : voyelle + consonne + voyelle (ONU, OTAN, etc.). Font exception, bien sûr, les sigles lexicalisés (*cé/gep, la/ser*).

— *Entre les lettres d'un symbole ou d'une formule mathématique, chimique, physique, etc.*

$H_2$//O
x > // y

— *Entre un prénom abrégé et le nom de famille*

P. // Tremblay
J.-C. // Dumouchel

Il est toutefois admis (mais non souhaitable) de couper entre le prénom écrit au long et le nom.

— *Après un titre de civilité ou un titre honorifique abrégé*

Mme // Bergeron
M$^e$ // Desjardins

— *Les nombres en chiffres romains ou arabes*

40 // 800
10 // 345 // 880 // 795
MCM//LXXX//VIII

— *Entre un nombre exprimé en chiffres et le terme auquel il se rapporte*

| | |
|---|---|
| 15 // mètres | 15 // m |
| 13 // heures | 13 // h |
| 15 000 // dollars | 15 000 // $ |

Il en va de même des numéros d'ordre :

n$^o$ // 30
art. // 12
XIX$^e$ // siècle

Lorsqu'un groupe formé d'un nombre et d'un substantif comprend la conjonction *et* ou la préposition *à*, le groupe peut être divisé *avant* la conjonction ou la préposition :

les n$^{os}$ 45 / et 48
de 15 / à 20 ans

— *Une fraction exprimée en chiffres*

20 // %
20 // pour // cent
47$^o$ // 11′ // 3″ // de latitude N.

— *Un numéro de téléphone*

983-//4865

— *La notation de la date, de l'heure.* Dans une date, il faut éviter le plus possible de séparer le quantième du mois, ou le mois de l'année. Dans la représentation de l'heure, il ne faut pas séparer le chiffre du symbole :

31 // juillet // 1995
15 // h // 28

— *Après un jalon énumératif.* Dans une énumération présentée à l'horizontale, le jalon énumératif (chiffre ou lettre) n'est jamais laissé seul en fin de ligne :

Le présent fascicule est conforme :
1° à la norme internationale...

    *et non*

Le présent fascicule est conforme : 1°
à la norme internationale...

— *Entre l'abréviation* etc. *et le mot qui la précède*

la terre, le feu, l'eau, // etc.

— *Les mots d'une seule syllabe*

sept
pied

— *Après une syllabe d'une seule lettre*

a//vis
o//pacité

— *Devant une syllabe muette*

cadas//tre
pana//che

## 4.4   La division des mots anglais ou étrangers

La division des mots étrangers utilisés dans un texte français se fait, autant que possible, suivant les règles de division de la langue étrangère. Pour ce qui est des mots anglais, il suffit de consulter un dictionnaire; la division des mots y est généralement indiquée par un point entre chacune des syllabes :

*con•vert•ible*
*equip•ping*
*re•lo•ca•tion*

# 5 L'italique

La première fonction de l'italique est de faire ressortir des *mots*, d'attirer l'attention sur eux, de les distinguer du reste du texte. À défaut d'italique, ou dans un texte manuscrit, on souligne normalement tout ce qui devrait être en italique. Dans un certain nombre d'emplois, on peut utiliser les guillemets au lieu de l'italique, ou encore le caractère gras.

En principe, ce qui s'écrit en italique dans un texte en romain (c'est-à-dire en caractères ordinaires) s'écrit en romain dans un texte en italique : c'*est le* romain *qui assure alors le contraste.* Dans un passage déjà en italique, *on recourt parfois au* **gras** ***italique*** *pour faire ressortir des mots.*

L'abus de l'italique ne peut qu'en affaiblir l'efficacité, d'autant plus que l'italique, parce qu'il nous est moins familier, n'est pas aussi lisible que le caractère ordinaire. Il est donc important d'en limiter l'emploi.

## 5.1  Italique et ponctuation

On met en italique toute la ponctuation qui fait partie intégrante d'un passage écrit en italique :

> Archimède s'écria : *Eurêka!*

> Étiemble a publié son pamphlet *Parlez-vous franglais?* en 1964.

Dans la phrase suivante, le point d'interrogation ne fait pas partie du passage en italique :

> Comprenez-vous bien le sens du proverbe *pierre qui roule n'amasse pas mousse*?

On met aussi en italique les signes typographiques et les chiffres qui appartiennent au passage, mais non les chiffres et les lettres utilisés comme appels de note :

> Le texte anglais parle de *stress fracture*[1].

Les **parenthèses** se composent de préférence dans le même caractère que la phrase principale plutôt que dans le caractère des mots qu'elles enserrent :

> La crassula (*Crassula argentea*) possède des feuilles charnues.

> *La crassula (*Crassula argentea*) possède des feuilles charnues.*

Par un caprice de l'usage, c'est l'inverse pour les **guillemets**, qui sont en général composés dans le même caractère que les mots qu'ils encadrent :

Elle a employé le mot latin « *sic* ».

Les **crochets** se comportent différemment. Le plus souvent, ils sont imprimés en romain, que le texte principal soit en romain ou en italique :

Le témoin a déclaré qu'il était *libre de déterminer* [*ses*] *heures de travail.*

## 5.2 Le nom propre

### 5.2.1 Livres, journaux, revues et oeuvres d'art

On met normalement en italique les titres de livres, d'écrits divers, d'oeuvres d'art, de films, de poèmes, de pièces de théâtre, de disques, de chansons, d'émissions de radio et de télévision, de documents électroniques :

*Bonheur d'occasion* raconte les tribulations de la famille Lacasse.

*Une année en Provence* s'est vendu à des millions d'exemplaires.

*Précis d'océanologie*

le *Dictionnaire des termes publicitaires*

extrait du *Manuel de la politique administrative*

le *Capriccio italien* de Tchaïkovski

Elle rêve de jouer dans *Andromaque* de Racine.

*La danse* de Matisse est exposée à l'Ermitage.

*Le penseur* de Rodin a été coulé d'une seule pièce.

Fritz Lang a tourné *Metropolis* en 1926.

C'était *Lili Marlene*, une vieille chanson qu'il aimait beaucoup (J. Poulin).

L'émission *Le temps d'une paix* a battu tous les records d'audience.

le *Larousse multimédia encyclopédique*

le logiciel *CorelDRAW*

Il en va de même des titres de journaux, de périodiques et de publications semblables :

le journal *La Presse*
le *New York Times*
*L'actualité*
*L'Express*
la revue *Commerce*
un numéro spécial de *Science et Vie*
l'hebdomadaire allemand *Der Spiegel*

le *New England Journal of Medicine*
la *Gazette du Canada*
*La Gazette officielle du Québec*

On observe dans ces exemples que seuls les mots faisant partie du titre exact sont en italique.

Très souvent, on mentionne une **partie d'une publication** ou une partie d'une oeuvre conjointement avec le titre de la publication ou de l'oeuvre d'où elle est tirée. Il est usuel de mettre le titre de la partie entre guillemets et le titre principal en italique :

« Le Vaisseau d'Or » est tiré des *Poésies complètes* de Nelligan.

« La chute de la maison Usher » figure dans les *Histoires extraordinaires* d'Edgar Allan Poe.

Ci-joint une photocopie du chapitre intitulé « L'emploi et le chômage » dans *Le nouvel État industriel* de J. K. Galbraith.

Il faut lire dans la revue *Pour la Science* l'article « Informatique et liberté ».

Le « Libera me » du *Requiem* de Fauré est sublime.

Dans une étude qui ferait mention de nombreux articles ou parties d'oeuvres, il pourrait être plus commode de mettre tous les titres en italique. De même, si l'on cite seulement une partie d'une oeuvre sans mentionner l'oeuvre, on peut employer l'italique :

Nelligan est l'auteur du *Vaisseau d'Or*.

Le nom des **livres sacrés** s'écrit en caractères ordinaires :

la Bible

l'Évangile selon saint Luc

la Tora

le Coran

La Genèse est le premier livre de l'Ancien Testament.

Quant aux noms de prières, l'usage est variable. Ils s'écrivent parfois en italique, parfois en romain :

En disant le chapelet, ils récitent le *Je crois en Dieu*, des *Notre Père* et des *Je vous salue Marie*.

Réciter trois Pater et deux Ave.

### Remarques

1. On peut choisir d'employer les guillemets au lieu de l'italique pour les livres, les oeuvres d'art, les films, les disques, etc. (v. 7.3.2). Dans l'usage, toutefois, l'italique tend nettement à l'emporter.

2. Il est courant qu'un journal ou un périodique utilise les PETITES CAPITALES au lieu de l'italique pour citer son propre nom à l'intérieur de ses pages.

## 5.2.2  Lois

Dans l'administration fédérale, le titre des lois s'écrit en italique. Cette convention s'applique aussi aux textes d'application des lois, comme les règlements, les ordonnances et les décrets :

la *Loi de l'impôt sur le revenu*

Ce rapport a été réalisé en vertu de la *Loi sur l'emploi dans la fonction publique.*

Le *Décret sur les pommes de terre fraîches de l'Ontario* a été pris en 1987.

Le *Règlement sur l'équipement de sauvetage* vient d'être modifié.

Normalement, si l'on ne cite pas le titre exact d'un texte de loi, on doit revenir au caractère ordinaire. Mais quand le mot *loi* ou *règlement* est employé elliptiquement, qu'il est précédé d'un article défini et qu'il n'y a aucune ambiguïté possible, on maintient l'italique. Dans les autres cas, le mot s'écrit en romain :

En cas de conflit entre le contenu de la présente brochure et les dispositions de la *Loi sur les langues officielles*, c'est la *Loi* qui prévaut.

Cette loi a été adoptée en 1969.

La nouvelle loi désigne un certain nombre de régions bilingues.

On emploie le romain dans le cas des projets de loi désignés par un numéro :

le projet de loi C-24

À l'intérieur même d'un texte de loi, il est d'usage de mettre en italique les noms des accords, ententes ou traités internationaux. En dehors des textes de loi, le titre de ces documents s'écrit habituellement en romain :

l'Accord général sur les tarifs douaniers et le commerce

L'ONU a adopté la Convention relative au statut des réfugiés en 1951.

## 5.2.3  Véhicules

Le nom donné en propre à un bateau, à un train, à un avion, à un engin spatial, etc., peut s'écrire entre guillemets (v. 7.3.3), mais dans l'usage l'italique est beaucoup plus courant :

la *Grande Hermine*

le *Titanic*

le *Queen Elizabeth*

le voilier *V'là l'bon Vent!*

la sonde *Voyager 2*

la station orbitale *Mir*

le télescope *Hubble*

Lindbergh a traversé l'Atlantique à bord du *Spirit of Saint Louis*.

Quand il a contourné le cap, le *Colbert* était magnifique (Jean O'Neil).

Les Alliés reçurent la capitulation du Japon le 2 septembre 1945 sur le cuirassé *Missouri* (*Grand dictionnaire encyclopédique Larousse*).

Le *Porte-Saint-Jean* est un navire des Forces canadiennes.

Il convient d'observer que l'abréviation « NCSM » (Navire canadien de Sa Majesté) reste en romain :

le NCSM *Porte-Saint-Jean*

Il s'agit dans tous ces cas du nom de baptême donné à un seul et unique véhicule. Le nom propre attribué à une *marque*, à un modèle ou à un type de fabrication reste, lui, en caractères ordinaires :

une Toyota

la Ford Tempo

un Boeing 747

un missile Pershing-2

Le Concorde est un avion supersonique.

### 5.2.4    Établissements et événements

On compose en caractères ordinaires les noms d'enseignes, de propriétés et d'établissements commerciaux tels que les boutiques, les cafés, les hôtels, les magasins, les restaurants :

Boutique Chanteclerc
Quincaillerie Trudel
le restaurant Les Trois Frères
le Café de la Paix
la villa Belle Garde

Il est toutefois préférable de recourir à l'italique dans les cas où le romain créerait une ambiguïté. Par exemple, si une réunion doit se tenir au café Chez Jean-Pierre, on écrira, lorsqu'on fait l'ellipse du mot « café » :

La réunion se tiendra chez *Jean-Pierre*.

De façon générale, on laisse en romain les raisons sociales ainsi que les noms d'entreprises, d'organismes, de bâtiments :

les Éditions Duculot
la Banque Royale du Canada
les Productions Annie-Saulnier
la Corporation professionnelle des médecins du Québec
la Ligue internationale contre le racisme et l'antisémitisme
Triathlon Canada
le ministère de la Justice

l'aréna Maurice-Richard
le Théâtre du Nouveau Monde
le Musée des beaux-arts

La même règle s'applique aux noms de groupes, de conférences, d'orchestres, de troupes de danseurs, de compagnies de théâtre, aux manifestations culturelles, commerciales et sportives, aux prix et distinctions :

la Conférence des Nations Unies sur le commerce et le développement
le Salon de l'automobile
le Festival des films du monde
le Tour de France
les XV$^{es}$ Jeux olympiques d'hiver
le prix Goncourt
les Grands Ballets canadiens
le Quatuor Morency

## 5.2.5    Produits commerciaux et opérations techniques

Le nom des produits commerciaux s'écrit en caractères ordinaires :

un Coca-Cola
des bottes Sorel
une bouteille de Hertel

D'autre part, l'appellation de certaines créations de luxe telles que les parfums et les vêtements haute couture s'écrit parfois entre guillemets, mais habituellement en italique :

un flacon de *Neiges*
la robe *Soir de Bal*

On compose aussi en italique les noms dont l'administration civile, policière ou militaire désigne certaines de ses grandes entreprises :

l'expédition *Antarctica*
l'opération *Carcajou*
l'opération *Tempête du désert*

# 5.3    La phrase

## 5.3.1    Citations

En français, les citations sont généralement encadrées de **guillemets** (v. 7.2.1 et suiv.). L'emploi des guillemets est encore plus souhaitable lorsque le texte comporte déjà d'autres éléments en italique, ou lorsqu'il contient de nombreuses citations ou des citations en langue étrangère, car l'italique pourrait devenir fatigant à lire.

La meilleure méthode consiste à employer les guillemets pour les citations, et à réserver l'italique pour les autres emplois, comme les langues étrangères, les titres d'ouvrages, les noms de véhicules, les mises en relief, les mots employés dans un sens spécial, etc.

Lorsqu'un texte ne comporte que quelques citations, on peut néanmoins opter pour l'*italique*. Il est important de procéder de façon uniforme tout au long du texte :

> On ne sait pas pourquoi la femme de Loth se retourna malgré les paroles des deux anges. Le texte de la Genèse dit seulement qu'elle *regarda en arrière, et elle devint une colonne de sel.*

> Et Lévis termine : *Je prie M. le marquis de Vaudreuil de mettre sa réponse par écrit au bas du présent mémoire* (R. Prévost).

> *Le pays où le commerce est le plus libre*, écrit Voltaire, *sera toujours le plus riche et le plus florissant.*

> Dans *Les caractères*, la Bruyère s'est souvent ingénié à renouveler de vieilles vérités :

> *Entre toutes les différentes expressions qui peuvent rendre une seule de nos pensées, il n'y en a qu'une qui soit la bonne. On ne la rencontre pas toujours en parlant ou en écrivant : il est vrai néanmoins qu'elle existe, que tout ce qui ne l'est point est faible, et ne satisfait point un homme d'esprit qui veut se faire entendre.*

Lorsque le texte qu'on veut citer comporte lui-même des mots en italique (titres d'ouvrages, etc.), le procédé classique consiste à faire ressortir ces mots en revenant au caractère ordinaire :

> *En cas de conflit entre le contenu de la présente brochure et les dispositions de la* Loi *sur les langues officielles, c'est la* Loi *qui prévaut.*

Logiquement, on devrait procéder de la même façon quand il y a une citation à l'intérieur d'un texte qu'on cite en italique; mais il est préférable de simplement guillemeter cette citation interne [v.a. 7.2.6b)] :

> Je vous cite, pour mémoire, le procès-verbal de la dernière réunion : *L'Assemblée juge nécessaire de proposer la modification suivante à l'article 8 du règlement : « Le conseil se compose au maximum de neuf membres. »*

**Remarque**

Lorsque l'italique apparaît à l'intérieur d'une citation entre guillemets, il est parfois utile d'indiquer par une note à qui il est dû :

> « Mais, à tout cela, M. Bovary, peu soucieux *des lettres**, disait que ce n'était pas la peine**! »
> * Italique de Flaubert.

> « La langue générale, écrit René Georgin, est plus ou moins influencée par celle des auteurs contemporains qui, en contrepartie, subissent parfois la contagion de l'usage commun, *même quand celui-ci est fautif* » (c'est moi qui souligne).

### 5.3.2    Devises et maximes

Les devises, quelle que soit la langue dans laquelle elles sont formulées, se composent souvent en italique :

*Je me souviens*
*A mari usque ad mare*
*Qui s'y frotte s'y pique*

Il en va de même des dictons, des maximes, des proverbes :

*Hâtez-vous lentement,* maxime de Boileau

la maxime italienne : *Traduttore, traditore*

Comme le dit le proverbe, *plaie d'argent n'est pas mortelle.*

Comme ils sont assimilables à des citations, les dictons, maximes, devises et proverbes sont parfois laissés en romain et guillemetés (v. 7.2.12).

### 5.3.3    Latin

Les locutions latines, abrégées ou non, et en particulier celles utilisées dans les travaux de recherche et d'édition, s'écrivent généralement en italique :

| | |
|---|---|
| *ad libitum* | *in extenso* |
| *ad lib.* | *in fine* |
| *de facto* | *infra* |
| *de jure* | *loco citato* |
| *ibidem* | *loc. cit.* |
| *ibid.* | *opere citato* |
| *idem* | *op. cit.* |
| *id.* | *supra* |

Il convient d'observer que lorsque, dans une référence bibliographique, le mot *idem* (ou *id.*) remplace le nom d'un auteur déjà cité dans une note précédente, il peut être composé dans le même caractère que le nom qu'il remplace. Le mot *ibidem* (ou *ibid.*), qui remplace le titre d'un ouvrage déjà cité, reste toujours en italique (v.a. 12.2.3) :

J. Éthier-Blais, *Autour de Borduas*, Montréal, Presses de l'Université de Montréal, 1979, p. 77.
Id., *ibid.*, p. 140.
Id., *Dictionnaire de moi-même*, Montréal, Leméac, 1987, p. 109.

Les expressions et les mots latins qui sont *francisés* ou vraiment entrés dans l'usage français se composent en romain :

| | |
|---|---|
| alter ego | in vitro |
| a priori | modus vivendi |
| curriculum vitae | nec plus ultra |
| de visu | persona non grata |
| erratum (errata) | post-scriptum |

| etc. | sine qua non |
|------|--------------|
| ex-libris | statu quo |
| grosso modo | vice-versa |

Noter qu'*a priori* s'écrit sans accent sur le *a*. Il n'est pas toujours facile de savoir si un mot latin doit être mis en italique, d'autant moins que les dictionnaires français impriment en général tous les mots latins en caractères ordinaires. Il faut suivre l'évolution de l'usage. Il est préférable, en cas d'hésitation, de choisir l'italique pour les mots latins.

Bien qu'assimilés depuis longtemps par le français, les mots *sic*, *bis*, *ter*, *quater*, etc., se composent toujours en italique :

14 *bis* de la rue des Remparts

l'article 5 *ter* du règlement

Ce n'était, ont déclaré les dirigeants, qu'une simple technicalité [*sic*].

Les noms attribués au **genre** et à l'*espèce* en botanique et en zoologie, ainsi que les désignations latines de syndromes et de maladies, accompagnés ou non de l'article défini, s'écrivent en italique :

L'angine de poitrine (*Angina pectoris*) est plus fréquente chez l'homme que chez la femme.

La fétuque des prés (*Festuca pratensis*) joue un rôle important dans la production fourragère.

*Thunnus thynnus* (Thon rouge) appartient à la famille des scombridés.

Le *Balaenoptera borealis* (Rorqual boréal) se distingue du *B. physalus* par sa silhouette plus trapue.

Les citations latines se composent en italique :

C'est Tacite qui a dit : « *Omne ignotum pro magnifico* » (« Tout nouveau, tout beau »).

## 5.3.4   Langues étrangères

Les mots empruntés aux langues étrangères et non adoptés par l'usage se mettent en général en italique :

Le centre de ces vastes domaines sucriers est la *casa grande*.

Les *junior colleges* complètent la formation générale.

Les mots étrangers qui sont entrés dans l'usage français n'ont toutefois plus besoin de l'italique :

| l'apartheid | un kibboutz |
|-------------|-------------|
| la common law | un méchoui |
| la dolce vita | la perestroïka |

Comme dans le cas du latin, il n'est pas toujours facile de savoir si un mot étranger est accrédité par l'usage. Le fait qu'un mot soit l'objet d'une entrée dans un dictionnaire courant nous fournit déjà un bon indice. C'est aussi une question de jugement; il faut tenir compte du contexte et du destinataire. Si on pense qu'un mot étranger est peu connu du lecteur, on le mettra en italique.

Les *noms étrangers d'organismes*, d'entreprises, d'institutions, d'établissements, de bâtiments, de groupes, de manifestations artistiques ou sportives, de compagnies de théâtre, de troupes de danseurs, d'orchestres, sont toujours en caractères ordinaires :

> la General Motors
> la Food and Drug Administration
> la Library of Congress
> le Foreign Office
> le Massachusetts Institute of Technology
> l'Academy of St. Martin-in-the-Fields
> le Bundestag et le Bundesrat
> la Vasaloppet
> l'Istituto per la Ricostruzione Industriale

On emploie l'italique pour les *citations* en langue étrangère, qu'elles soient accompagnées ou non de leur traduction. La traduction, elle, se met entre guillemets dans le caractère du texte principal, c'est-à-dire en romain la plupart du temps :

> Forcé de faire amende honorable, Galilée s'exclama : « *Eppur, si muove!* »

> « *Have more than thou showest*
> *Speak less than thou knowest...* »
> (« Aie plus que tu ne montres,
> Dis moins que tu ne sais... »)

**Remarque**

Certains auteurs préfèrent mettre tout mot étranger entre guillemets, mais c'est un procédé beaucoup moins courant que l'italique (v. 7.3.7).

## 5.3.5   Niveaux de langue

On met parfois en italique, mais parfois aussi entre guillemets (v. 7.3.5), les mots et les expressions qui s'écartent du langage régulier, comme les néologismes, les régionalismes, les mots impropres ou insolites, les surnoms, les tours populaires, familiers ou de tout autre niveau de langue — joualisant, poétique, technique, archaïque, ironique, etc. — ainsi que les mots qu'on emploie dans un sens spécial :

> Inutile de vous dire qu'ils se sont fait *maganer*.

> Les *épluchettes* étaient très populaires au 19e siècle (R. Dubuc et J.-C. Boulanger).

> Dans le St-Laurent, il y a formation de *frasil* surtout entre Montréal et Sorel (*Trésor de la langue française au Québec*).

> Ce sont des oiseaux *nidifuges*, c'est-à-dire qui fuient le nid.

## 5.3.6   Mots se désignant eux-mêmes

On a le choix entre les guillemets (v. 7.3.6) et l'italique pour signaler un mot qui se désigne lui-même :

> *Abricot* et *caramel* viennent de l'espagnol.

> *On* exclut la personne qui parle.

> *Considérant que* s'emploiera surtout lorsque l'on aura affaire à une alternative ou à une énumération (R. Catherine).

> L'emploi du français leur permet le glissement du *vous* et du *tu*. D'habitude, le *vous* prédomine (M. Yourcenar).

On peut aussi mettre en italique les appellations de natures diverses introduites par des verbes comme **appeler** ou **nommer** :

> La répartition des cultures entre les parcelles d'une exploitation est désignée sous le terme d'*assolement*.

> Si la quantité d'ozone est supérieure à la quantité moyenne normale, on parlera de *gain d'ozone*.

> Ceux qui se croyaient aux Indes les nommèrent *Indiens* ou *Peaux-Rouges*, parce que certaines tribus avaient l'habitude de se colorer la peau. De nos jours, on les appelle les *Amérindiens* (*Encyclopædia Universalis*).

Il faut reconnaître que bien des auteurs n'emploient ni guillemets ni italique après ces verbes :

> L'union d'un os avec un os s'appelle une articulation (*Petite encyclopédie médicale*, Bordas).

Certains font de même lorsqu'ils citent un **mot en apposition** :

> le mot accommoder
> le terme d'agitateur

Mais cette façon de procéder n'est pas vraiment à recommander, car elle peut parfois être source d'ambiguïté. Comparer :

> le mot *juste*
> le mot juste

## 5.3.7   Mise en relief

D'une manière générale, on peut se servir de l'italique pour attirer l'attention sur un mot ou un passage qu'on juge *important*, pour marquer l'opposition entre des mots, ou encore pour rendre des particularités de l'oral :

> C'est là que j'ai entendu parler pour la première fois d'*ethnocide* (M. Tournier).

> Quant au bénéfice de l'obligation, il peut au contraire être invoqué par *toutes les victimes*, y compris les professionnels.

Nous devons placer la *prévention par l'éducation* en première ligne de l'offensive contre cette maladie.

Votre identité demeurera *confidentielle*, à moins que vous n'autorisiez sa divulgation.

Les arbres se divisent en deux grands groupes : les *conifères* et les *feuillus.*

Il n'en serait pas moins *partial* dans la mesure même où il est *partiel* (R. Aron).

On *voit* la prose balzacienne; celle de Dickens, on l'*entend* (G. Marcotte).

**Remarque**

Cette fonction d'insistance de l'italique est très populaire, mais il faut y recourir modérément. C'est un procédé que tout abus dévalorisera. Notons que certains préfèrent recourir au gras pour mettre un mot en relief :

Nous ferons appel à leurs services de façon **ponctuelle**.

# 5.4   Autres cas

### 5.4.1   Lettres de l'alphabet

Les lettres minuscules employées isolément dans le corps du texte s'écrivent parfois entre guillemets (v. 7.3.8), mais le plus souvent en italique :

Voir la figure *a.*

Il faut barrer les *t* et mettre les points sur les *i.*

Les mots d'origine latine ou grecque n'ont pas d'*h* aspiré normalement (A. Goosse).

Les lettres d'ordre (*a, b, c...*) qui introduisent les éléments d'une énumération peuvent se mettre en italique. On peut aussi utiliser le **gras** ou le ***gras italique*** pour les faire ressortir davantage :

On peut obtenir les services suivants :

   *a*) le téléachat,
   *b*) le courrier électronique,
   *c*) les services bancaires.

On peut obtenir les services suivants :

   **a**) le téléachat,
   **b**) le courrier électronique,
   **c**) les services bancaires.

Dans les lois et les règlements, la lettre indiquant l'*alinéa* s'écrit en italique, mais les chiffres romains indiquant le sous-alinéa ne prennent pas l'italique :

L'alinéa 453(l)*h*) de la loi est abrogé.

le sous-alinéa 453(1)*h*)(ii)

Les lettres minuscules qui servent à identifier les éléments d'un diagramme, d'une illustration, surtout lorsque ces lettres sont susceptibles d'être citées dans le corps du texte, se mettent en italique :

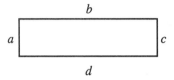

Il en va de même des minuscules et de certains termes employés en mathématiques :

$$ax^2 + bx + c = 0$$

$$C_2 = \frac{\varepsilon_0.L. \ (h - y)}{d}$$

Les lettres minuscules employées comme symboles d'unités de mesure restent en caractères ordinaires :

3 h 40 min 10 s

Il mesure 1,80 m.

En général, les majuscules ne se mettent pas en italique :

le jour J

la bombe H

une antenne en forme de T

Soit *a* la distance de B à D.

## 5.4.2  Éléments extérieurs au texte

On compose en italique certaines indications au lecteur qui, sans faire partie du texte principal, l'explicitent ou le commentent. Il en va ainsi des indications d'interruption, de bruits, de marques d'approbation accueillant les remarques d'un orateur dans les procès-verbaux, les comptes rendus, les transcriptions de débats :

M. VENIZUELOS. — Monsieur le Président, je réclame... (*Mouvements divers.*) Je demande...

UNE VOIX À GAUCHE. — Demandez toujours. (*Rires.*)

La règle est la même pour les titres, fonctions ou grades des participants :

M. RIVERA, *directeur général de l'Office intercontinental.* — Monsieur le Président, j'ai l'honneur de déposer le rapport provisoire de notre groupe d'étude.

M. YOUNG, *secrétaire de la conférence.* — On m'a prié d'informer les délégués...

On met en italique les mots *Report, À reporter*, dans un texte de comptabilité ou de statistique, ainsi que les formules *À suivre, Suite, Suite et fin, Suite de la page précédente, Suite à la page...* ou leurs équivalents dans un journal ou une publication périodique. Les parenthèses entourant ces formules restent en romain, c'est-à-dire droites :

   (*Suite à la page 10*)

Dans la présentation d'une pièce de théâtre, on compose en italique la description des décors, des éclairages, des costumes, des jeux de scène, des jeux de physionomie, les précisions de mise en scène et toutes les informations placées entre parenthèses :

   *Entre Clov, la lunette à la main.*

CLOV. — Je suis de retour, avec la lunette. (*Il va vers la fenêtre à droite, la regarde.*) Il me faut l'escabeau.

HAMM. — Pourquoi? Tu as rapetissé? (*Clov sort, la lunette à la main.*) Je n'aime pas ça, je n'aime pas ça.

                                             (S. Beckett, *Fin de partie.*)

**Remarque**

Quand on ne dispose pas de l'italique, il est courant de laisser toutes les indications complémentaires du texte en caractères ordinaires.

### 5.4.3   Travaux d'édition

Il est de tradition de composer en italique les exemples donnés dans les dictionnaires et les travaux de nature linguistique, pour les distinguer du texte. Mais souvent on les met simplement en retrait, comme dans le présent guide.

Certaines parties complémentaires d'un ouvrage ou d'un écrit quelconque, comme la dédicace, l'épigraphe, l'avertissement, la préface ou l'avant-propos, peuvent se composer en italique. La marque de propriété littéraire est la plupart du temps en romain :

   © Les Presses de l'Université Laval, 1996

Dans un lexique ou dans la table alphabétique des travaux scientifiques, des catalogues, des études littéraires, des dictionnaires et des encyclopédies, on peut mettre en italique le mot ou l'intitulé de rubrique auquel on renvoie le lecteur :

   Alevinage — Voir *Pisciculture*

Dans un errata, la correction qu'il faut effectuer se met en italique, mais le mot inexact est habituellement en romain, encadré de guillemets :

ERRATA

Page 36, dixième ligne : remplacer « décryptage » par *décodage*.
Page 105, avant-dernière ligne : lire *corollaire*, et non « corolaire ».

**Remarque**

Dans les errata, on peut substituer le caractère gras à l'italique. De même, dans les tables alphabétiques, on peut remplacer l'italique par le gras, les petites capitales ou les guillemets.

## 5.4.4   Musique

On met en italique les noms des notes de musique, mais non les indications qui les accompagnent :

la clé de *sol*

un concerto en *mi* bémol

La *Septième* de Beethoven est en *la* majeur.

Les expressions caractérisant les mouvements musicaux se mettent en italique sur la partition même, mais dans une phrase elles restent en caractères ordinaires :

L'andante est la plus belle partie de cette symphonie.

Dans un titre d'oeuvre, déjà en italique, le nom de la note de musique reste en italique :

le *Concerto pour piano en mi bémol* de Liszt
la *Symphonie n° 7 en la majeur* de Beethoven

# 6 La ponctuation

La ponctuation rythme la phrase, suggère les intonations, traduit les nuances de la pensée, et facilite la lecture. Elle n'a cependant pas qu'une valeur mélodique : elle répond de fait autant à un besoin de logique qu'à un besoin de rythme. D'où la distinction qu'on fait entre *ponctuation grammaticale* et *ponctuation expressive.*

La *ponctuation grammaticale,* marquée par le point, la virgule et le point-virgule, a une valeur syntaxique : elle sépare les éléments du discours et indique les rapports logiques qui existent entre eux. La *ponctuation expressive* a une valeur stylistique : elle sert à évoquer des nuances affectives, à produire des effets de style. C'est le rôle que jouent notamment le point d'exclamation, le point d'interrogation et les points de suspension.

Quant aux guillemets, aux parenthèses, aux crochets et au tiret, ce sont des signes d'insertion : leur rôle est de marquer un changement de niveau dans le discours.

## 6.1 La virgule

La virgule, signe de ponctuation marquant une pause légère, figure peu dans les phrases qui respectent l'ordre normal des mots : sujet, verbe, complément direct, complément indirect, complément circonstanciel. C'est ainsi qu'elle ne sépare pas en principe le verbe de son sujet ni le verbe de son complément. Son rôle est plutôt d'indiquer une rupture dans l'enchaînement habituel des mots de la phrase.

### 6.1.1 Déterminatif et explicatif

L'analyse comparée des deux phrases suivantes montre que la virgule, par sa présence ou son absence, peut changer complètement le sens d'un énoncé :

Les employés qui ont obtenu une mutation sont satisfaits.

Les employés, qui ont obtenu une mutation, sont satisfaits.

La première phrase exprime l'idée qu'une partie seulement des employés ont obtenu une mutation et que ces employés sont satisfaits. Ici, la relative restreint le sens de son antécédent; elle est dite ***déterminative.***

La deuxième phrase implique que tous les employés ont obtenu une mutation et qu'ils sont tous satisfaits. La relative dans ce cas est dite *explicative*. Le complément d'information apporté par ce type de proposition n'a pas toujours la valeur d'une explication; il consiste souvent en une précision, en un simple commentaire, en un renseignement tout à fait accessoire.

### 6.1.2  *Où, dont, que, qui*

Les pronoms *où, dont, que, qui* ne sont jamais précédés de la virgule lorsqu'ils introduisent une relative déterminative. Ils le sont, en revanche, lorsqu'ils introduisent une relative explicative :

J'aime les restaurants où l'on peut apporter son propre vin.

Le Coquelicot, où j'ai mangé mes premières crêpes Suzette, est l'un de mes restaurants préférés.

Le livre dont il s'est servi se trouve à la bibliothèque.

Les livres anciens, dont il fait collection depuis plusieurs années, occupent une place importante dans sa bibliothèque.

Les tulipes qui fleurissent tôt au printemps sont appelées « hâtives ».

Les tulipes hâtives, qui fleurissent dès le mois d'avril, font oublier les rigueurs de l'hiver.

### 6.1.3  *Avant que, comme, quand, si,* etc.

Les conjonctions *avant que, comme, parce que, quand, si,* etc., s'enchaînent  directement à la principale quand elles introduisent une subordonnée qui fait corps avec la principale (*déterminative*). Elles sont par contre précédés de la virgule lorsqu'elles introduisent une subordonnée apportant une explication, une précision ou un complément d'information (*explicative*) :

Je ne partirai pas avant que le film soit terminé.

Il nous faut terminer ce travail au plus tard le 31 mars, avant que commence la nouvelle année financière.

Procédez comme je vous l'ai indiqué.

Il faut beaucoup de doigté pour réussir ce genre d'opération, comme les spécialistes eux-mêmes vous le confirmeront.

Il est toujours maussade quand il doit étudier.

Il ira en Europe l'année prochaine, quand il aura terminé ses études.

**Remarque**

Le rédacteur doit toujours avoir à l'esprit que la virgule peut changer le sens d'un énoncé. Ainsi, les phrases :

Je le ferai comme je l'ai promis.

Je le ferai, comme je l'ai promis.

expriment deux idées différentes. La première signifie que j'exécuterai ma tâche exactement de la façon convenue. La deuxième implique simplement que je respecterai ma parole : je ferai ce que j'ai promis de faire.

## 6.1.4  Épithète

L'adjectif épithète peut avoir une valeur déterminative ou explicative, selon qu'il est ou non accompagné de virgules :

Les employés mécontents se sont prononcés en faveur de la grève.

Les employés, mécontents, se sont prononcés en faveur de la grève.

La première phrase signifie que seuls les employés mécontents se sont prononcés en faveur de la grève. La deuxième signifie que tous les employés sont mécontents et qu'ils se sont tous prononcés en faveur de la grève.

## 6.1.5  Verbe éloigné du sujet

Certains grammairiens admettent qu'une virgule intervienne entre le verbe et le groupe sujet lorsque ce dernier est d'une certaine étendue :

L'ami que j'ai rencontré l'autre jour et par qui j'ai appris le décès de votre père, m'a dit que vous aviez l'intention de voyager.

Les grammaires les plus modernes font toutefois état, dans l'usage actuel, d'une préférence pour une ponctuation plus logique, qui ne sépare pas le sujet et le verbe. À noter que l'on pourrait régler le problème de la longueur dans la phrase ci-dessus en ponctuant ainsi :

L'ami que j'ai rencontré l'autre jour, et par qui j'ai appris le décès de votre père, m'a dit que vous aviez l'intention de voyager.

## 6.1.6  Pronom relatif

Pour signaler que le pronom relatif ne s'applique pas au mot qui le précède directement, des auteurs recommandent souvent de placer une virgule devant le pronom :

J'ai rencontré la fille d'un ami, qui est accusée de...

ou d'utiliser un pronom comme *auquel* ou *lequel*, plus lourd, mais qui, variant en genre et en nombre, éclaire le sens de la phrase :

J'ai rencontré la fille d'un ami, laquelle est accusée de...

Ces solutions ne sont cependant pas toujours satisfaisantes. La meilleure solution consiste souvent à reformuler la phrase.

### 6.1.7    Apposition

Comme l'apposition apporte une précision ou une explication, elle est souvent détachée du mot auquel elle est accolée :

saint Fiacre, patron des jardiniers
le chien, meilleur ami de l'homme
le lys, symbole de la pureté

Les mots apposés sont encadrés de virgules s'ils sont insérés dans la phrase. Ce genre d'apposition présente la caractéristique d'être mobile dans la phrase. On peut en effet écrire indifféremment :

Le directeur du Personnel, Alfred Lapierre, vient de démissionner.

*ou*

Alfred Lapierre, le directeur du Personnel, vient de démissionner.

L'apposition peut parfois avoir une valeur déterminative (v. 6.1.1). Dans ce cas, elle ne doit pas être détachée du mot auquel elle est accolée. Comparons les phrases :

Mon frère, Paul, a obtenu une promotion.

Mon frère Paul a obtenu une promotion.

La première phrase implique que je n'ai qu'un frère et qu'il s'appelle Paul; la deuxième, que j'ai plusieurs frères, mais que c'est celui qui s'appelle Paul qui a obtenu une promotion.

### 6.1.8    *À savoir, entre autres, notamment,* **etc.**

Ces mots sont toujours précédés de la virgule, car ils apportent une précision, une information complémentaire :

Il lui reste encore un formulaire à remplir, à savoir sa demande d'indemnité.

Elle n'a pas encore téléphoné, autrement dit elle ne viendra pas.

Nous avons l'intention de prendre des mesures prophylactiques, c'est-à-dire des mesures de prévention.

Il pratique de nombreux sports, entre autres le tennis et la natation.

Le candidat retenu aura une bonne connaissance des langues autochtones, notamment de l'inuktitut.

Certains signes, par exemple le point d'exclamation et le point d'interrogation, remplissent dans la phrase une fonction surtout stylistique.

Il reste encore trente postes de vacants, soit le tiers.

On remarquera par ailleurs que ces termes et locutions ne sont pas séparés par une virgule des mots qui les suivent directement.

### 6.1.9  Incidente et incise

L'*incidente* est un énoncé qui, s'insérant dans la phrase à la manière d'une parenthèse, apporte une information accessoire :

Il faut, soyons réalistes, réduire nos dépenses.

Elle est retournée sur les bancs d'école, ce qui m'a beaucoup surpris.

Quant à l'*incise*, elle signale que l'on rapporte les paroles de quelqu'un. Le sujet est alors placé après le verbe :

Il vous faut, dit-il, manger plus de fruits et de légumes.

Je n'ai aucune conviction politique, a-t-il déclaré.

L'incise et l'incidente peuvent toutes les deux être retranchées de l'énoncé sans nuire au sens de ce dernier. Il faut donc les séparer du reste de la phrase par des virgules.

### 6.1.10  Élision

Lorsqu'un groupe de mots normalement encadré de virgules fait l'objet d'une élision, on peut soit garder uniquement la deuxième virgule, soit supprimer les deux virgules. Trois possibilités sont donc acceptables :

J'estime que, en hiver, il faut absolument aller dans le Sud.

J'estime qu'en hiver, il faut absolument aller dans le Sud.

J'estime qu'en hiver il faut absolument aller dans le Sud.

### 6.1.11  Ellipse

L'ellipse consiste à supprimer les mots superflus; c'est un procédé qui permet d'alléger la phrase et de lui donner plus de vigueur. Dans les cas d'ellipse, le rôle de la virgule est de signaler au lecteur — tout comme la pause le ferait à l'oral — que des mots sont sous-entendus :

Sa voix était calme et posée; ses gestes, d'une grande précision.

Quand les éléments sont courts, on peut se dispenser d'indiquer par une virgule les mots qui ne sont pas répétés :

Dans nos immeubles modernes, l'air est insalubre et l'espace restreint.

### 6.1.12  Mot en apostrophe

Les mots mis en apostrophe, c'est-à-dire les mots qui désignent la personne ou la chose personnifiée à qui on s'adresse, sont toujours suivis de la virgule quand ils sont placés au début de la phrase, encadrés de virgules quand ils sont intercalés, et précédés de la virgule lorsqu'ils terminent l'énoncé :

Je vous prie d'agréer, Monsieur, mes sincères salutations.

C'est à l'aube que vous êtes les plus belles, mes chères roses.

### 6.1.13   Répétition

Quand, en vue d'obtenir un effet d'insistance, on répète un pronom ou qu'on le reprend sous une autre forme, il faut employer la virgule :

Nous, nous allons faire une petite sieste.

Le poste que vous convoitiez, vous l'avez maintenant.

### 6.1.14   Complément circonstanciel

L'emploi de la virgule est fonction de la place qu'occupe le complément circonstanciel dans la phrase.

*Si un complément d'une certaine longueur est placé en **début de phrase***, il est en principe suivi d'une virgule :

À la fin de son affectation, Françoise prendra des vacances bien méritées.

Avec une grande conscience professionnelle, il a exécuté toutes les tâches qui lui avaient été confiées.

Sur le plan financier, nous sommes tout à fait démunis.

Deux mois plus tard, elle obtenait une médaille d'or aux Jeux olympiques.

Il y a toutefois des cas où, la phrase se lisant d'une seule traite, la pause n'est pas plus nécessaire à l'écrit qu'à l'oral. Tout est affaire de rythme :

Tôt ou tard il se rendra à l'évidence.

*Si le complément antéposé est **très court***, comme c'est le cas de certains adverbes employés avec la valeur de compléments circonstanciels, la virgule n'est pas nécessaire, en principe :

Ici il fait bon vivre.

J'aime lire dans mon lit. Là je suis bien.

Dans la réalité, cependant, il n'est pas rare de voir la virgule indiquée après ces mots : en ralentissant le rythme de la phrase, elle fait ressortir le complément et le renforce. La ponctuation est donc ici affaire de contexte et d'appréciation personnelle :

Il se plaint qu'il n'y a pas assez de neige chez lui. Ici, il y en a.

J'ai l'intention de m'installer à la campagne. Là, je sais que je trouverai la paix et la sérénité.

*S'il y a **inversion du sujet***, le complément circonstanciel en début de phrase n'est pas suivi d'une virgule, à plus forte raison s'il est court :

En 1939 commença la Deuxième Guerre mondiale.

Hier sont venus trois clients très pressés.

Dans sa chambre règne un désordre épouvantable.

*Si le complément circonstanciel est **intercalé entre le sujet et le verbe**,* il est en principe encadré de virgules :

Le directeur, demain, prendra la tête d'un autre service.

*S'il est placé **avant le complément d'objet ou l'attribut**,* les virgules ne sont pas obligatoires. Elles s'imposent seulement si l'on désire faire ressortir le complément circonstanciel :

Le directeur prendra demain la tête d'un autre service.

Ma tante fêtera, demain, ses soixante-quinze ans.

Ces gens arrivent malgré tout à joindre les deux bouts.

Elle reste, malgré tout, très optimiste.

*Si le complément circonstanciel est à la **fin de la phrase**,* comme c'est le cas le plus souvent, il peut parfois être précédé d'une virgule. La virgule permet alors de créer un effet de surprise, de faire rebondir la phrase :

Les livres que nous étions censés recevoir il y a deux mois sont finalement arrivés, aujourd'hui.

## 6.1.15   Adverbes et charnières

*Quand il est placé en tête de phrase, un groupe de mots* jouant le rôle d'un *adverbe* est en principe suivi d'une virgule :

Très consciencieusement, chacun s'acquitte de ses nouvelles fonctions.

À première vue, la nouvelle directrice semble bien sympathique.

*Quand l'adverbe figurant en début de phrase est un mot isolé,* court ou long, il n'y a pas de règle absolue. En principe, on indique la virgule si la phrase est d'une certaine longueur ou si l'on désire créer un effet d'insistance. On l'omet si la phrase est courte, si elle est déjà abondamment ponctuée, ou si l'on veut accélérer le mouvement :

Malheureusement, nous ne pourrons pas vous accorder une subvention dans le cadre du Programme d'aide aux petites entreprises.

Malheureusement notre demande est restée sans réponse.

Évidemment, le technicien n'a pas encore eu le temps de réparer mon ordinateur.

Le technicien est-il venu? Évidemment non.

On notera que la virgule suit généralement les mots et locutions, comme *bref, cependant, certes, donc, en effet, en outre, néanmoins, par ailleurs, toutefois,* qui établissent un lien avec ce qui précède et qui contribuent ainsi à la clarté du message. En isolant ces mots *charnières*, la virgule se trouve à les renforcer et à souligner encore plus rigoureusement l'articulation des idées :

Il a été successivement journaliste, animateur de radio et professeur d'art oratoire. Bref, c'est un communicateur-né.

Quand ces mots figurent dans le corps de la phrase, on les encadre de virgules si on veut les mettre en vedette ou si la phrase est longue; on supprime les virgules quand la phrase est courte ou déjà abondamment ponctuée :

On vient de m'offrir un emploi très intéressant; les conditions de travail, cependant, me paraissent inacceptables.

Je n'ai cependant aucun goût pour ce genre de travail.

### 6.1.16  *Certes, donc, or, jamais, c'est pourquoi*

#### a)  *Certes*

*Certes* est régulièrement précédé de la virgule lorsqu'il figure à la fin de la phrase :

Elle a beaucoup d'années d'expérience à son actif, certes.

Il est suivi d'une virgule en début de phrase lorsqu'il joue le rôle d'une charnière (v. 6.1.15). Dans le corps de la phrase, il est encadré ou non de virgules, selon la longueur de la phrase :

C'est un homme solide et très courageux, certes, mais je doute qu'il puisse surmonter cette nouvelle épreuve.

Elle est certes intelligente.

#### b)  *Donc*

Lorsque *donc* est employé en tête de proposition, mais à l'intérieur de la phrase, il est précédé d'une virgule ou d'un point-virgule :

Il arrive, donc je pars.

Je m'en charge; donc, plus de problème.

À noter que c'est pour éviter une accumulation de signes de ponctuation que l'on ne place pas une deuxième virgule après *donc* dans le premier exemple. Mais, comme mot charnière, il est en général suivi d'une virgule (v. 6.1.15) :

C'est un sujet qu'il a étudié pendant des années. Donc, il sait de quoi il parle.

*Donc* n'est accompagné d'aucune virgule lorsqu'il sert, à l'intérieur ou à la fin de la phrase, à exprimer l'ironie, la surprise, ou à renforcer une interrogation ou une assertion :

Que lui avait-il donc fait ce jour-là?

Je le ferai donc.

**c)** *Or*

On peut placer une virgule après *or* si l'on désire appuyer sur la conjonction ou si cette dernière est à la tête d'une phrase assez longue. La virgule se trouve alors à reproduire la pause qui serait, dans pareil cas, observée à l'oral :

Or, la directrice ne pouvait pas avoir lu le rapport, puisqu'elle en ignorait l'existence.

Placé au début d'une phrase courte, *or* peut s'employer sans virgule :

Or il se trouve que j'ai raison.

**d)** *Jamais* **et** *c'est pourquoi*

Si, dans l'usage, la virgule tend à suivre certains adverbes placés en début de phrase, comme les mots *bref* et *certes,* elle est remarquablement absente après certains autres. Ainsi, *jamais,* en tête de phrase, n'est suivi de la virgule que lorsqu'il précède une proposition intercalée :

Jamais un chien n'est mécontent de voir son maître.

Jamais, a-t-elle dit à son frère, elle ne retournerait à l'école.

Il en va de même pour l'expression *c'est pourquoi* placée en tête de phrase :

C'est pourquoi elle consacre beaucoup de temps à sa famille.

C'est pourquoi, s'il le pouvait, il reviendrait sur sa décision.

## 6.1.17 Adverbe en début de phrase

Les adverbes de liaison *ainsi, à peine, aussi, du moins, encore, en vain, peut-être, à plus forte raison, sans doute,* etc., ne sont pas suivis de la virgule lorsque le sujet est inversé :

Faites vos recherches. Ainsi serez-vous assuré de ne pas vous tromper.

On m'apprend que Pierre Levasseur n'a pas pu assister à la réunion. Peut-être a-t-il eu un empêchement.

Nous n'avons malheureusement jamais reçu votre lettre. Sans doute s'est-elle égarée.

Dans les cas où ces adverbes ne sont pas suivis d'une inversion, la virgule fait ressortir l'enchaînement des idées et contribue à la clarté de l'expression, tandis que son absence a pour effet d'accélérer le débit, le mouvement de la phrase. La virgule a donc plus souvent tendance à intervenir dans les phrases longues que dans les phrases courtes (v.a. 6.1.14 et 6.1.15) :

Le consultant n'a pu respecter l'échéance fixée. Ainsi, nous avons dû négocier un nouveau contrat.

Ainsi tu pars déjà?

Qu'il y ait ou non inversion du sujet, *ainsi* n'est pas suivi de la virgule lorsqu'il est employé avec le sens de « de cette façon » :

*Ainsi parlait Zarathoustra*

## 6.1.18   Adverbe en fin de phrase

Il convient de noter que l'adverbe peut être précédé d'une virgule lorsqu'il est rejeté en fin de phrase. On obtient alors un effet de mise en relief semblable à celui que produiraient les points de suspension :

Il a refusé, évidemment.

Le sens de la phrase peut changer du tout au tout selon qu'il y a ou non une virgule devant certains adverbes. Si on écrit :

Jérôme est mort naturellement.

c'est-à-dire d'une mort naturelle, on dit tout autre chose que si on écrit :

Jérôme est mort, naturellement.

qui veut dire que personne n'est surpris d'apprendre la mort de Jérôme.

## 6.1.19   Sujet inversé

Dans la langue littéraire, mais surtout dans le style juridique et administratif, il arrive souvent que l'on place le sujet après le verbe, soit pour créer un effet d'insistance, soit parce que le sujet est d'une certaine étendue. Deux constantes se dégagent sur la ponctuation à employer dans ce cas :

— *Le sujet qui est relativement court*, ou qui ne serait pas de toute façon accompagné d'une pause à l'oral, n'est pas précédé d'une virgule :

Arriva notre ami Serge.

Est jugée admissible toute personne répondant aux critères énoncés ci-dessous.

Sera passible d'une amende quiconque contreviendra au nouveau règlement.

— *Le sujet qui consiste en une énumération ou en une longue définition*, et devant lequel on ferait à l'oral une pause marquée, peut facultativement être précédé de la virgule. Pour plus de clarté, on peut, dans ce cas, juger préférable de passer à la ligne ou de remplacer la virgule par les deux points :

Doivent être conservés à la bibliothèque les dictionnaires, les lexiques, les encyclopédies ainsi que tous les autres ouvrages dont nous n'avons qu'un seul exemplaire.

Ont accès au Programme de retraite anticipée, les employés excédentaires âgés de 55 ans et plus; les employés comptant un minimum de 30 années de service; les employés excédentaires âgés de 45 ans et plus qui sont à notre service depuis au moins 20 ans.

Ont obtenu une promotion : Bruno Lamy, de la Direction du personnel; Charlotte Lefrançois, de la Division de la planification; Maxime Landry, de la Section de la rémunération.

## 6.1.20  Attribut en début de phrase

On n'emploie pas la virgule quand l'attribut et le verbe sont placés en début de phrase :

Lourde est la tâche qu'il s'est vu confier.

Longue est la route qui mène au repos.

## 6.1.21  Complément du nom et complément d'objet

L'antéposition du complément de nom et du complément d'objet, direct ou indirect, n'entraîne pas l'emploi de la virgule :

De ma bonne volonté j'ai donné trente-six preuves.

À Jacques Lebel est revenu l'honneur de...

## 6.1.22  Subordonnée en début de phrase

On fait suivre de la virgule les subordonnées placées en début de phrase, notamment celles qui indiquent un rapport de temps, de condition, de but, de concession, de cause, de comparaison, ainsi que celles qui évoquent une addition ou une restriction :

Quand on arrive en retard, on se fait réprimander.

Pourvu qu'on ne me dérange pas trop, je finirai mon travail à temps.

Pour assurer la polyvalence des employés, le directeur leur confie des tâches très variées.

Bien que les membres du comité aient discuté de cette question pendant trois heures, ils ne sont pas arrivés à s'entendre.

Comme nous sommes en période de restrictions budgétaires, nous devons réduire notre personnel.

Ainsi qu'il est recommandé, je me protège le plus possible contre les rayons du soleil.

De même, on met toujours une virgule après la subordonnée participiale placée en début de phrase :

Doué d'une excellente mémoire, il a obtenu de très bons résultats à l'examen.

Ne pouvant plus souffrir la ville, ils se sont exilés à la campagne.

### 6.1.23  Série de sujets

Losque les deux derniers d'une série de sujets sont réunis par *et,* on ne met pas de virgule entre le dernier sujet et le verbe :

Les étudiants, les chômeurs et les assistés sociaux sont au nombre des intéressés.

Cependant, l'usage est fluctuant en ce qui concerne l'emploi de la virgule après le dernier de plusieurs sujets *juxtaposés,* comme dans :

Les étudiants, les chômeurs, les assistés sociaux(,) sont au nombre des intéressés.

Ceux qui préconisent l'emploi de la virgule font valoir que la ponctuation après le dernier élément met tous les sujets sur un pied d'égalité, et rend moins choquant le voisinage éventuel d'un verbe au pluriel et d'un sujet au singulier. Cet usage est toutefois contesté par de réputés grammairiens. Il convient donc de considérer la virgule comme facultative dans ce genre de phrase.

Tout autre est le cas où les sujets constituant la série sont résumés par un mot ou forment une **gradation**. Dans ce type de phrase, le dernier sujet n'est jamais séparé du verbe par une virgule :

Son père, sa mère, sa soeur, son frère, toute la famille était contre elle.

La neige, le froid, la glace, l'hiver la déprimait.

### 6.1.24  *Et*

Normalement, la conjonction *et* n'est pas précédée de la virgule lorsqu'elle relie deux termes de valeur équivalente, par exemple deux sujets, deux compléments, deux verbes, etc. :

Elles ont acheté des pommes et des oranges.

Les agents et les coordonnateurs doivent travailler en étroite collaboration.

Il mange et boit beaucoup.

*Et* s'emploie également sans virgule lorsqu'il réunit les deux derniers termes d'une énumération :

J'ai acheté des pommes, des oranges, de la laitue et des épinards.

Dans de nombreux cas, toutefois, il est non seulement permis, mais indiqué de faire précéder la conjonction *et* de la **virgule** :

— *On veut détacher un élément pour marquer une insistance,* créer un effet de surprise ou de chute, souligner une opposition ou une conséquence :

Ils avaient promis de venir, et ils sont venus.

Elle a dit qu'elle détestait son travail à son mari, à ses amis, et à son patron.

— *Les éléments coordonnés sont longs ou nombreux*

Notre grande erreur est d'essayer d'obtenir de chacun en particulier les vertus qu'il n'a pas, et de négliger de cultiver celles qu'il possède (M. Yourcenar).

La Commission arrivera sans doute à la conclusion que la cogénération est un mode de production d'électricité dont la rentabilité à long terme est difficile à évaluer, et qu'elle ne constitue au fond qu'une nouvelle source de pollution.

— *La conjonction unit des membres de phrase qui diffèrent* par le sujet et il y a un risque d'équivoque :

Olivier affectionne le théâtre, et Rita adore le cinéma.

Dans ce dernier exemple, le danger d'équivoque vient de ce que le premier verbe est suivi d'un complément. L'absence de pause devant *et* pourrait donner à penser qu'Olivier affectionne et le théâtre et Rita. La virgule empêche que le lecteur ne mette sur le même plan des mots qui ont dans la phrase une fonction grammaticale différente. Aussi la virgule n'est-elle pas nécessaire lorsqu'il n'y a pas d'équivoque possible :

Les oiseaux gazouillent et les abeilles bourdonnent.

Line chante et Suzanne danse.

— *Le dernier élément est suivi d'un développement* qui ne s'applique qu'à lui :

Elle avait invité quelques amis, des voisins, et ses vieux parents toujours malades.

La suppression de la virgule devant *et* pourrait donner à penser que sont toujours malades non seulement les vieux parents, mais aussi les amis et les voisins.

— *Les éléments coordonnés sont nombreux et distincts*

Il a des problèmes financiers parce qu'il n'a pas établi de budget et qu'il a trop dépensé, et des problèmes de santé parce qu'il ne dort pas assez.

— *Et est précédé d'une incise*

Elle est en vacances, m'a-t-on dit, et ne reviendra pas avant un mois.

— *On répète la conjonction devant chaque élément d'une énumération* pour donner plus de force à l'expression :

Et l'équipement, et les ressources, et les locaux sont insuffisants.

Lorsque l'énumération comprend uniquement deux termes précédés chacun de la conjonction *et,* la virgule n'est pas nécessaire :

C'est une employée qui aime et planifier et coordonner.

Lorsque *et* précède le premier élément d'une énumération comportant plus de deux termes, il est indiqué d'omettre la virgule devant le premier *et* :

Il est allé et à Paris, et à Londres, et à Tokyo.

Cependant, on met la virgule devant le premier *et* lorsqu'il précède le deuxième élément de l'énumération :

Il est allé à Paris, et à Londres, et à Tokyo.

Si l'énumération constitue une apposition, c'est-à-dire si elle a une valeur explicative (v. 6.1.1), on doit mettre une virgule devant le premier élément, et cela même si la série ne comporte que deux termes :

Elle a eu le temps de tout relire, et les rapports et les procès-verbaux.

**6.1.25  *Ou***

La conjonction *ou* suit généralement les mêmes règles que *et* :

— *Si ou relie deux éléments de même valeur* ou deux propositions très courtes, on ne met pas de virgule :

Je lirai une nouvelle ou un roman policier.

Il rédige ou il traduit.

Cependant, on place une virgule devant *ou* quand il unit deux propositions d'une certaine longueur, quand on veut mettre le deuxième élément en relief, ou quand il y a lieu de souligner une opposition, auquel cas *ou* est souvent renforcé par *bien* :

Si nous ne restreignons pas nos dépenses dès maintenant, nous pourrions être forcés de procéder à des mises à pied d'ici quelques années, ou être amenés à abolir certains de nos programmes.

Aucun des bulbes que j'ai plantés l'automne dernier n'a poussé : est-ce à cause du dégel précoce, ou des écureuils?

Dans la vie, vous acceptez votre sort, ou bien vous protestez.

— *Lorsque deux propositions ont un sujet différent*, on met la virgule devant *ou* dans les cas où il pourrait y avoir une équivoque :

Selon les années, l'état du marché immobilier favorise les acheteurs, ou la situation économique avantage les vendeurs.

Cependant, si aucun risque de confusion n'est à craindre, la virgule est superflue :

En période d'instabilité économique, le taux de chômage augmente ou les taux d'intérêt fluctuent.

— *Si, dans une suite de deux termes,* ou *est répété* devant chacun des éléments, on ne met pas de virgule en principe :

Donnez-moi ou à boire ou à manger.

J'irai ou au Mexique ou au Brésil.

Cependant, si on veut souligner l'exclusion d'un des deux termes, *ou* étant alors souvent renforcé par *bien*, on emploie la virgule devant la deuxième conjonction :

> Ou les arbustes pousseront sans insecticide, ou on les remplacera.
>
> Elle demandera ou bien un nouveau poste, ou bien une affectation à l'étranger.

— *Si* ou *précède le premier élément d'une énumération*, il est préférable, tout comme dans le cas de *et*, d'omettre la virgule devant le premier *ou* :

> Il ira ou à Paris, ou à Londres, ou à Tokyo.

Cependant, on met une virgule devant le premier *ou* lorsqu'il précède le deuxième élément de l'énumération :

> Il ira à Paris, ou à Londres, ou à Tokyo.

Si l'énumération constitue une apposition, c'est-à-dire si elle a une valeur explicative (v. 6.1.1), on doit placer une virgule devant le premier élément, et cela même si la série ne comporte que deux termes :

> On se demande ce qui les motive le plus, ou l'appât du gain ou la soif de pouvoir.

## 6.1.26 *Ni*

*Quand il n'y a qu'un seul* **ni**, on emploie la virgule seulement si les propositions sont d'une certaine étendue ou que l'on désire mettre le dernier terme en vedette :

> Les élèves ne s'intéressent pas à l'histoire ni à la politique.
>
> Ils ne croient pas qu'il faille confier l'étude de cette question à un comité spécial, ni prendre une décision avant quelques années.
>
> Je ne peux l'aimer, ni le détester.

*S'il y a* **deux** **ni**, on applique la même règle :

> Pierrette ne veut ni d'une carrière ni d'une maison.
>
> Pierrette ne veut plus ni de la maison luxueuse dont elle a tant rêvé dans sa jeunesse, ni de la carrière à laquelle ses longues études l'ont pourtant si bien préparée.
>
> Les repas qu'on sert à la cafétéria ne sont ni chers, ni savoureux.

*Quand il y a* **plus de deux** **ni**, on doit séparer les éléments par une virgule. Il convient alors d'omettre la virgule devant le premier *ni* :

> Il ne connaît ni Pierre, ni Jules, ni Gaston.

Cependant, si le premier *ni* introduit une apposition, c'est-à-dire une explication ou une précision quelconque, il doit être précédé de la virgule :

> Elle n'aime rien de ce qui est moderne, ni la peinture, ni la musique, ni l'architecture.

#### 6.1.27  *Mais*

La conjonction *mais* est généralement précédée d'une virgule :

> Ce travail est passionnant, mais il exige beaucoup de concentration.

> Il a beaucoup de connaissances, mais aucun ami véritable.

Cependant, si *mais* unit des groupes de mots très courts ou deux mots remplissant la même fonction, on peut supprimer la virgule :

> Elle est jeune mais très mature.

> Il est petit mais fort.

Placé **en tête de phrase**, *mais* peut être suivi d'une virgule si l'on désire marquer une hésitation :

> Mais, qu'est-ce qui vous en empêche?

On ne met toutefois pas de virgule après la conjonction *mais*, placée en début de phrase, lorsque l'on considère qu'elle forme un tout avec les mots qui la suivent :

> Mais comment peut-il être aussi dur!

Employé dans le corps de la phrase pour souligner ou renforcer une idée déjà exprimée, *mais* est toujours précédé de la virgule :

> Il a payé, mais chèrement payé!

#### 6.1.28  *Non seulement..., mais*

Devant *mais,* on emploie la virgule :

> Il rédige non seulement des lettres et des notes de service, mais aussi des discours.

On l'omet devant les mots *non seulement*, sauf lorsqu'ils introduisent une apposition, c'est-à-dire un membre de phrase apportant une précision ou une explication :

> Il a consulté tous les spécialistes, non seulement les agents du Ministère, mais aussi des experts du secteur privé.

#### 6.1.29  *Car*

Comme la conjonction *car* introduit une explication, une justification, elle est généralement précédée d'une virgule :

> Les gens économisent, car ils ont peur de perdre leur emploi.

> Elle a dû renoncer aux travaux d'aiguille, car elle fait de l'arthrite.

Placé devant une proposition intercalée, *car* est généralement suivi d'une virgule :

> Marie est très fatiguée, car, bien qu'elle se soit couchée très tôt, elle

n'a pas dormi de la nuit.

Comme *et* (v. 6.3.4), la conjonction *car* peut s'employer en début de phrase pour établir un lien avec ce qui précède :

> Je me suis humilié en l'humiliant. Car l'aumône avilit également celui qui la reçoit et celui qui la fait (A. France).

### 6.1.30   *D'une part..., d'autre part*

Quand elles sont employées dans le corps de la phrase, les expressions *d'une part* et *d'autre part* sont encadrées ou non de virgules selon qu'elles introduisent des éléments longs ou courts, ou selon que l'on désire ou non les mettre en relief :

> Il s'agit d'une part d'énoncer les règles et d'autre part de les appliquer.

> Il y aura un procès entre d'une part M. Antoine Leclerc et d'autre part M. Philippe Thériault.

> Pour améliorer la qualité de vie des habitants de son quartier, le nouveau conseiller municipal a proposé, d'une part, de transformer les terrains vagues en parcs et, d'autre part, de mettre sur pied des programmes d'embellissement.

### 6.1.31   *Soit..., soit; tantôt..., tantôt*

Lorsque les mots *soit* et *tantôt* sont répétés, on ne met pas la virgule devant la première occurrence du mot :

> Je m'achèterai soit un ordinateur, soit un motoculteur.

> Certaines personnes sont tantôt dépressives, tantôt euphoriques.

Cependant, on met toujours une virgule devant le premier *soit* et le premier *tantôt* quand ces mots introduisent une incidente à valeur explicative (v. 6.1.9) :

> Ils ont l'intention de se plaindre en haut lieu, soit à leur député, soit au ministre.

> Il met tout son entourage à contribution, tantôt ses supérieurs, tantôt ses collègues, tantôt ses adjoints.

## 6.2   Le point-virgule

### 6.2.1   Fonction principale

Le point-virgule, qui correspond à une pause de durée moyenne, signale la fin d'une proposition intimement liée par le sens à celle qui la suit. Les propositions séparées par le point-virgule doivent donc toujours contribuer au sens général de la phrase.

### 6.2.2   Autres fonctions

Le point-virgule sert plus particulièrement à :

— *Mettre en parallèle des propositions* qui expriment une opposition ou une comparaison :

Il voulait en finir; elle voulait continuer.

Aimer pour être aimé, c'est de l'homme; mais aimer pour aimer, c'est presque de l'ange (A. de Lamartine).

La vraie barbarie, c'est Dachau; la vraie civilisation, c'est d'abord la part de l'homme que les camps ont voulu détruire (A. Malraux).

— *Distinguer des propositions* qui renferment déjà une ou plusieurs virgules, notamment lorsqu'il y a ellipse du verbe dans la deuxième proposition :

Le rôle du dramaturge, c'est de créer la pièce; celui du metteur en scène, de la faire vivre.

Si l'on remplaçait le point-virgule par une virgule dans ce dernier exemple, il serait plus difficile de distinguer les rapports qui existent entre les idées, puisque la virgule se trouverait à remplir trois fonctions bien différentes dans la phrase.

— *Séparer les éléments d'une énumération horizontale ou verticale* (v. 3.1.2 et 3.1.3).

## 6.3   Le point

Le point, qui marque une pause forte, signale que la phrase est sémantiquement complète et grammaticalement indépendante. Une phrase peut donc être constituée d'une ou de plusieurs propositions, mais elle peut aussi se résumer à un seul mot et ne pas comporter de verbe conjugué :

L'ordinateur est un instrument de travail indispensable.

Nous avons fait parvenir un accusé de réception à toutes les personnes qui ont présenté une demande.

Recommence.

Voir page 56.

Les écrivains, les journalistes et les rédacteurs publicitaires ont souvent recours au point pour isoler certains mots, leur donner un relief plus accusé :

Il lui parla. Tendrement. Comme à un enfant.

Le maire a été élu. Avec une majorité écrasante.

*Herbivert.* Pour embellir sa pelouse. Sans détruire l'environnement.

Ce procédé stylistique, qui a notamment pour effet de hacher le débit, n'est pas à conseiller dans la langue administrative.

### 6.3.1 Dans les slogans

Les slogans, les raisons sociales (qui peuvent toutefois comporter un point abréviatif) ainsi que les consignes et inscriptions figurant sur les affiches et les écriteaux s'écrivent sans point final :

> Donnez généreusement
> Le bénévolat : une tradition à perpétuer
> La Butinerie inc.
> Défense de stationner
> Comptoir des prêts

À noter que les slogans peuvent cependant se terminer par les signes dits expressifs, comme le point d'interrogation, le point d'exclamation et les points de suspension, ces signes contribuant eux-mêmes au sens du message :

> Vous voulez du changement?
> Unissons nos efforts!
> Donnez avant qu'il ne soit trop tard...

### 6.3.2 Dans la correspondance

Dans la correspondance, le point est omis après l'indication de la date, la mention de l'objet et le nom dactylographié qui figure au-dessous de la signature :

> Le 3 janvier 1996
>
> Objet : Le recrutement des employés
>
> (signature)
> Jean Delorme

### 6.3.3 Dans les titres

Les titres et les sous-titres écrits au centre de la page ou dans la marge, ainsi que les titres de journaux, de livres, de films, etc., ne sont jamais suivis du point, même lorsqu'ils comportent un verbe conjugué :

> *Comment établir un budget*
> *Le Droit*
> *Bonheur d'occasion*
> *On ne badine pas avec l'amour*

Lorsque le titre ou le sous-titre est immédiatement suivi du texte sur la même ligne, on peut l'en séparer par un point suivi d'un tiret :

> Formation du terrain. — Avant d'entreprendre l'étude de...

On peut également, dans ce dernier cas, séparer le titre du texte par les deux points ou par un tiret non précédé d'un point.

Dans les subdivisions de textes, on peut aussi faire suivre les lettres majuscules ainsi que les chiffres romains et arabes d'un point, ou d'un point et d'un tiret :

A. Les relations patronales-syndicales
A. – Les relations patronales-syndicales

V. La pauvreté dans les villes nord-américaines
V. – La pauvreté dans les villes nord-américaines

1. Les problèmes économiques
1. – Les problèmes économiques

Les titres sont cependant suivis des signes exigés par le sens de l'énoncé, comme le point d'interrogation et le point d'exclamation :

*Aimez-vous Brahms?*
*La guerre, yes sir!*

### 6.3.4   *Et* après un point

La conjonction *et* peut s'employer en début de phrase pour faire ressortir une opposition ou un sentiment. Dans cette position, *et* sert également à souligner l'enchaînement des idées, à accélérer un dialogue ou un récit :

Vous avez tout dépensé. Et vous venez me réclamer de l'argent, à moi qui n'ai plus un sou.

Et les hostilités reprirent de plus belle.

### 6.3.5   Le point et les autres signes

Les phrases se terminant par un point d'exclamation, un point d'interrogation, des points de suspension ou un point abréviatif ne prennent pas de point final :

Que comptez-vous faire pendant vos vacances?

Tout le monde se demande pourquoi il est parti si vite...

Le directeur a aidé ses employés à rédiger leur c.v.

## 6.4   Les deux points

Les deux points séparent toujours des éléments qui sont unis par un lien logique étroit. Ce signe est également appelé les *deux-points,* le *double point* et, plus particulièrement dans la langue de la typographie, *le deux-points.*

### 6.4.1   Fonctions principales

*Les deux points indiquent que l'on cite un texte* ou que l'on rapporte les paroles de quelqu'un :

Salvador Dali disait : « Le moins que l'on puisse demander à une sculpture, c'est qu'elle ne bouge pas. »

Le maire a en outre déclaré : « Nous devons embellir notre ville, mettre notre patrimoine en valeur et promouvoir le tourisme. »

Cependant, si la citation est fondue dans la phrase, c'est-à-dire si elle en fait grammaticalement partie, on n'utilise pas les deux points :

De tout cela il ressort que « le fardeau est léger sur l'épaule d'autrui ».

*Les deux points annoncent une **explication**,* une synthèse, une cause, une conséquence, etc. :

Elle a dû vendre sa voiture : elle n'avait plus d'argent.

Pierre a des talents de menuisier, de plombier, d'électricien : c'est un véritable homme à tout faire.

L'automne approche : les oiseaux vont bientôt entreprendre leur longue migration vers le Sud.

Dans cet emploi, les deux points remplacent avantageusement certains mots charnières, comme *car, parce que, c'est pourquoi, en effet,* qui ont souvent le défaut d'alourdir la phrase.

*Les deux points annoncent une **énumération*** (v.a. 3.1.2 et 3.1.3). Celle-ci peut se présenter à l'horizontale ou à la verticale, et être amorcée par une conjonction ou une préposition :

Vous devrez : constater l'infraction; aviser les intéressés dans les délais réglementaires; prendre toute autre mesure jugée utile.

Il est évident que :
— l'infraction est réelle;
— toutes les mesures de prévention n'ont pas été observées.

*Les mots* vu, signé, lu et approuvé *sont suivis des deux points :*

Vu : Charles Tétreault, directeur général

Signé : Paul Vachon

Lu et approuvé : Normand Laberge

*Les deux points sont le symbole de la division* (norme ISO) :

14 : 2 = 7

## 6.4.2  Répétition des deux points

En général, on évite de répéter les deux points dans une même phrase — à moins que le deuxième signe ne serve à introduire une citation ou ne figure lui-même dans une citation ou dans un passage entre parenthèses :

Dans ce musée, on peut admirer des meubles antiques d'une très grande valeur : des armoires, des bahuts, des vaisseliers et de superbes encoignures (encoignure : « petit meuble à portes vitrées ou non garni d'étagères, fait pour être placé dans un coin » [*Encyclopédie des antiquités du Québec*]).

On trouve cependant, dans certains ouvrages, des exemples où les deux points sont employés plus d'une fois dans des cas autres que ceux-là. La répétition des deux points peut donc être tolérée dans les contextes où cette façon de faire n'entraîne aucune confusion et ne peut être évitée :

Sont admissibles :
a) les élèves de plus de quinze ans;
b) les élèves de moins de quinze ans qui :
1. ont obtenu une moyenne de 90 % ou plus;
2. ont reçu le prix Adélard-Dupuis.

### 6.4.3  Majuscule ou minuscule?

Après les deux points, on ne met en principe la majuscule qu'aux noms propres et qu'au premier mot des citations :

La ville est tout illuminée : Noël approche.

Elle pensait à cette phrase d'Ionesco : « Un médecin consciencieux doit mourir avec le malade s'ils ne peuvent pas guérir ensemble. »

Lorsque les deux points suivent un terme comme *remarque, note,* etc., le premier mot du texte annoncé par les deux points prend en général la majuscule :

Remarque : La langue anglaise conserve encore aujourd'hui des traces de l'anglo-normand que parlaient les aristocrates du Moyen Âge.

Quand la phrase qui suit les deux points constitue une explication de la proposition précédente, on ne met pas de majuscule :

Je dois mettre les bouchées doubles : j'ai un long travail à terminer.

### 6.4.4  Les deux points et les autres signes

Dans le cas où les deux points introduisent une citation guillemetée constituant une phrase complète, on doit placer le point final avant le guillemet fermant [v.a. 7.2.3c)] :

Gérard Morisset a écrit : « Nos ancêtres étaient des hommes simples, réfléchis et prévoyants. »

## 6.5  Le point d'interrogation

### 6.5.1  Fonctions principales

Les principales fonctions du point d'interrogation sont les suivantes :

— *Il termine toute phrase exprimant une interrogation directe*

Que s'est-il passé?

Vos employés sont-ils intéressés?

À noter que l'*interrogation indirecte* ne se termine jamais par un point d'interrogation :

Je me demande ce qui s'est passé.

Il aimerait savoir combien d'heures vous avez consacrées à ce travail.

— *Il figure à la fin des phrases affirmatives ou négatives* qui, par l'intonation, expriment une véritable interrogation :

Tu viens?

Ils ne vous dérangent pas?

— *Il suit entre parenthèses un mot* ou un élément quelconque de la phrase qui paraît douteux :

Il a vendu dix mille exemplaires (?) de son roman.

À noter que l'ensemble formé par le point d'interrogation et les parenthèses s'espace comme un mot ordinaire et qu'il n'y a pas d'espace de part et d'autre du point d'interrogation.

— *Il peut figurer entre parenthèses pour remplacer* les dates de naissance ou de décès qui sont inconnues, ou accompagner celles qui paraissent douteuses :

Omer Boivin (? — 1830)
Adèle Bouchard (1714? — 1750)

Il est également possible d'utiliser le point d'interrogation sans parenthèses pour signaler simplement un chiffre manquant :

18?4

— *Pour exprimer divers sentiments*, dont la surprise et l'incrédulité, on peut doubler le point d'interrogation, le tripler, ou encore le combiner avec le point d'exclamation :

Elle est fâchée parce que j'ai oublié la date de son anniversaire??

Il a gagné le gros lot, et il continue de travailler?!!

Il convient de noter que ce procédé, dont l'abus dénote souvent la pauvreté du vocabulaire plutôt que l'originalité du style, n'est pas à recommander dans la langue administrative (v.a. 6.6.6).

## 6.5.2    Série d'interrogatives

En principe, quand une phrase comporte plus d'une proposition interrogative, on met un point d'interrogation après chaque proposition si on considère que chacune d'elles forme un tout ou appelle une réponse différente :

Êtes-vous allé à Jasper? Y avez-vous fait du ski?

Si les propositions forment un bloc concourant à l'expression d'une même idée, on met un point d'interrogation à la fin de la phrase seulement. Dans ce cas, les propositions sont souvent réunies par une conjonction :

Aimeriez-vous faire de la plongée sous-marine dans les Antilles, ou préféreriez-vous faire du ski à Banff?

Ce pays ne présente-t-il pas un déficit extrêmement élevé, un taux de chômage alarmant et une inflation galopante?

### 6.5.3   *Auriez-vous l'obligeance de...?*

Certains recommandent l'emploi du point d'interrogation après des tours comme *Auriez-vous l'obligeance de..., Voulez-vous...,* tandis que d'autres le déconseillent. Les premiers font valoir que la forme est interrogative; les seconds, que le sens ne l'est pas. Comme les deux raisonnements se valent, il convient de tenir le point d'interrogation pour facultatif dans ce genre de phrase :

Auriez-vous l'obligeance de nous retourner le formulaire dûment rempli au plus tard le 20 mai prochain?

Voulez-vous soumettre le présent manuscrit aux membres de votre équipe et me faire part de leurs observations le plus tôt possible.

### 6.5.4   Dans les titres

À la différence du point final, le point d'interrogation peut figurer dans les titres, où sa présence est parfois exigée par le sens même de l'énoncé :

*Aimez-vous Brahms?*
*Qui a peur de Virginia Woolf?*

Les titres commençant par les adverbes interrogatifs *comment* et *pourquoi* ont parfois la valeur d'une interrogation indirecte qui serait pour ainsi dire privée de son support — comme si le mot *voici* était sous-entendu. Ces titres ne se terminent pas par un point d'interrogation :

*Comment attirer les oiseaux dans son jardin*
*Pourquoi il ne faut jamais donner de conseils*

### 6.5.5   Majuscule ou minuscule?

On met une *majuscule* au mot qui suit le point d'interrogation si l'on considère que le point d'interrogation termine la phrase; une *minuscule* si l'on considère que la phrase se poursuit. C'est ainsi que l'incise faisant suite à une proposition interrogative doit obligatoirement s'écrire avec une minuscule initiale (v.a. 6.5.6) :

Devrais-je me mettre à la recherche d'un emploi?, me suis-je demandé.

Quand finirons-nous d'entendre parler du déficit? Quand il n'y en aura plus, sans doute.

La majuscule, qui signifie que l'on prête au point d'interrogation la valeur d'un point, a pour effet d'accentuer le caractère distinct de chaque élément. Quant à la minuscule, qui montre que l'on assimile le point d'interrogation à une virgule ou à un point-virgule, elle fait mieux ressortir l'enchaînement des idées. L'intention de l'auteur est le facteur déterminant :

Qui sera le nouveau chef? On ne le sait toujours pas.

Est-il déçu? je me le demande.

Ces observations valent également pour les cas où plusieurs propositions interrogatives sont juxtaposées :

Est-ce un chef? un révolutionnaire?

Que peut-on faire dans les circonstances? Rationaliser? décentraliser?

### 6.5.6 Le point d'interrogation et les autres signes

Le point d'interrogation se confond toujours avec le point final :

Abolirons-nous ce service? (Les employés commencent à s'inquiéter.)

Le point d'interrogation, suivi ou non des guillemets, tient lieu de virgule lorsqu'il précède une incise ou qu'il coïncide avec la fin d'une proposition intercalée :

Quelle est la meilleure solution? me suis-je demandé.

Il a juré, pourquoi douterais-je de sa parole? qu'il ne savait rien.

Cependant, certains auteurs ou imprimeurs couplent la virgule et le point d'interrogation :

Dans l'ordre : possible, pourquoi pas?, faut voir, tout se marchande et... elle en a vu d'autres (*L'Express*).

« À quoi sert un bébé? », répondit l'inventeur (*Le Nouvel Observateur*).

Les deux façons de faire sont acceptables; l'important est d'être uniforme. Noter, dans le dernier exemple, que le point d'interrogation qui fait partie d'une citation guillemetée figure à l'intérieur des guillemets. S'il fait partie de la phrase principale, il est placé à l'extérieur des guillemets (v.a. 7.2.3) :

Qu'entendez-vous par l'expression « zone de rusticité »?

## 6.6 Le point d'exclamation

Le point d'exclamation, qui est un signe essentiellement expressif, marque la surprise, l'étonnement, la crainte, la joie, le regret, etc. Il est assez rarement employé dans la langue administrative.

### 6.6.1    Place du point d'exclamation

On met un point d'exclamation après une interjection ou une locution
interjective employée isolément de même qu'après toute phrase
exclamative, introduite ou non par un adjectif exclamatif :

Hélas!

Par exemple!

Encore une réunion!

Quand une phrase commence par une interjection, on met un point
d'exclamation après cette interjection ainsi qu'à la fin de la proposition
suivante — si cette dernière est exclamative. Comparer :

Hourra! Un nouveau photocopieur!

Ah non! Il pleut et j'ai oublié mon parapluie.

On répète le point d'exclamation après chaque élément quand une suite
de phrases exclamatives sont suffisamment indépendantes les unes des
autres :

Quel dommage! Quel scandale pour la famille!

Par contre, s'il y a une gradation d'idées, il suffit de mettre un point
d'exclamation à la fin de la phrase :

C'est si ennuyeux, si regrettable!

### 6.6.2    Interjections

Lorsqu'une interjection est liée à un autre mot avec lequel elle fait corps,
le point d'exclamation est placé après le deuxième terme :

Zut alors!

Non mais!

Si le deuxième élément exprime une idée distincte, les deux éléments sont
séparés par un point d'exclamation :

Non! Vraiment!

Ah! Ouf!

Lorsque l'interjection est répétée, les possibilités sont infinies, en ce qui
concerne tant la répétition du signe d'exclamation que l'emploi de la
majuscule : tout dépend de l'effet que l'on veut obtenir. Si l'on veut
appuyer sur les interjections, on peut soit les écrire chacune avec une
majuscule, soit répéter le point d'exclamation, ou utiliser les deux
procédés à la fois. Si l'on veut accélérer le rythme, notamment pour
imiter le rire, on peut même supprimer la virgule :

Ha! Ha! Ha!
Ha! ha! ha!

Ha, ha, ha!
Ha ha ha!

### 6.6.3 Entre parenthèses

Pour marquer son étonnement ou son incrédulité, on peut faire suivre un élément de la phrase d'un signe d'exclamation placé entre parenthèses :

Il n'y aura pas de compressions budgétaires (!) cette année.

À noter que l'ensemble formé par le point d'exclamation et les parenthèses s'espace comme un mot ordinaire et qu'il n'y a pas d'espace de part et d'autre du point d'exclamation.

### 6.6.4 Dans les titres

À la différence du point final, le point d'exclamation s'emploie correctement dans les titres, où sa présence peut être exigée par le sens même de l'énoncé :

*La guerre, yes sir!*

### 6.6.5 Ô

L'interjection *ô*, aussi appelée *ô vocatif*, peut servir à interpeller ou à invoquer. Le *ô vocatif* peut également exprimer un sentiment de joie, de crainte, d'admiration, etc. Dans l'un et l'autre de ces emplois, le *ô* ne doit jamais être directement suivi du point d'exclamation :

*Ô Canada!*

Ô que j'ai hâte aux vacances!

### 6.6.6 Répétition du point d'exclamation

Le point d'exclamation peut être doublé, triplé et même combiné au point d'interrogation pour exprimer l'incrédulité, l'étonnement. Ce procédé stylistique n'est cependant pas à recommander :

Il est parti sans parapluie!!

C'est un boucher, et il a peur du sang!!?

### 6.6.7 Majuscule ou minuscule?

Dans le cas d'une interjection placée en début de phrase, on met une *majuscule* après le point d'exclamation si l'on veut appuyer sur l'interjection; le point d'exclamation équivaut alors à un point ordinaire. On écrit le mot qui suit le point d'exclamation avec une *minuscule* si l'on considère que l'interjection constitue l'amorce de la phrase; le point d'exclamation équivaut dans ce cas à une virgule :

Minute! Je n'ai pas encore terminé!

Minute! mon ami, j'arrive!

Dans les autres cas, on met une *majuscule* au mot qui suit le point d'exclamation si l'on considère qu'il introduit une nouvelle phrase; une *minuscule* si l'on estime que la phrase se poursuit. Dans le premier cas, le point d'exclamation équivaut à un point; dans le deuxième, à une virgule :

> Quel temps splendide! Il faut en profiter!

> Vive le printemps! la végétation qui renaît!

### 6.6.8  Le point d'exclamation et les autres signes

Comme le point d'interrogation, le point d'exclamation se confond avec le point final :

> Elle est allée faire du camping à la baie des Ha! Ha!

Le point d'exclamation, suivi ou non des guillemets, tient lieu de virgule à la fin d'une proposition intercalée, ou avant une incise :

> J'ai encore, hélas! mal à la tête.

> « Comme si je n'avais pas assez d'ennuis! » s'est-il écrié.

Certains préfèrent coupler la virgule et le point d'exclamation :

> Ce fut, hélas!, le mari qui prit les devants (A. Lwoff).

> « C'est un véritable imbroglio! », dit Philip Wilkes, le défenseur des usagers (*Le Nouvel Observateur*).

Il convient de considérer les deux procédés comme acceptables; l'important est d'assurer l'uniformité à l'intérieur du texte. Noter, dans le dernier exemple, que le point d'exclamation qui fait partie d'une citation guillemetée est à l'intérieur des guillemets. S'il fait partie de la phrase principale, il se place à l'extérieur des guillemets (v.a. 7.2.3) :

> Ne me dites pas qu'elle est encore « épuisée »!

## 6.7  Les points de suspension

Les points de suspension sont toujours au nombre de trois, sauf dans un cas (v. 6.7.2), et ne doivent jamais être espacés entre eux.

### 6.7.1  Fonctions principales

Les points de suspension servent principalement à :

— *Signaler une interruption*, notamment dans une énumération. Ils servent en outre à marquer une réticence, et peuvent exprimer les sentiments les plus divers, comme la crainte, l'étonnement, la confusion :

> J'ai lu des rapports, des comptes rendus, des procès-verbaux...

> Je croyais... On m'avait dit...

Il faut noter qu'il est incorrect de faire suivre l'abréviation *etc.* des points de suspension, puisque *etc.* signale lui-même que l'énumération est incomplète.

— *Marquer l'écoulement d'un certain laps de temps*, un silence dans un dialogue :

> Il s'endormit angoissé... Il se réveilla fatigué.

> — As-tu remis le catalogue à sa place?
> — ...
> — Ne peux-tu pas répondre?

— *Attirer l'attention sur une conclusion* amusante ou inattendue, sur un terme que l'on désire mettre en valeur :

> Devant toutes ces possibilités, il décida... de ne rien faire.

> La perte de tous mes biens, selon lui, allait m'enrichir... spirituellement.

## 6.7.2 Signe de substitution

Les points de suspension peuvent remplacer les dernières lettres d'un nom ou d'un mot que l'on répugne à citer en entier :

> Un certain monsieur R... est venu vous voir.

> Cet insolent l'a envoyé se faire f...

Après l'initiale du mot que l'on veut taire, on peut aussi mettre autant de points qu'il y a de lettres à supprimer :

> Le vol aurait été commis par U.....

Quand, par souci de discrétion, on préfère ne pas révéler la première lettre du nom cité, on peut accoler les points de suspension aux lettres X, Y et Z :

> Il faut donner à M. X... l'occasion de se défendre.

Les points de suspension peuvent également remplacer un mot ou un nom propre au complet, que l'on n'ose pas donner en entier. Dans ce cas, ils sont précédés et suivis d'un espace :

> C'est un ... de la pire espèce.

> J'ai ouï dire que ... songeait à démissionner.

## 6.7.3 Citations

Les points de suspension servent à signaler l'omission d'un mot ou d'un passage dans une citation (v.a. 7.2.7). Pour bien montrer qu'ils ne font pas partie de la citation, on les place entre crochets. On évitera d'employer à cette fin les parenthèses, qui pourraient être attribuées à l'auteur de la citation :

> De tous les biens que nous recevons [...] aucun ne nous fait plus de mal malgré tout que les amis, avec leur confiance en nous, leur espoir, leur attente (G. Roy).

À noter qu'il n'y a pas d'espace de part et d'autre des points de suspension et que l'ensemble formé par les crochets et les points de suspension s'espace comme un mot ordinaire.

### 6.7.4  Points de conduite

Les points de conduite, suite de points ainsi appelés parce que leur rôle est de guider l'oeil, se rencontrent souvent dans les tableaux, les index et les tables des matières :

La virgule ................................................................. 6.1

### 6.7.5  Pagination

Dans la correspondance, on rencontre parfois, dans l'angle inférieur droit de la première page, la mention *...2* ou *.../2,* qui signale que la lettre comprend une deuxième page, et ainsi de suite pour les pages suivantes.

Pour indiquer que l'on doit tourner la page, on peut aussi placer des points de suspension de part et d'autre d'une oblique, sans mentionner de numéro de page :

.../...

Cette dernière indication, qui figure dans le coin inférieur droit de la page, est parfois remplacée par l'abréviation *T.S.V.P.* (tournez s'il vous plaît).

V.a. 6.12.4 et 8.1.15.

### 6.7.6  Majuscule ou minuscule?

Les points de suspension sont suivis d'une majuscule lorsqu'ils équivalent à un point; ils sont suivis de la minuscule quand on leur attribue la valeur d'une virgule ou d'un point-virgule. Il va sans dire que l'emploi de la majuscule après les points de suspension est parfois affaire d'interprétation personnelle :

Nous comptions aller jusqu'à Québec... Mais à Trois-Rivières, le mauvais temps nous a forcés à arrêter.

J'étais énervée, j'ai bu du café... beaucoup trop de café.

### 6.7.7  Les points de suspension et les autres signes

Lorsqu'une phrase se termine par des points de suspension, il ne faut pas mettre de point final. Il convient également de respecter la règle communément admise qui veut que les points de suspension se confondent avec le point abréviatif :

Je n'ai plus qu'un seul recours...

Des irrégularités auraient encore été commises par la société Inforum inc...

Les points de suspension se placent généralement devant la virgule et le point-virgule :

La littérature, la politique, l'histoire..., tous les sujets l'intéressent.

En vain a-t-il consulté les dictionnaires, les grammaires, les encyclopédies, les ouvrages de langue...; en vain a-t-il interrogé les professeurs et les spécialistes.

La place des points d'interrogation et d'exclamation par rapport aux points de suspension est déterminée par le sens de la phrase. Si c'est la phrase interrogative ou exclamative elle-même qui est interrompue, les points de suspension viennent en premier :

Allez-vous venir à...?

Est-ce que j'en ai assez de ces...!

Si c'est la suite de la phrase ou la phrase suivante qui est laissée en suspens, ils sont placés après :

Qu'est-ce qui vous intéresse? les sciences? la géographie? les mathématiques?...

# 6.8   Les parenthèses

Les parenthèses comportent une forme ouvrante et une forme fermante. Ce signe sert surtout à isoler, dans le corps d'une phrase ou d'un paragraphe, des explications ou des éléments d'information utiles à la compréhension du texte, mais non essentiels. Les parenthèses jouent un rôle important dans les textes scientifiques, techniques, juridiques et administratifs, mais il faut se garder d'en abuser.

## 6.8.1   Contenu des parenthèses

Les parenthèses peuvent contenir des indications très variées, notamment :

— *Une date, un pourcentage*

Durant cette période, on n'adopte que quatre lois importantes : une loi de judicature (1794), une loi de la milice (1794), une loi de finance (1795), une loi des chemins...

Les ruraux répartis le long de la vallée du Saint-Laurent constituent une importante proportion (40 %) de cette population.

— *Un renvoi, une référence bibliographique*

Les employés qui ne possèdent pas de carte d'identité du Ministère (voir *Manuel du personnel*, chap. 4)...

L'autobiographie de Gabrielle Roy (*La détresse et l'enchantement*, Boréal, 1988) a été publiée après sa mort.

— *Une formule, une expression algébrique ou mathématique*

Un hydrate, comme le plâtre de Paris ($Ca_2SO_4H_2O$), peut causer...

$(4y + 1) - (ab + y)$

— *Une définition ou une simple explication*

Sa grande passion est la mycologie (étude des champignons).

La préférence a été donnée à la cartographie, aux oeuvres des artisans et des artistes, aux tableaux (gravures et aquarelles) de l'époque.

— *Des renseignements étymologiques*

Homard (*houmar*, 1532; anc. nord. *humarr*)

— *Une traduction*

L'été, il se déplace toujours *pedibus cum jambis* (« à pied »).

— *Un sigle ou l'explication d'un sigle*

L'Association des citoyens pour la protection des rives de l'Outaouais (ACPRO) a présenté une pétition...

L'ACPRO (Association des citoyens pour la protection des rives de l'Outaouais) a présenté une pétition...

— *Des mots inversés dans un index alphabétique*

Économie (mondialisation de l')
Riopelle (Jean-Paul)

— *Un commentaire formulé à titre personnel*

Les semis de fleurs annuelles doivent être effectués environ six semaines avant le dernier gel (cette date varie évidemment selon les régions).

Il n'aimait point ces explications ésotériques. (Elles étaient, selon lui, le propre d'un esprit nébuleux.)

— *Un autre signe de ponctuation*

Elle n'a besoin que de cinq heures de sommeil (?) par nuit.

Le déficit sera bientôt comblé (!).

— *Un nom de lieu*

Il a dû aller à St. John's (Terre-Neuve) pour affaires.

## 6.8.2 Énumération

La parenthèse fermante s'emploie après un chiffre ou une lettre devant les subdivisions d'un texte ou les éléments d'une énumération :

Il y a trois langues officielles en Suisse :
a) l'allemand; b) le français; c) l'italien.
*ou*

Il y a trois langues officielles en Suisse :
1) l'allemand; 2) le français; 3) l'italien.

Les chiffres peuvent aussi être suivis d'un point ou du signe « ° » en
position supérieure, mais *sans parenthèse fermante* :

1.                                        1°
2.                                        2°

## 6.8.3  Marque du pluriel

Pour donner au lecteur le choix entre le singulier et le pluriel, certains
admettent que l'on place la marque du pluriel entre parenthèses :

La(es) personne(s) intéressée(s) doit(vent) remplir un formulaire.

Ces formes télescopées présentent cependant l'inconvénient de rendre la
phrase presque illisible. Il est préférable soit d'employer uniquement le
pluriel, soit d'utiliser le tour *le ou les (la ou les)*, qui entraîne l'accord du
nom et du verbe au pluriel. Dans certains cas, on peut aussi reformuler :

Les personnes intéressées doivent remplir un formulaire.

La ou les personnes intéressées doivent remplir un formulaire.

Toute personne intéressée doit remplir un formulaire.

Ces observations s'appliquent également à l'indication des formes
féminines entre parenthèses (v. 9.1.2).

## 6.8.4  Répétition des parenthèses

*Un passage figurant entre parenthèses ne doit pas être inséré dans un
texte déjà écrit entre parenthèses.* Il faut, dans ce cas, recourir aux
*crochets* :

Les personnages de détectives le fascinent (surtout le célèbre
inspecteur Maigret [créé par Simenon]).

Bien que l'on observe parfois le contraire, les parenthèses tendent
nettement, dans l'usage, à l'emporter sur les crochets lorsque les deux
signes sont employés concurremment. Aussi convient-il d'utiliser *d'abord
les parenthèses, puis les crochets*, ces derniers faisant office de sous-
parenthèses.

Le rédacteur peut cependant être obligé d'inverser cet ordre. Par exemple,
s'il insère dans une citation un commentaire personnel contenant un
élément entre parenthèses, il doit utiliser les crochets avant les
parenthèses, car la règle veut que toute intervention d'un tiers dans une
citation soit signalée par les crochets :

« La grande peinture, c'est des tableaux très ennuyeux [l'auteur a
développé cette idée dans *L'art brut préféré aux arts culturels*
(1949)]; plus ils sont ennuyeux et plus ils sont délicats et de bon
goût » (J. Dubuffet).

*Il est préférable de ne pas placer deux passages figurant entre parenthèses côte à côte.* Lorsque cette situation se présente, on isole le deuxième élément au moyen des crochets :

(1984-1988) [Université d'Ottawa]

À moins d'une convention ou d'une contrainte particulière, qui exigerait par exemple que tel ou tel type de données figure toujours entre crochets, le texte entre parenthèses doit en principe contenir l'élément entre crochets :

« Il ne faut pas s'occuper des autres : ils sont ailleurs » (selon Réjean Ducharme [*L'avalée des avalés*]).
*mais*
[voir 26b)]

Pour éviter la répétition des parenthèses, on peut également, dans certains cas, recourir aux tirets (v. 6.10.7).

### 6.8.5    Majuscule ou minuscule?

Lorsqu'il est fondu dans la phrase, un passage entre parenthèses ne prend la majuscule que s'il commence par un nom propre :

Une exposition consacrée à William Morris (au Musée des beaux-arts, à Ottawa) nous fait découvrir un peintre, un poète et un grand penseur.

J'ai passé la période des fêtes à Saint John (Nouveau-Brunswick).

### 6.8.6    Ponctuation à l'extérieur des parenthèses

Lorsqu'un texte entre parenthèses est un *fragment de phrase*, la parenthèse ouvrante n'est jamais précédée d'une virgule, d'un point-virgule ou des deux points. Si le sens de la phrase réclame l'emploi de l'un de ces signes, il faut le placer après la parenthèse fermante :

Veuillez nous faire parvenir votre extrait de naissance (un original, non une photocopie), une photographie récente ainsi que votre curriculum vitae.

Trois conseillers municipaux se sont portés candidats au poste de maire (vacant depuis trois mois) : Adolphe Sirois, Yvan Simard et Roméo Lagrange.

Lorsque le texte entre parenthèses constitue une *phrase indépendante*, la parenthèse ouvrante est, selon le cas, précédée d'un point, d'un point abréviatif, d'un point d'interrogation, d'un point d'exclamation ou des points de suspension :

Ainsi je vous rappellerai dimanche soir. (J'ose espérer que vous ne vous couchez pas avec les poules et que je n'aurai pas à vous sortir du lit!)

Avez-vous vu l'opéra *Madame Butterfly*? (Il a été très bien accueilli par la critique.)

6.8.7 **Ponctuation à l'intérieur des parenthèses**

À l'intérieur des parenthèses, on doit appliquer les règles générales de la ponctuation.

Quand le texte entre parenthèses est considéré comme une *phrase indépendante* — auquel cas il commence par une majuscule, — il faut placer la ponctuation finale (point, point d'interrogation, point d'exclamation, points de suspension) devant la parenthèse fermante et non après :

> Seules des raisons techniques pourraient nous obliger à renoncer à ces travaux. (On comprendra qu'il est impossible de tout prévoir.)

> Je ne pourrai terminer ce travail toute seule. (Pourriez-vous me prêter main-forte la semaine prochaine?)

On écrirait aussi correctement, à condition de déplacer le point et de mettre une minuscule initiale au texte figurant entre parenthèses :

> Seules des raisons techniques pourraient nous obliger à renoncer à ces travaux (on comprendra qu'il est impossible de tout prévoir).

> Je ne pourrai terminer ce travail toute seule (pourriez-vous me prêter main-forte la semaine prochaine?).

# 6.9 Les crochets

Comme les parenthèses, les crochets comportent une forme ouvrante et une forme fermante. Ils sont toutefois moins utilisés que les parenthèses, car ils s'emploient dans des contextes bien particuliers.

## 6.9.1 Fonctions principales

On emploie les crochets pour intercaler un élément à l'intérieur ou à côté d'un passage figurant lui-même entre parenthèses (v. 6.8.4).

Les crochets encadrent souvent les formules algébriques ou mathématiques :

$$[x(a + b) - 3(a + b)]$$

On observera que si les crochets sont subordonnés aux parenthèses dans la langue générale, c'est l'inverse qui se produit dans le langage de l'algèbre.

Dans les dictionnaires, notamment, la transcription phonétique des mots est donnée entre crochets :

> Oiseau [wazo]

## 6.9.2 Marque de l'intervention d'un tiers

Quand on retranche d'une citation un *passage jugé inutile* ou non pertinent, on remplace les mots supprimés par des points de suspension encadrés de crochets :

« Nous avons bâti un homme type [...] et nous nous y raccrochons si bien que nous considérons comme un malade ou comme un monstre tout ce qui ne lui ressemble pas » (G. Simenon).

Il faut se garder d'indiquer uniquement les points de suspension ou de remplacer les crochets par des parenthèses, car l'interruption pourrait alors être attribuée à l'auteur même de la citation.

On insère entre crochets tout **renseignement** dont le lecteur peut avoir besoin pour bien comprendre une citation :

« Dans ce pays [la Suisse], véritable carrefour, on compte quatre régions linguistiques. »

« Elle [la beauté] agit même sur ceux qui ne la constatent pas » (J. Cocteau).

Les crochets servent également à intercaler une **réflexion** personnelle à l'intérieur d'une citation. Cette réflexion peut consister simplement en un point d'exclamation ou en un point d'interrogation :

« Tout ce qui n'est ni une couleur, ni un parfum, ni une musique [ni une saveur, ajouteraient les gourmands], c'est de l'enfantillage » (B. Vian).

« Enfants, en Italie, Sacco et Vanzetti rêvaient peut-être à l'électrification [!] des campagnes » (J. Prévert).

Quand une citation comporte un **mot étrange** ou mal orthographié, on le fait suivre du mot *sic*, écrit en italique et entre crochets :

« Les soldats ont refusé d'optempérer [*sic*] aux ordres de leur général. »

Bien que *sic* s'écrive parfois entre parenthèses, il est préférable d'employer les crochets, qui marquent hors de tout doute l'intervention d'un tiers. Cela dit, l'emploi des parenthèses n'est pas à exclure dans tous les cas. Placé entre parenthèses, le mot *sic* indique que c'est l'auteur lui-même qui porte un jugement sur les propos qu'il rapporte. On pourrait ainsi trouver sous la plume d'un journaliste :

« Notre pays est au bord de l'abîme, a déclaré le nouveau candidat. Votez pour moi, faites un pas en avant (*sic*), a-t-il ajouté. »

V.a. 7.2.7.

# 6.10 Le tiret

Simple ou double, le tiret a principalement pour rôle de créer un effet d'insistance et de signaler un changement de niveau dans le discours. Comme il détache les éléments de la phrase plus nettement que ne le fait la virgule, le tiret contribue à la clarté de l'expression et facilite ainsi la tâche au lecteur. Il faut toutefois se garder d'abuser du tiret sous peine de lui faire perdre de son efficacité et de sa puissance expressive.

### 6.10.1 Dialogues et comptes rendus

Le tiret marque un changement d'interlocuteur dans un dialogue :

> Victor s'adressant à son père :
> — Peut-on être puni pour quelque chose qu'on n'a pas fait, papa?
> — Mais non, voyons! Pourquoi?
> — Parce que je n'ai pas fait mes devoirs.

Dans les comptes rendus de réunions, le tiret sépare le nom de l'interlocuteur du texte de son intervention; il est alors le plus souvent précédé d'un point :

> Odile Bérubé. — Nous n'aurons pas les ressources nécessaires pour mener ce projet à terme.
> Simon Ladéroute. — Je ne vois qu'une solution : l'abandonner.

### 6.10.2 Marque de la séparation

Le tiret peut s'employer pour distinguer les éléments d'une *énumération* présentée à la verticale :

> J'aimerais recevoir au plus tôt les documents suivants :
> — le procès-verbal de la séance du...
> — les annexes II et III du rapport sur...
> — les organigrammes des trois services intéressés.

Le tiret sépare les titres de *chapitres* ou de subdivisions des lettres ou des numéros qui leur sont attribués. Dans cet emploi, les tirets sont souvent, mais non obligatoirement, précédés d'un point :

> A. — La pauvreté en Amérique du Nord
>    1. — Dans les milieux urbains
>    2. — Dans les milieux ruraux
>
> II — Les relations patronales-syndicales
>    A — Dans les années 60
>    B — Dans les années 80

On peut aussi, dans ce dernier cas, ne mettre que le point à la suite du chiffre ou de la lettre (v.a. 6.3.3) :

> A. L'immigration
>    1. La composante économique
>    2. La composante sociale

Le tiret sert enfin à séparer les éléments d'un *sommaire*, sorte de table des matières que l'on place au début d'un livre ou d'un chapitre. Dans cet emploi, le tiret est très souvent précédé d'un point :

> Chapitre II
> L'histoire des jardins

> Le mythe du paradis terrestre. — Le jardin dans les civilisations orientales. — Le jardin au Moyen Âge. — Les jardins de la Renaissance. — Le jardin après la révolution industrielle. — Le jardin au XX$^e$ siècle.

### 6.10.3  Effet d'insistance

Comme le tiret ressort davantage que la virgule du point de vue graphique, il est plus apte que cette dernière à capter l'attention du lecteur. Aussi le tiret est-il le signe tout désigné pour souligner une opposition ou une conclusion inattendue, pour créer un effet de chute ou d'insistance :

> Je croyais que le grade donnait de l'autorité — il en ôte (J. Vallès).

> L'avenir de l'homme antique devait être révélé. Celui du savant d'hier pouvait être prévu. Le nôtre est à construire — par l'invention et par le travail (G. Berger).

### 6.10.4  Dans les tableaux

Généralement, le tiret indique la répétition dans l'usage européen, la nullité dans l'usage canadien. Il convient de faire à ce sujet deux mises au point :

— *Si les ouvrages européens donnent bel et bien le tiret comme un signe de répétition*, un nombre non négligeable d'entre eux mettent en garde contre l'ambiguïté que peut entraîner l'emploi de ce signe dans des colonnes de chiffres, le tiret pouvant dans ce contexte être interprété comme un signe de nullité. À noter, comme le rappellent ces ouvrages, que le danger d'équivoque disparaît quand le tiret concerne des mots :

> Crayons bleus : 15
> —      noirs : 20
> Dictionnaires  : —

— *Dans l'usage canadien, le tiret marque effectivement la* **nullité**. Cependant, son emploi dans un tableau n'en demeure pas moins potentiellement équivoque, ne serait-ce que parce qu'il est considéré comme un signe de répétition dans la plus grande partie de la francophonie.

C'est pourquoi dans tous les contextes où son emploi peut prêter à confusion, notamment dans les tableaux comportant des chiffres, il est préférable de remplacer le tiret par une mention qui soit interprétée de la même façon par tous les francophones, en l'occurrence par des zéros ou par les mots *néant, rien* ou *non déterminé* (*n.d.*).

Pour indiquer la répétition, on utilise les guillemets (v. 7.3.1) ou le mot *idem*.

### 6.10.5  Dans les dictionnaires

Dans les index, les dictionnaires, les lexiques, etc., le tiret sert à remplacer un mot vedette. Cette fonction est aussi parfois remplie par le tilde (~). À noter que, dans les lexiques et les dictionnaires, le tiret marque la répétition autant dans l'usage canadien que dans l'usage français (v.a. 6.8.1) :

> Augmentation (verbes exprimant une — )

#### 6.10.6 Mise en relief

Les tirets, comme les parenthèses et la double virgule, servent à insérer des éléments qui pourraient être retranchés de la phrase sans que le sens de cette dernière s'en trouve radicalement altéré. Cependant, alors que les parenthèses contiennent une information que l'on juge souvent accessoire, les tirets encadrent des mots que l'on désire mettre en relief :

Il m'a demandé de traduire une expression — qui n'avait absolument aucun sens — juste avant mon départ.

Après avoir vidé son sac — elle en avait gros sur le coeur! —, elle a remis sa démission.

#### 6.10.7 Avec les parenthèses

Pour éviter la répétition des parenthèses, on recourt le plus souvent aux crochets (v. 6.8.4), mais on peut aussi utiliser les tirets :

Marguerite a transformé sa propriété en un immense jardin (elle y a aménagé un verger, un potager, un étang — elle adore les plantes aquatiques —, un carré d'herbes aromatiques, un pré de fleurs sauvages, etc.).

Un passage entre tirets peut également contenir un élément entre parenthèses :

Ce jardin public, dont les multiples composantes sont un véritable ravissement pour l'oeil — notamment le jardin de sous-bois (qui compte plusieurs espèces menacées) —, attire chaque année des milliers de visiteurs.

#### 6.10.8 Le tiret et les autres signes

Que le tiret soit simple ou double, on doit employer la ponctuation exigée par le sens de la phrase. Voici les principales règles qui s'appliquent.

*Lorsque les tirets n'ont d'autre fonction que de **remplacer un signe**,* par exemple une virgule, ils ne sont accompagnés d'aucune ponctuation :

Il ne m'est jamais arrivé — je le jure — de rater une recette.

*Le passage figurant entre tirets doit contenir la **ponctuation exigée*** par le sens de l'énoncé. Si le passage se termine par un point d'interrogation, un point d'exclamation ou des points de suspension, cette ponctuation doit être placée devant le second tiret :

La lettre d'invitation — auriez-vous par hasard oublié de l'affranchir? — n'est jamais parvenue à destination.

*Lorsque le passage entre tirets doit être **suivi d'une virgule**,* les auteurs hésitent sur la place que doit occuper la virgule par rapport au tiret terminal. Du point de vue logique, et dans la mesure où on assimile les tirets aux parenthèses, on s'attendrait à trouver la virgule après le second tiret. Du point de vue esthétique, cependant, certains estiment qu'il vaut mieux placer la virgule devant le second tiret. Il convient de considérer les deux façons de faire comme acceptables :

> Après avoir remis de l'ordre dans la cuisine — tout est sens dessus dessous —, faites disparaître, de grâce, le résultat de vos expériences culinaires.
>
> *ou*
>
> Après avoir remis de l'ordre dans la cuisine — tout est sens dessus dessous, — faites disparaître, de grâce, le résultat...

*À la différence de la parenthèse fermante, le tiret terminal disparaît* **devant les deux points** et le point-virgule :

> Elle raffole de ces aliments exotiques — sans doute un peu à cause de leur nom : le nappa, le pé-tsaï, la tétragone, la crosne du Japon, etc.

*On omet le second tiret lorsqu'il coïncide avec la* **ponctuation finale** de la phrase : point d'interrogation, point d'exclamation, points de suspension, point final, point abréviatif :

> Je n'ai plus d'ambition — ni d'inspiration.

*On peut placer le tiret* **après tout signe de ponctuation** que l'on désire renforcer. Le tiret prolonge ainsi la pause indiquée par la virgule, le point-virgule, le point final, etc. :

> Elle lui a opposé une fin de non-recevoir, — mais il a continué d'insister.
>
> Il est prouvé que l'activité humaine contribue à la destruction de la couche d'ozone. — Et l'on refuse toujours de s'attaquer à ce grave problème.

Il convient de noter que le besoin de coupler le tiret à un autre signe de ponctuation se fait rarement sentir dans la langue administrative, et que ce procédé peut facilement devenir redondant.

# 6.11  L'astérisque

L'astérisque est un signe typographique en forme d'étoile. À noter que le mot *astérisque* est du genre masculin.

## 6.11.1  Comme appel de note

Placé après le mot, l'astérisque indique un renvoi. Il est rappelé en bas de page et suivi du texte de la note. L'astérisque ne peut signaler plus de trois renvois par page. Un astérisque simple signale la première note; deux astérisques, la deuxième; trois astérisques, la troisième (\*, \*\*, \*\*\*).

### 6.11.2 Signe de substitution

L'astérisque peut remplacer un nom propre, suivre les lettres *X, Y, Z, N,* ou l'initiale du nom que l'on ne veut pas révéler. Dans cet emploi, l'astérisque est le plus souvent triple :

Monsieur \*\*\* m'a annoncé la nouvelle.

Je l'ai appris de X\*\*\*.

Les points de suspension, toutefois, sont beaucoup plus fréquents aujourd'hui que l'astérisque dans cet emploi (v. 6.7.2).

### 6.11.3 En linguistique

L'astérisque précède les mots dont la forme est hypothétique dans les dictionnaires, les ouvrages philologiques ou étymologiques :

guetter (du francique *\*wahtôn*)

Les mots qui commencent par un *h* aspiré sont signalés par un astérisque dans certains dictionnaires :

\*hardi (chez Larousse)

L'astérisque s'emploie également dans les dictionnaires pour renvoyer à une entrée. Il est dans ce cas placé après le mot.

### 6.11.4 Dans la mise en pages

Employé seul ou en triangle, l'astérisque peut marquer une coupure importante entre deux paragraphes.

### 6.11.5 Signe polyvalent

L'astérisque peut par convention se voir attribuer diverses valeurs : dans un ouvrage de langue, il peut signaler une forme fautive; dans un lexique, une forme uniformisée ou normalisée. Dans tous les cas, il importe d'indiquer clairement, au début de l'ouvrage ou de l'article, la signification qu'il convient de donner à l'astérisque.

## 6.12 La barre oblique

La barre oblique est aussi appelée *barre transversale, barre de fraction,* ou simplement *oblique.*

### 6.12.1 Équivalent de *par* ou *à*

Dans les unités de mesure, la barre oblique est l'équivalent des prépositions *par* ou *à* :

m/s = mètre par seconde
km/h = kilomètre à l'heure

Selon une norme de l'AFNOR, qui remonte à 1951, l'oblique ne doit être employée qu'avec les symboles des unités de mesure. Il serait fautif d'écrire :

Il roule à une vitesse de 200 kilomètres/heure.

Il faudrait plutôt écrire par exemple :

Il roule à une vitesse de 200 kilomètres à l'heure.
   *ou*
Il roule à une vitesse de 200 km/h.

Cette règle n'a cependant pas dans la réalité un caractère absolu. De nombreux ouvrages contiennent des exemples d'unités de mesure, écrites au long, qui sont employées avec l'oblique plutôt qu'avec les prépositions *par* ou *à*.

## 6.12.2  Dans les fractions

L'oblique est le symbole de la division dans les fractions :

3/4 de gramme
8/1000 de seconde

Il *faut s'abstenir* de faire suivre la fraction d'un *e* en exposant :

8/1000$^e$ de seconde

Bien que cette graphie se rencontre parfois, elle est condamnable en raison de sa redondance (v.a. 2.3.2).

## 6.12.3  Dans les abréviations

L'oblique fait partie de certaines abréviations consacrées :

s/o = sans objet
N/Réf. = notre référence
c/c = compte courant

## 6.12.4  Pagination

Dans la *correspondance*, on utilise souvent la barre oblique, concurremment ou non avec les points de suspension, pour indiquer que la lettre se poursuit (v.a. 6.7.5) :

/2 *ou* .../2

Dans des contextes variés, notamment dans les *télécopies*, on peut utiliser l'oblique pour séparer les numéros de page du nombre total de pages que contient le document. Ainsi, une page portant la mention

5/10

serait la cinquième d'un texte qui en comporterait dix.

## 6.12.5  Pour indiquer un choix

Dans la langue générale, on recourt souvent à l'oblique pour indiquer que l'on a le choix entre deux possibilités. Dans la phrase suivante, l'oblique montre qu'il existe deux constructions possibles :

La date où/à laquelle nous avons rendez-vous avec le directeur.

L'oblique sert également à opposer deux notions ou à séparer divers aspects d'une même réalité :

Entrée/sortie
Ouvert/fermé

En linguistique, l'oblique s'emploie aussi pour rapprocher ou opposer des mots :

Il semble toujours fortuit qu'il existe des paires de mots comme *lampe/rampe*, ou *poisson/poison*, se prêtant à la comparaison (*Grand Larousse de la langue française*).

Même si l'opposition « *hang/étendre* » est à la rigueur discutable [...] (J. Darbelnet).

## 6.12.6  Comme mot de liaison

Comme l'oblique peut remplacer des prépositions ou des conjonctions, elle sert fréquemment à former des expressions elliptiques. Dans l'exemple suivant, l'oblique équivaut à la préposition *entre* :

Voilà pour la différence artisan/bourgeois (E. Le Roy Ladurie).

Il faut toutefois se garder d'abuser de ce procédé, car les expressions ainsi créées peuvent être difficiles à lire à haute voix. Elles peuvent aussi être difficiles à comprendre et prêter à confusion.

## 6.12.7  En concurrence avec le trait d'union

L'oblique remplace à tort le trait d'union dans des expressions comme :

le dialogue Nord-Sud
la guerre Inde-Pakistan
l'accord Canada-Norvège
les relations employeur-employé

Dans la réalité, ces expressions sont presque toutes exclusivement écrites avec un trait d'union.

## 6.12.8  *Et/ou*

L'expression *et/ou,* qui est un calque de l'anglais *and/or,* est passée dans la langue malgré les protestations des grammairiens, et il serait vain de vouloir la proscrire. Elle signifie qu'il y a possibilité d'addition ou de choix. Ainsi, la phrase :

Pour combler le déficit, les gestionnaires réduiront leur personnel et/ou leurs dépenses.

signifie que les gestionnaires réduiront à la fois leur personnel et leurs dépenses, ou qu'ils réduiront l'un ou l'autre de ces deux éléments. Bien que l'expression soit jugée commode par certains, il faut éviter d'en abuser, car le texte peut rapidement devenir lourd et difficile à lire.

À noter par ailleurs qu'il vaut mieux employer le tour *et/ou* tel quel — l'expression étant de toute façon maintenant admise — que de recourir à un calque déguisé comme *et (ou)*.

### 6.12.9  Citation de vers

La barre oblique sert à séparer des vers qu'on cite sans les détacher du texte :

> Notre Père qui êtes aux cieux / Restez-y / Et nous nous resterons sur la terre / Qui est quelquefois si jolie (J. Prévert).

À noter que dans ce cas la barre oblique est précédée et suivie d'un espace.

# 6.13  Tableau des espacements

Le tableau suivant donne l'espacement entre les signes de ponctuation *et les mots*.

Lorsqu'un signe de ponctuation, quel qu'il soit (virgule, point, etc.), est collé à un mot, il forme un tout avec ce mot, et l'ensemble ainsi formé s'espace comme un mot ordinaire. Il en va de même des signes doubles, comme les crochets, les guillemets, les parenthèses et les tirets.

| Signe | Avant le signe | Après le signe |
|---|---|---|
| Astérisque (devant le mot) | espace | rien |
| Astérisque (après le mot) | rien | espace |
| Barre oblique | rien | rien |
| Crochet ouvrant | espace | rien |
| Crochet fermant | rien | espace |
| Deux points | espace insécable | espace |
| Guillemet français ouvrant | espace | espace insécable |
| Guillemet français fermant | espace insécable | espace |
| Guillemet anglais ouvrant | espace | rien |
| Guillemet anglais fermant | rien | espace |
| Parenthèse ouvrante | espace | rien |
| Parenthèse fermante | rien | espace |
| Point | rien | espace |
| Point d'exclamation | rien | espace |
| Point d'interrogation | rien | espace |
| Points de suspension | rien | espace |
| Point-virgule | rien | espace |
| Tiret | espace | espace |
| Virgule | rien | espace |
| Virgule décimale | rien | rien |

**Remarques**

1. Le point final, tout comme le point d'exclamation et le point d'interrogation, est suivi d'un seul espace.

2. L'*espace insécable* s'utilise pour empêcher que soient séparés des éléments devant figurer sur la même ligne. La plupart des logiciels de traitement de texte permettent de l'insérer au moyen d'une commande spéciale.

# 7 Les guillemets et les citations

Les guillemets servent à isoler des mots ou des phrases. Ils s'apparentent à l'italique, avec lequel ils entrent d'ailleurs en concurrence pour un bon nombre de fonctions, comme lorsqu'il faut reproduire des titres d'ouvrages ou faire ressortir des mots qu'on emploie dans un sens spécial.

Leur fonction la plus importante, toutefois, est d'encadrer les citations; c'est leur rôle traditionnel. Citer consiste à reproduire mot à mot un texte tel qu'il a été écrit ou des paroles telles qu'elles ont été prononcées. En employant les guillemets, l'auteur garantit que les mots encadrés sont la copie fidèle de l'original, qu'il en a respecté à la lettre la syntaxe et la ponctuation, qu'il n'a modifié ni l'orthographe ni l'ordre des mots.

À ce rôle traditionnel des guillemets se sont ajoutés d'autres emplois. Les guillemets continuent de l'emporter de loin sur l'italique pour ce qui est des citations proprement dites, mais dans les autres cas l'usage tend souvent à donner la préférence à l'italique.

## 7.1  Types de guillemets

*Quelle que soit la langue des mots que l'on encadre de guillemets, on emploie en français les guillemets français.* Ils consistent en doubles chevrons, dont la première paire s'appelle le « guillemet ouvrant », et la seconde le « guillemet fermant ».

Les guillemets anglais (" "), les doubles apostrophes (") et les simples apostrophes (' ') ne sont utilisés en général que pour les citations à l'intérieur de citations ou pour guillemeter des mots qui apparaissent à l'intérieur de passages qui sont déjà entre guillemets :

> « Une porphoryne est une molécule assez élastique, explique l'un des chercheurs. Elle possède quatre "pattes" sur lesquelles elle a tendance à "marcher" lorsqu'on la pousse. »

Des auteurs et des éditeurs confient parfois des fonctions différentes aux guillemets français et aux guillemets anglais à l'intérieur d'un même texte. Par exemple, ils réservent les guillemets français pour les citations proprement dites, et utilisent les guillemets anglais pour les mots employés dans un sens spécial.

# 7.2    Les citations

## 7.2.1    Guillemets ou italique?

Les guillemets sont le procédé le plus répandu dans l'usage pour les
citations. La raison en est sans doute qu'un texte encadré de guillemets
se lit plus facilement qu'un texte en italique. Il faut dire aussi que
l'emploi de l'italique complique la tâche de présenter clairement les
citations doubles ou les citations étrangères. Certains préfèrent néanmoins
l'italique (v. 5.3.1). L'important est d'annoncer les citations clairement
et d'être uniforme tout au long du texte :

> J'ai dit quelque part que *j'étais de tous les partis par leur côté
> généreux et que je n'étais d'aucun par leur côté mauvais* (V. Hugo).

> L'affirmation *rien de ce qui est humain ne m'est étranger,* Térence la
> fit sienne deux siècles avant notre ère.

> Le ministre des Finances a déclaré que *le Canada traverse une
> période extrêmement difficile.*

> *Le style,* disait Buffon, *n'est que l'ordre et le mouvement que l'on met
> dans ses pensées* (Y. le Hir).

## 7.2.2    Fragment de phrase

Lorsqu'on veut citer quelques mots, un fragment de phrase ou une phrase
incomplète, on encadre de guillemets tous les mots qui font vraiment
partie de la citation, et seulement ces mots. La ponctuation de la phrase
principale reste à l'extérieur des guillemets :

> Ils ont dit que le projet était « intéressant », sans préciser davantage.

> Le client leur a demandé de réparer les dégâts « au plus tard à la fin
> du mois », sinon il réclamerait des dommages-intérêts.

> Dans la préface, l'auteur évoque « la complexité des problèmes
> notionnels que pose le langage du droit au Canada ».

> Son intervention était parsemée de « quand? », de « pourquoi? » et
> de « comment? ».

On garde aussi à l'extérieur des guillemets l'article, l'adjectif possessif,
l'adjectif démonstratif, la préposition ou la conjonction dont on se sert
pour introduire les mots cités :

> Le premier ministre a reconnu que le gouvernement était responsable
> de l'« erreur ».

> Quant à son « grand projet », il n'en parle plus.

> D'après ce guide, il est nécessaire de « s'exercer au moins trois fois
> par semaine ».

> Si nous en croyons cette théorie, la conscience n'est qu'« un moment

très fugitif ».

Ordinairement, on ne met pas les deux points quand on cite quelques mots. Mais si on le fait, la ponctuation finale se place à l'extérieur des guillemets :

La bonne façon d'écrire l'appellation est : « baie James ».

## 7.2.3   Phrase complète

À l'aide des guillemets, on peut citer une phrase complète de quatre manières :

### a)   En la séparant des autres phrases

C'est la façon la plus simple de citer une phrase. On place un guillemet ouvrant au début et un guillemet fermant à la fin, après le signe de ponctuation final :

« Les affaires sont les affaires. »

« Sans l'illusion où irions-nous? »

« Les peuples ne veulent pas que les dieux reviennent parce qu'ils en ont peur! »

« Le pays le plus développé industriellement ne fait que montrer à ceux qui le suivent sur l'échelle internationale l'image de leur propre avenir. » Cette phrase de Karl Marx explique la fascination qu'exerce l'économie américaine (*Encyclopædia Universalis*).

### b)   En l'incorporant à une phrase

Si la citation est coulée dans une phrase du texte, le premier mot s'écrit en général avec une minuscule, sauf s'il commence la phrase principale. La citation perd son *point final* :

« Selon que vous serez puissant ou misérable, les jugements de cour vous rendront blanc ou noir » est une assertion qui se vérifie encore parfois.

Comme l'écrivait Voltaire, « le pays où le commerce est le plus libre sera toujours le plus riche et le plus florissant ».

Que pensez-vous de l'affirmation selon laquelle « les jeunes sont des acheteurs critiques et exigeants »?

Si la citation elle-même se termine par un *point d'exclamation*, un *point d'interrogation* ou des *points de suspension*, elle conserve ces signes. Mais la phrase principale garde quand même sa ponctuation finale :

Il clôture la séance en posant la question « serez-vous prêts? ».

A-t-il vraiment posé la question « serez-vous prêts? »?

Fréquemment, une citation coulée dans une phrase commence par un *fragment de phrase*, puis se prolonge par une ou plusieurs *phrases complètes*. Le signe de ponctuation final de la dernière phrase appartient à la citation :

> L'auteur ajoute que, dans notre métier, « il faut douter. C'est le début de la sagesse. »

**Remarque**

On peut annoncer la citation par une conjonction. En principe, la conjonction interdit l'emploi des guillemets, car elle transforme la citation en *discours indirect*, c'est-à-dire que le rédacteur rapporte les propos en substance plutôt que mot à mot. Il est cependant permis d'utiliser les guillemets si les mots guillemetés reproduisent l'original textuellement. La conjonction n'est jamais suivie des deux points :

> Voltaire disait que « le pays où le commerce est le plus libre sera toujours le plus riche et le plus florissant ».

> Vous avez demandé si « le projet sera lancé avant la fin de l'année ».

Si l'on apporte le moindre *changement* à l'original, il faut renoncer aux guillemets. C'est le cas même lorsqu'on change simplement le temps du verbe pour respecter la concordance des temps :

> Le ministre des Finances a déclaré que « le Canada traverse une période extrêmement difficile ».

> Le ministre des Finances a déclaré que le Canada traversait une période extrêmement difficile.

> Le ministre des Finances a déclaré que le pays traversait une période difficile.

c)   **En l'introduisant par les deux points**

Une citation complète qui est introduite par les deux points commence toujours par une majuscule. Si elle est au milieu de la phrase, elle perd son *point final*. Si elle est à la fin de la phrase, son point final éclipse celui de la phrase principale :

> Il a lancé : « Ce n'est que partie remise », puis il a quitté la tribune.

> Un éminent spécialiste a déclaré : « La catastrophe aurait pu être très facilement évitée. »

> Plutôt que de dire : « Cette terre nous appartient », les Inuits diront : « Nous appartenons à cette terre. »

Mais, où qu'elle soit dans la phrase, la citation conserve toujours son *point d'exclamation*, son *point d'interrogation* ou ses *points de suspension* :

> Il a crié : « Au secours! » avant de fermer la porte.

Malgré Élizabeth qui interrompait d'une voix placide : « Laisse-le, Gérard, il est grotesque... », Gérard se fâcha (J. Cocteau).

Si elle est en fin de phrase, le signe de ponctuation éclipse le point final de la phrase principale :

Dans un sondage, on a demandé aux gens : « Croyez-vous que la catastrophe aurait pu être évitée? »

Elle a seulement prononcé les mots : « C'est moi qui... »

Si c'est la phrase principale qui se termine par un point d'exclamation, un point d'interrogation ou des points de suspension, la citation perd son point final :

C'est vous qui avez dit : « Deux patrons font chavirer la barque »!

Trouveriez-vous décent qu'une femme vous dise : « Oui, mon frère et mon mari sont revenus saufs de la guerre; *en revanche*, j'y ai perdu mes deux fils »? (A. Gide.)

Il arrive que la phrase principale et la citation introduite par les deux points se terminent toutes deux par un point d'exclamation ou par un point d'interrogation. L'usage veut que l'on ne garde alors que l'un des deux signes, contrairement au cas des citations incorporées à la phrase [v. 7.2.3b)]. C'est en général la ponctuation de la citation qui l'emporte :

Quel culot d'avoir crié : « Silence! »

Pourquoi a-t-on demandé aux gens : « Croyez-vous que la catastrophe aurait pu être évitée? »

De même, il arrive que le point d'exclamation et le point d'interrogation se retrouvent en concurrence à la fin d'une phrase. Beaucoup jugent peu esthétique la présence des deux signes de part et d'autre du guillemet fermant (bien qu'on l'admette lorsque la citation est complètement incorporée à la phrase sans les deux points) :

Qui a crié : « Au feu! »?

Aussi est-il préférable que le rédacteur choisisse entre les deux signes celui qui lui paraît le plus important. Assez souvent la ponctuation de la citation prévaut sur celle de la phrase principale :

Qui a crié : « Au feu! »

Ne m'arrivait-il pas, dans mes discours mondains, de m'écrier avec conviction : « La propriété, messieurs, c'est le meurtre! » (A. Camus.)

Arrêtez de toujours demander : « Pourquoi? »

Mais pourquoi avez-vous crié : « Au secours »?

Pour des raisons de logique, quelques auteurs proposent de toujours conserver les deux signes. On peut aussi reformuler la phrase.

**Remarque**

Des citations courtes, d'une ou deux lignes, mais qu'on juge important de détacher du texte, peuvent être mises en *retrait*, avec ou sans italique. C'est ce que l'on fait systématiquement dans certains travaux linguistiques pour les exemples :

De façon voisine, la devise exprimera une aspiration à valeur permanente :

*Tous pour un, un pour tous.*

Mais, comme nous l'avons vu, l'absence de verbe n'est pas le critérium de cette construction nominale (M. Cressot).

### d)  En l'interrompant par une incise

Une quatrième façon de citer une phrase complète consiste à glisser une courte incise entre deux virgules au milieu de la citation. Les guillemets encadrent la citation entière :

« Le Canada, a déclaré le ministre des Finances, traverse une période extrêmement difficile. »

« Le pays où le commerce est le plus libre, écrit Voltaire, sera toujours le plus riche et le plus florissant. »

« Combien de temps avons-nous, ont-ils demandé, pour réaliser le projet? »

Quand l'incise est longue, il est plus prudent de guillemeter séparément les deux parties de la citation :

« Le pays où le commerce est le plus libre », écrivait Voltaire dans une lettre à Roubaud datée du 1$^{er}$ juillet 1769, « sera toujours le plus riche et le plus florissant. »

« Rien ne sert de courir », lui dit-il tout à coup le plus sérieusement du monde, « il faut partir à point. »

Si on repousse l'incise à la fin, la citation perd son point final :

« Ce n'est que partie remise », a-t-il déclaré.

« On est entouré de mystères. Il suffit d'ouvrir les yeux, de regarder », constate Paul Auster.

Elle conserverait en revanche ses points de suspension, son point d'interrogation ou son point d'exclamation :

« Viens t'en... », lui répétait-il.

« Pourquoi ce refus? », demanda-t-il.

« Malédiction! Oh, malédiction! », dit mon père, et il cracha par terre (Marie-Claire Blais).

**Remarque**

Il faut noter que, dans ce dernier cas, un assez grand nombre d'auteurs suppriment la virgule après le guillemet fermant :

« Pourquoi ce refus? » demanda-t-il.

« Bonjour à tous! » dit-il.

Ils considèrent que la succession des trois signes (point d'exclamation ou d'interrogation, guillemet fermant, virgule) crée une surcharge typographique. C'est un argument valable, mais il faut reconnaître que la syntaxe rend souvent inévitable la même succession de signes :

> Plus tard, il trouvera ridicules les orphéons braillant « Vous n'aurez pas l'Alsace et la Lorraine! », alors que précisément les Allemands les ont déjà (M. Yourcenar).

## 7.2.4 Citation longue

Certains considèrent qu'une citation est longue si elle dépasse trois lignes, d'autres si elle dépasse cinq lignes, d'autres encore si elle dépasse huit lignes... C'est une question de jugement. On doit tenir compte de divers facteurs, comme le nombre de citations dans le texte ou la présentation générale de la page.

Le rédacteur est libre de présenter les citations longues de la même manière que les citations courtes dans son texte : il peut choisir simplement l'un des procédés employés pour citer des phrases complètes (v. 7.2.3). Dans l'usage, toutefois, les citations longues sont en général introduites par les deux points suivis d'un retour à la ligne. La citation forme un paragraphe autonome, qui peut être encadré de guillemets, composé en italique, imprimé en petits caractères ou mis en retrait.

### a) Guillemets

C'est la méthode la plus simple. On place un guillemet ouvrant au début du paragraphe et un guillemet fermant à la fin :

> Dans *Les caractères*, La Bruyère s'est souvent ingénié à renouveler de vieilles vérités :
>
> « Entre toutes les différentes expressions qui peuvent rendre une seule de nos pensées, il n'y en a qu'une qui soit la bonne. On ne la rencontre pas toujours en parlant ou en écrivant : il est vrai néanmoins qu'elle existe, que tout ce qui ne l'est point est faible, et ne satisfait point un homme d'esprit qui veut se faire entendre. »
>
> Les trouvailles d'expression sont nombreuses dans ses maximes, même lorsqu'il reste abstrait.

**b)   Italique**

L'emploi des guillemets n'est pas obligatoire. On peut mettre la citation en italique :

> Dans *Les caractères*, La Bruyère s'est souvent ingénié à renouveler de vieilles vérités :
>
> *Entre toutes les différentes expressions qui peuvent rendre une seule de nos pensées, il n'y en a qu'une qui soit la bonne. On ne la rencontre pas toujours en parlant ou en écrivant...*
>
> Les trouvailles d'expression sont nombreuses dans ses maximes, même lorsqu'il reste abstrait.

Bon nombre d'auteurs utilisent à la fois les guillemets et l'italique. C'est un procédé assez répandu, et qui n'est pas absolument condamnable, mais qu'on peut considérer comme redondant :

> Dans *Les caractères*, La Bruyère s'est souvent ingénié à renouveler de vieilles vérités :
>
> « *Entre toutes les différentes expressions qui peuvent rendre une seule de nos pensées, il n'y en a qu'une qui soit la bonne. On ne la rencontre pas toujours en parlant ou en écrivant...* »
>
> Les trouvailles d'expression sont nombreuses dans ses maximes, même lorsqu'il reste abstrait.

**c)   Petits caractères**

Une façon élégante de procéder consiste à composer les citations longues dans un caractère plus petit :

> Dans *Les caractères*, La Bruyère s'est souvent ingénié à renouveler de vieilles vérités :
>
> Entre toutes les différentes expressions qui peuvent rendre une seule de nos pensées, il n'y en a qu'une qui soit la bonne. On ne la rencontre pas toujours en parlant ou en écrivant...
>
> Les trouvailles d'expression sont nombreuses dans ses maximes, même lorsqu'il reste abstrait.

**d)   Retrait**

Un quatrième procédé, simple et clair, consiste à mettre tout le texte de la citation en retrait :

> Dans *Les caractères*, La Bruyère s'est souvent ingénié à renouveler de vieilles vérités :
>
> > Entre toutes les différentes expressions qui peuvent rendre une seule de nos pensées, il n'y en a qu'une qui soit la bonne. On ne la rencontre pas toujours en parlant ou en écrivant...
>
> Les trouvailles d'expression sont nombreuses dans ses maximes, même lorsqu'il reste abstrait.

Dans l'usage, le retrait se combine souvent avec l'emploi de l'italique ou d'un caractère plus petit. Par exemple :

Dans *Les caractères*, La Bruyère s'est souvent ingénié à renouveler de vieilles vérités :

> Entre toutes les différentes expressions qui peuvent rendre une seule de nos pensées, il n'y en a qu'une qui soit la bonne. On ne la rencontre pas toujours en parlant ou en écrivant...

Les trouvailles d'expression sont nombreuses dans ses maximes, même lorsqu'il reste abstrait.

L'emploi combiné des guillemets et du retrait est rare, mais il se rencontre :

> Si on ajoute Louisbourg à sa célèbre phrase, plus d'erreur d'interprétation possible ni sur le sens ni sur les mots :
>
>> « Vous savez que ces deux nations sont en guerre pour Louisbourg, ces quelques arpents de neige vers le Canada. »
>
> Il ne s'agit toutefois pas de la seule équivoque voltairienne qu'on continue de galvauder... (Victor-Lévy Beaulieu.)

**Remarque**

Les citations mises en retrait se composent généralement à simple interligne, quel que soit l'interligne du texte principal.

## 7.2.5   Série de paragraphes

Quand une citation s'étend sur une série de paragraphes, elle est généralement introduite par les deux points, suivis ou non d'un retour à la ligne selon la longueur du premier paragraphe. L'usage le plus courant consiste à placer au début de chaque paragraphe un *guillemet ouvrant*, qui rappelle que la citation se poursuit. On ne met un guillemet fermant qu'à la fin du dernier paragraphe :

> Voici comment le ministre a fondé ses pronostics : « Il y a trois raisons qui expliquent les résultats plus favorables que nous obtiendrons.
>
> « La première est la vigueur de la croissance économique en cours, qui compensera l'effet de la hausse des taux d'intérêt.
>
> « La deuxième est que, lorsque les taux d'intérêt ont commencé à monter, nous avons réagi en fermant la porte à toute nouvelle initiative de dépense.
>
> « Finalement, la troisième raison est que nous avions adopté des hypothèses économiques prudentes. »
>
> Le ministre a ensuite parlé des moyens à prendre pour réduire le déficit.

Selon une tradition rivale, chaque paragraphe, à partir du deuxième, devrait commencer par un **guillemet fermant** plutôt que par un guillemet ouvrant; mais beaucoup considèrent cette deuxième façon de procéder comme puriste et désuète :

> Voici comment le ministre a fondé ses pronostics : « Il y a trois raisons qui expliquent les résultats plus favorables que nous obtiendrons.

> » La première est la vigueur de la croissance économique en cours, qui compensera l'effet de la hausse des taux d'intérêt.

> [...]

> » Finalement, la troisième raison est que nous avions adopté des hypothèses économiques prudentes. »

> Le ministre a ensuite parlé des moyens à prendre pour réduire le déficit.

**Remarque**

Certains s'affranchissent des deux traditions. Au lieu de placer un guillemet au début de chaque paragraphe, ils adoptent simplement l'un des procédés employés pour les citations longues : un guillemet ouvrant au début de la citation et un guillemet fermant à la fin, italique, petits caractères ou mise en retrait (v. 7.2.4). Les petits caractères ou le retrait supposent évidemment que le premier paragraphe est précédé d'un retour à la ligne. Exemple avec italique :

> Voici comment le ministre a fondé ses pronostics : *Il y a trois raisons qui expliquent les résultats plus favorables que nous obtiendrons.*

> *La première est la vigueur de la croissance économique en cours, qui compensera l'effet de la hausse des taux d'intérêt.*

> [...]

> *Finalement, la troisième raison est que nous avions adopté des hypothèses économiques prudentes.*

> Le ministre a ensuite parlé des moyens à prendre pour réduire le déficit.

Quel que soit le procédé adopté, il faut l'appliquer uniformément à l'intérieur d'un même texte.

## 7.2.6    Citation double

Il arrive qu'une citation (la citation principale) en contienne une autre (la citation interne). Il est important dans ce cas que l'on puisse bien distinguer les deux citations ainsi emboîtées.

Le cas de la citation principale est toujours réglé automatiquement, car elle doit, bien sûr, être présentée de la même manière que toutes les autres citations dans le texte. La seule décision à prendre concerne la façon de signaler la citation interne. Ce choix se fait en fonction du procédé employé pour la citation principale.

**a)    La citation principale est entre guillemets**

Si la citation principale est encadrée de guillemets français (« »), la meilleure façon d'indiquer la citation interne est de l'encadrer de *guillemets anglais* (" ") :

> Jacques Godbout dépeint le climat politique qui régnait dans les années quarante : « Dans le village de Lanoraie, où nous passions les vacances d'été, un curé affublé d'une perruque carrée, le teint blême, terminait ses sermons par la célèbre formule : "L'enfer est rouge, le ciel est bleu." Nous étions, enfants libéraux, condamnés à l'enfer. »

> Je vous cite, pour mémoire, le procès-verbal de la dernière réunion : « L'Assemblée juge nécessaire de proposer la modification suivante à l'article 8 du règlement : "Le conseil se compose au maximum de neuf membres." »

Si l'on ne dispose pas de guillemets anglais, on peut toujours employer les doubles apostrophes (").

Une autre façon de procéder consiste à recourir à l'*italique* pour la citation interne. Mais il doit être très clair dans l'esprit du lecteur que les mots en italique sont une citation, et non simplement des mots mis en relief par le rédacteur lui-même (v. 5.3.7) :

> André Maurois cherche à cerner la notion de travail : « Qu'est-ce au juste que travailler? Ouvrons Littré : *travailler : se donner de la peine pour exécuter un ouvrage.* La définition ne nous semble pas excellente. Pourquoi *se donner de la peine*? Ne peut-on travailler dans la joie? »

Quand on juge que la citation interne est longue, on peut simplement la mettre en **retrait**, avec ou sans italique :

> L'historien Guy Frégault rappelle comment fut décidée la déportation des Acadiens : « Belcher a résumé les principes de la politique anglaise en Acadie. C'est le 28 juillet 1755. Le même jour, le conseil de la Nouvelle-Écosse prend sa décision; ou plutôt, car son rôle est modeste, il se contente de déclarer :
>
> > Comme il avait été décidé antécédemment d'expulser les habitants français de la province s'ils refusaient de prêter le serment, il n'y avait plus par conséquent qu'à prendre les mesures nécessaires pour opérer leur expulsion et à décider à quels endroits les expulser.
>
> Lawrence et les conseillers, avec qui siègent les amiraux Boscawen et Mostyn, recommandent "à l'unanimité" de "disperser" les Acadiens dans les colonies américaines. » Frégault montre que la déportation, loin d'être un brusque accès de violence, a été une politique réfléchie qui s'est poursuivie pendant huit ans.

**Remarque**

On traite ainsi non seulement les citations proprement dites, mais tous les cas où les guillemets remplissent une fonction quelconque à l'intérieur d'une citation, comme lorsqu'ils isolent un mot se désignant lui-même :

> « L'expression "sécurité d'emploi" est en voie de devenir un archaïsme », a dit la conférencière.

> « L'expression *sécurité d'emploi* est en voie de devenir un archaïsme », a dit la conférencière.

b) **La citation principale est en italique**

Si la citation principale est en italique, on peut signaler la citation interne à l'aide des *guillemets*, sans quitter l'italique :

> Je vous cite, pour mémoire, le procès-verbal de la dernière réunion : *L'Assemblée juge nécessaire de proposer la modification suivante à l'article 8 du règlement : « Le conseil se compose au maximum de neuf membres. »*

Un bon nombre d'auteurs préfèrent revenir au *caractère ordinaire* pour la citation interne, mais le résultat n'est pas toujours heureux :

> Je vous cite, pour mémoire, le procès-verbal de la dernière réunion : *L'Assemblée juge nécessaire de proposer la modification suivante à l'article 8 du règlement :* Le conseil se compose au maximum de neuf membres.

Quand la citation interne est longue, on peut la mettre en *retrait*, en revenant au caractère ordinaire :

> L'historien Guy Frégault rappelle comment fut décidée la déportation des Acadiens : *Belcher a résumé les principes de la politique anglaise en Acadie. C'est le 28 juillet 1755. Le même jour, le conseil de la Nouvelle-Écosse prend sa décision [...] :*
>
>> Comme il avait été décidé antécédemment d'expulser les habitants français de la province s'ils refusaient de prêter le serment...
>
> *Lawrence et les conseillers, avec qui siègent les amiraux Boscawen et Mostyn, recommandent « à l'unanimité » de « disperser » les Acadiens dans les colonies américaines.* Frégault montre que la déportation...

c) **La citation principale est en petits caractères**

Une citation double se retrouvera en petits caractères si elle est longue et que l'on a mis en petits caractères toutes les citations longues dans le texte [v. 7.2.4c)]. Dans ce cas, la façon la plus simple de signaler une citation interne est de l'encadrer de *guillemets* :

> L'historien Guy Frégault rappelle comment fut décidée la déportation des Acadiens :

> Belcher a résumé les principes de la politique anglaise en Acadie. C'est le 28 juillet 1755. Le même jour, le conseil de la Nouvelle-Écosse prend sa décision [...] : « Comme il avait été décidé antécédemment d'expulser les habitants français de la province s'ils refusaient de prêter le serment... » Lawrence et les conseillers, avec qui siègent les amiraux Boscawen et Mostyn, recommandent « à l'unanimité » de « disperser » les Acadiens dans les colonies américaines.
>
> Frégault montre que la déportation...

Si on souhaite détacher la citation interne elle-même, on la met en *retrait* :

> L'historien Guy Frégault rappelle comment fut décidée la déportation des Acadiens :
>
> > Belcher a résumé les principes de la politique anglaise en Acadie. C'est le 28 juillet 1755. Le même jour, le conseil de la Nouvelle-Écosse prend sa décision [...] :
> >
> > > Comme il avait été décidé antécédemment d'expulser les habitants français de la province s'ils refusaient de prêter le serment...
> >
> > Lawrence et les conseillers, avec qui siègent les amiraux Boscawen et Mostyn, recommandent « à l'unanimité » de « disperser » les Acadiens dans les colonies américaines.
>
> Frégault montre que la déportation...

**d)   La citation principale est en retrait**

Si une citation double est en retrait, la meilleure façon d'indiquer la citation interne est d'employer les ***guillemets*** :

> L'historien Guy Frégault rappelle comment fut décidée la déportation des Acadiens :
>
> > Belcher a résumé les principes de la politique anglaise en Acadie. C'est le 28 juillet 1755. Le même jour, le conseil de la Nouvelle-Écosse prend sa décision [...] : « Comme il avait été décidé antécédemment d'expulser les habitants français de la province s'ils refusaient de prêter le serment... » Lawrence et les conseillers, avec qui siègent les amiraux Boscawen et Mostyn, recommandent « à l'unanimité » de « disperser » les Acadiens dans les colonies américaines.
>
> Frégault montre que la déportation...

On peut préférer l'*italique* aux guillemets pour la citation interne. Et, pour faire ressortir celle-ci, on peut en outre la mettre en retrait par rapport à la citation principale :

> L'historien Guy Frégault rappelle comment fut décidée la déportation des Acadiens :
>
> > Belcher a résumé les principes de la politique anglaise en Acadie. C'est le 28 juillet 1755. Le même jour, le conseil de la Nouvelle-Écosse prend sa décision [...] :
> >
> > > *Comme il avait été décidé antécédemment d'expulser les habitants français de la province s'ils refusaient de prêter le serment...*

Lawrence et les conseillers, avec qui siègent les amiraux Boscawen et Mostyn, recommandent *à l'unanimité* de *disperser* les Acadiens dans les colonies américaines.

Frégault montre que la déportation...

**Remarque**

Quand une citation interne contient elle-même une *troisième citation*, une façon caractéristique de procéder consiste à recourir aux trois types de guillemets (v. 7.1). On peut aussi employer l'italique :

> « L'employé a déclaré : "J'étais présent au moment de l'incident, et le surveillant m'a ordonné de 'téléphoner immédiatement pour demander de l'aide'. J'ai composé le numéro d'urgence, j'ai laissé sonner vingt coups et on n'a jamais répondu." Il nie toute responsabilité. »

> *ou*

> « L'employé a déclaré : "J'étais présent au moment de l'incident, et le surveillant m'a ordonné de *téléphoner immédiatement pour demander de l'aide*. J'ai composé le numéro d'urgence, j'ai laissé sonner vingt coups et on n'a jamais répondu." Il nie toute responsabilité. »

Il est facile de concevoir de nombreuses combinaisons pour les citations triples. On part du procédé utilisé pour les citations doubles. Si on emploie les guillemets, on commence toujours par les guillemets français. Voici d'autres séquences possibles :

italique/guillemets français/guillemets anglais
petits caractères/guillemets français/guillemets anglais
mise en retrait/guillemets français/guillemets anglais, *etc.*

## 7.2.7   Omissions et ajouts dans les citations

Le rédacteur peut intervenir à l'intérieur même d'un texte qu'il cite : il peut y supprimer des mots, y ajouter des éléments ou mettre en relief un passage. L'outil par excellence pour la plupart de ces interventions sont les crochets.

### a)   Omissions

Il est parfois utile de supprimer des passages qui ne sont pas essentiels dans un texte qu'on cite. La règle est de remplacer le passage supprimé par trois points de suspension insérés entre crochets : [...]. De cette manière, le lecteur sait qu'on a opéré une coupure et l'original n'est pas dénaturé. Il va de soi que le sens, la syntaxe et la ponctuation de l'original doivent être scrupuleusement respectés :

> « L'économie de la ville verte sera fondée sur une nouvelle base dont

les effets environnementaux [...] seront essentiellement dus au trafic lourd. »

*(Original)*
L'économie de la ville verte sera fondée sur une nouvelle base dont les effets environnementaux, comparativement mineurs, seront essentiellement dus au trafic lourd.

Le requérant a cité ce passage de la décision du juge : « Le prestataire comprend difficilement [...] le principe qui veut que la personne qui consacre peu de temps à un travail immobilier [...] ne peut bénéficier de prestations puisqu'elle ne remplit pas la condition première d'admissibilité, soit la condition de chômage. »

*(Original)*
Le prestataire comprend difficilement l'aspect chômage et disponibilité et le principe qui veut que la personne qui consacre peu de temps à un travail immobilier, que celui-ci soit rémunérateur ou non, ne peut bénéficier de prestations puisqu'elle ne remplit pas la condition première d'admissibilité, soit la condition de chômage.

À noter que si la suppression est *en fin de phrase*, les points de suspension entre crochets absorbent le point final de la phrase :

« L'industrialisation des régions rurales a été stimulée par la création de petites entreprises [...] La politique d'industrialisation rurale a été parallèle au développement de certaines industries clefs telles que l'acier. »

Les crochets sont importants, même s'ils donnent une allure un peu savante au texte : leur absence pourrait laisser entendre que les points de suspension apparaissaient tels quels dans le texte original qu'on cite. De même, il vaut mieux éviter l'emploi des parenthèses au lieu des crochets : le lecteur pourrait penser qu'à cet endroit l'original contenait une parenthèse dont le rédacteur a supprimé le contenu pour les besoins de sa citation (v.a. 6.9.2).

Dans l'usage, néanmoins, lorsque la suppression est opérée *en début de citation* ou *en fin de citation*, les trois points de suspension sont souvent employés sans crochets :

« ... cette indifférence aux souffrances qu'on cause » (M. Proust).

« Il y a trois choses à considérer... », et il en a mentionné quatre.

Certains préfèrent abréger la citation avec le mot *etc.*, placé après le guillemet fermant, mais ce procédé peut prêter à confusion :

« Nous devrons repenser, a-t-il dit, notre structure, notre stratégie, notre publicité », etc.

b) **Ajouts**

Ce sont également les crochets qu'on emploie pour encadrer tout mot ou toute *précision* qu'on ajoute au texte original d'une citation pour la rendre plus claire :

> « À la notion de variation continue des espèces, il [Hugo de Vries] a substitué celle de *variation discontinue* » (Aron et Grassé, *Biologie animale*).

> « Il y a une reconnaissance [de ma part] d'une société qui est laïcisée, a affirmé la ministre. Mais quand même il existe un patrimoine qui rappelle un passé religieux » (*Le Devoir*).

Dans certains textes, — à caractère juridique, historique ou littéraire notamment, — où il est primordial de restituer l'original à la lettre, on met entre crochets toute *modification* faite à une citation pour des raisons grammaticales :

> Le témoin a déclaré qu'il était « libre de déterminer [ses] heures de travail ».

Quand le texte cité comporte un passage que l'on juge étonnant pour une raison quelconque, on peut mettre entre crochets à la suite du passage le mot latin *sic*, qui signifie « ainsi » : il garantit qu'on rapporte le texte tel qu'on l'a vu. On procède de même si le texte à citer comporte une faute ou un emploi douteux. Le mot *sic* permet de signaler l'erreur en déclinant toute responsabilité :

> Dans votre note, vous dites que « la lettre de recommandation [*sic*] sera intégrée à notre trousse promotionnelle ».

Il faut préférer les crochets aux parenthèses, qui dans certains contextes pourraient laisser entendre que le mot *sic* a été inséré par l'auteur de la citation lui-même. Par ailleurs, on peut toujours corriger la faute sans la signaler, mais il est préférable de citer les textes de façon exacte.

V.a. 6.9.2.

c) **Mise en relief**

Parfois on « souligne » à l'intérieur d'une citation un passage particulier sur lequel on veut attirer l'attention : on utilise pour cela l'italique. Mais le lecteur peut légitimement se demander si l'italique est dû à l'auteur de la citation ou au rédacteur du texte. On clarifie la situation par des locutions comme *c'est moi qui souligne*, *je souligne*, *l'italique est de moi*, ou *c'est l'auteur qui souligne*, *italiques de l'auteur*, qu'on place entre parenthèses à la suite de la citation :

> « La langue générale, écrit René Georgin, est plus ou moins influencée par celle des auteurs contemporains qui, en contrepartie, subissent parfois la contagion de l'usage commun, *même quand celui-ci est fautif* » (c'est moi qui souligne).

Quand la citation est déjà en italique, on met en relief le passage qu'on veut souligner en revenant au caractère ordinaire, et l'on utilise alors les mentions *c'est moi qui souligne, c'est l'auteur qui souligne*, etc.

Si on plaçait une mention comme *c'est moi qui souligne* à l'intérieur même d'une citation, il faudrait impérativement l'insérer entre crochets plutôt qu'entre parenthèses [v. 7.2.7b)].

## 7.2.8    Citations étrangères et traduction

Les citations françaises se mettent le plus souvent entre guillemets (v. 7.2.1), et les mots étrangers s'écrivent en général en italique (v. 5.3.4). Par conséquent, une citation en langue étrangère doit être à la fois entre guillemets et en italique :

> « *Chi poco pensa, molto erra.* »

Si la citation est suivie de sa traduction française, on encadre celle-ci de guillemets et on l'insère entre parenthèses, en caractères ordinaires :

> « *Chi poco pensa, molto erra* » (« Qui pense peu se trompe beaucoup »).

C'est le procédé le plus couramment employé. C'est aussi le plus cohérent quand les citations françaises dans le texte sont déjà entre **guillemets** : de la sorte, les guillemets encadrent toutes les citations du texte, et l'italique distingue celles qui sont en langue étrangère.

Si on a plutôt choisi de mettre l'ensemble des citations dans le texte en *italique*, les citations étrangères resteront entre guillemets et en italique; mais la traduction, elle, sera donnée en italique, sans guillemets, comme les autres citations françaises dans le texte :

> « *Chi poco pensa, molto erra* » *(Qui pense peu se trompe beaucoup)*.

On n'est pas tenu de fournir la *traduction* d'une citation à l'intérieur même du texte, bien que cela facilite la lecture : on peut aussi le faire dans une note en bas de page. Ou, inversement, on peut donner la traduction dans le texte et l'original dans une note.

Il arrive très souvent qu'on présente la traduction sans fournir l'original, ni dans le texte ni en note. Si on est soi-même l'auteur de la traduction, il peut être important de l'indiquer. Il suffit d'insérer le mot *traduction* entre *crochets* — en caractères ordinaires, en italique ou en capitales — avant ou après la citation : [*traduction*]. C'est un procédé usuel dans les textes à caractère juridique, où l'on écrit le mot en général avec une majuscule initiale :

> Dans sa requête, le demandeur cherche à obtenir que la défenderesse paie tous les frais de la requête [*Traduction*] « et tous les autres frais qui peuvent découler des moyens dilatoires utilisés par la défenderesse ».

Avec une citation en retrait :

Je cite le passage qui nous intéresse :

> [*Traduction*]
> Même s'il ne doit pas s'agir d'une recherche à l'aveuglette, toutes les questions relatives au point en litige doivent recevoir une réponse. L'enregistrement et la cession d'un brevet constituent une preuve *prima facie* de la validité de celui-ci; la défenderesse ne peut contester cette validité.

Ce procédé s'adapte à tout contexte :

> Le président a déclaré qu'à sa connaissance aucun de ses directeurs n'avait eu de « contact officiel avec cette entreprise » [*traduction*].

### 7.2.9    Citation de vers

Lorsqu'on cite des vers, on peut soit les conserver à l'intérieur du texte en les guillemetant, soit les détacher sans employer de guillemets. On respecte toujours les majuscules originales. On peut placer une barre oblique entre chaque vers, mais cela n'est pas obligatoire (v.a. 6.12.9) :

> On sait à quoi ont servi pendant la Deuxième Guerre mondiale ces célèbres vers de Verlaine : « Les sanglots longs / Des violons / De l'automne / Blessent mon coeur / D'une langueur / Monotone. »

Si on les détache du texte, procédé plus fréquent, on met les vers en retrait :

> On sait à quoi ont servi pendant la Deuxième Guerre mondiale ces célèbres vers de Verlaine :
>
> > Les sanglots longs
> > Des violons
> >  De l'automne
> > Blessent mon coeur
> > D'une langueur
> > Monotone.

Lorsque les vers sont plus longs, on les imprime souvent en caractères plus petits, pour bien les centrer sur la ligne. Si un vers est trop long, on en reporte une partie à la fin de la ligne précédente ou suivante, en employant un crochet ouvrant :

> C'est la torche aux cheveux roux que n'éteint pas
>                                             [le vent

Les vers détachés du texte sont parfois composés en italique. Parfois encore, mais plus rarement, ils sont guillemetés :

> Les contemporains ont beaucoup raillé le vers de Corneille
>
> « Cet hyménée à trois importe également »,
>
> résultat d'une insuffisante attention à l'ordre direct (C. Hagège).

### 7.2.10  Référence des citations

On fournit presque toujours au lecteur la référence, partielle ou complète, des textes que l'on cite. Cette information peut être donnée de diverses manières.

**a)  Entre parenthèses**

Quand on veut indiquer la référence d'une citation entre parenthèses, on insère habituellement la parenthèse entre le guillemet fermant et le point final :

« Entre deux mots, il faut choisir le moindre » (P. Valéry).

« Le coeur se trompe comme l'esprit; ses erreurs ne sont pas moins funestes et l'on a plus de mal à s'en défaire à cause de la douceur qui s'y mêle » (A. France, *Le petit Pierre*).

« De plus, l'augmentation de la masse d'information à traiter accroît la surcharge des travailleurs » (p. 46).

Chaque fois que l'on ne peut pas, pour une raison quelconque, détacher le signe de ponctuation final de la citation, on doit ajouter un point final à l'intérieur de la parenthèse. C'est le cas, en particulier, lorsqu'on cite une phrase exclamative ou interrogative :

« Les peuples ne veulent pas que les dieux reviennent parce qu'ils en ont peur! » (Michel Tremblay.)

« Longtemps j'ai voyagé sans boussole. Mais aussi, pour la traversée de la vie, que vaut une boussole? » (Gabrielle Roy, *La détresse et l'enchantement*.)

**Remarque**

Des auteurs préfèrent que les citations conservent toujours leur ponctuation finale. Ils mettent donc *toujours* un point final à la fin d'une référence donnée entre parenthèses :

« Entre deux mots, il faut choisir le moindre. » (P. Valéry.)

**b)  Sur une ligne séparée**

On donne sur une ligne séparée la référence d'une phrase qui est mise *en exergue* en tête d'un texte. Le nom de l'auteur est souvent imprimé en petites capitales, parfois en italique, sans parenthèses ni point final :

« L'homme est né libre et partout il est dans les fers. »
J.-J. ROUSSEAU

« Malheur à ceux qui se contentent de peu. »
*Henri Michaux*

Quand le nom de l'auteur est suivi du titre de l'ouvrage, il est courant, mais non obligatoire, de mettre un point final à la fin de la référence, que la citation soit entre guillemets ou en italique :

« Qui vit content de rien possède toute chose. »
BOILEAU, *Épîtres, V.*

*Qui vit content de rien possède toute chose.*
BOILEAU, *Épîtres, V.*

On peut faire de même pour donner la référence d'une citation détachée du texte :

La Bruyère s'est souvent ingénié à renouveler de vieilles vérités, en les condensant en une brièveté remarquable :

Entre toutes les différentes expressions qui peuvent rendre une seule de nos pensées, il n'y en a qu'une qui soit la bonne. On ne la rencontre pas toujours en parlant ou en écrivant...
*Les caractères,* 17.

Les trouvailles d'expression sont nombreuses dans ses maximes, même lorsqu'il reste abstrait.

c)    **Dans une note**

Quand on préfère donner la référence dans une note, on doit insérer à la fin de la citation un ***appel de note.*** L'appel de note est un chiffre, une lettre ou un signe conventionnel tel que l'astérisque, que l'on place soit au-dessus de la ligne en exposant, soit sur la ligne entre parenthèses. Il apparaît juste *avant* le signe de ponctuation final :

« Qui vit content de rien possède toute chose[1]. »

Comme l'écrivait Voltaire, « le pays où le commerce est le plus libre sera toujours le plus riche et le plus florissant »[2].

« Combien de temps, ont-ils demandé, avons-nous pour réaliser le projet[3]? »

Mieux vaut clore la discussion[4]...

« De plus, l'augmentation de la masse d'information à traiter accroît la surcharge des travailleurs (1). »

*Qui vit content de rien possède toute chose[1].*

Dans *Les caractères,* La Bruyère s'est souvent ingénié à renouveler de vieilles vérités :

Entre toutes les différentes expressions qui peuvent rendre une seule de nos pensées, il n'y en a qu'une qui soit la bonne. On ne la rencontre pas toujours en parlant ou en écrivant : il est vrai néanmoins qu'elle existe, que tout ce qui ne l'est point est faible, et ne satisfait point un homme d'esprit qui veut se faire entendre[1].

Si la citation apparaît au milieu de la phrase, on place l'appel de note avant le signe de ponctuation éventuel qui la suit :

Le client leur a demandé de réparer les dégâts « au plus tard à la fin du mois »[1], sinon il réclamerait des dommages-intérêts.

Si la note ne concerne qu'un terme, l'appel de note peut se placer immédiatement après ce terme :

Dans l'original, on emploie le mot anglais « *shin splint*[5] ».

L'appel de note peut bien sûr être employé à la fin d'un discours indirect, où l'original est paraphrasé plutôt que cité. Il sert aussi à annoncer, à l'intérieur ou à la fin d'une phrase, un commentaire quelconque. La note elle-même peut se trouver en bas de page, en fin de chapitre ou en fin de document (v.a. 12.2.1 et suiv.).

**Remarques**

1. Si une même source est citée plus d'une fois en quelques pages, on peut utiliser le mot latin ***ibid.*** [v. 12.2.3c)] dans la référence au lieu de répéter chaque fois le titre au long, mais à condition qu'il n'y ait aucune confusion possible avec une autre source citée dans le texte :

« De plus, l'augmentation de la masse d'information à traiter accroît la surcharge des travailleurs » (*Rapport sur la réduction des effectifs*, p. 46).

« Le mal est tel qu'il a suscité l'apparition d'un nouveau terme : de plus en plus on parle du "syndrome du survivant" pour désigner ce mal qui affecte ceux qui ont "survécu" aux suppressions de postes » (*Ibid.*, p. 54).

2. On ne reproduit pas l'appel de note qui figure dans un passage que l'on cite.

## 7.2.11 Dialogues et conversations

Le dialogue est généralement annoncé par un guillemet ouvrant au début de la première réplique. Chaque changement d'interlocuteur est ensuite précédé d'un tiret. Le dialogue se termine par un guillemet fermant après la dernière réplique. Il est présenté avec ou sans alinéas. Souvent on se dispense des guillemets, pour ne signaler les interventions des interlocuteurs que par les seuls tirets :

Les frères sont tous partis. « Je suis Monsieur Dubois. — Entrez donc, Monsieur Dubois. »

(J. Ferron.)

« Bottom, il fait beau ce matin.
— C'est toi qui le dis. »

(R. Ducharme.)

Dans la voiture de Jim, je l'interroge :
— Qu'est-ce?
— Un accident.
— Grave?
— Oui.
Je me demande s'il fait la bête ou s'il ne sait rien.
(A. Langevin.)

Quand une réplique est très longue, elle forme de préférence un seul paragraphe, sans alinéas.

Si le dialogue contient une **citation**, on emploie les procédés qui s'appliquent aux citations doubles (v. 7.2.6), par exemple :

« Qu'est-ce qu'il a décidé?
— Il va encore changer d'emploi.
— Est-ce qu'il connaît le proverbe qui dit que "pierre qui roule n'amasse pas mousse"? »

« Qu'est-ce qu'il a décidé?
— Il va encore changer d'emploi.
— Est-ce qu'il connaît le proverbe qui dit que *pierre qui roule n'amasse pas mousse*? »

— Qu'est-ce qu'il a décidé?
— Il va encore changer d'emploi.
— Est-ce qu'il connaît le proverbe qui dit que « pierre qui roule n'amasse pas mousse »?

De courtes interventions du rédacteur, comme *dit-elle, a déclaré le ministre, a-t-il répondu avec hésitation,* restent à l'intérieur des guillemets, sauf si elles figurent à la fin du dialogue. Si les interventions sont plus longues, il faut fermer les guillemets, puis les rouvrir. Le rédacteur qui n'utilise pas les guillemets au début et à la fin d'un dialogue doit prendre soin de distinguer très clairement les répliques des interlocuteurs et ses propres interventions.

Dans un procès-verbal, dans un compte rendu de débat ou de conférence, dans la transcription d'une conversation, on se contente d'indiquer dans un caractère quelconque le nom de l'interlocuteur, sans utiliser de guillemets :

M^me OUELLETTE : Je ne parle pas des dépenses.    Je parle simplement du point de vue de l'environnement.
M. TACHÉ : Monsieur le Président, je pense que...

M. VENIZUELOS. — Monsieur le Président, je réclame... (*Mouvements divers.*) Je demande...
UNE VOIX À GAUCHE. — Demandez toujours.

On utilise une présentation semblable pour les entrevues ou les séries de questions et réponses :

*Q.* — ..................
*R.* — ..................

### 7.2.12   Devises et maximes

Les devises, maximes, adages, proverbes, dictons, sont souvent composés en italique (v. 5.3.2). Mais comme ils sont assimilables à des citations dont on ne connaît pas l'auteur, ils peuvent tout à fait rester en caractères ordinaires et être encadrés de guillemets :

« Je me souviens »

« Qui s'y frotte s'y pique »

Comme dit le proverbe, « plaie d'argent n'est pas mortelle ».

Le principe « à travail égal, salaire égal » est fort éloigné de la réalité.

« "Dis-moi ce que tu lis, je te dirai qui tu es", il est vrai, mais je te connaîtrai mieux si tu me dis ce que tu relis » (F. Mauriac).

Quand les devises et maximes sont en *langue étrangère*, on ne doit utiliser que l'un des deux procédés, l'italique ou les guillemets, et non les deux à la fois comme dans le cas des citations en langue étrangère (v. 7.2.8) :

« A mari usque ad mare »
la maxime italienne : « Traduttore, traditore »

## 7.3   Autres emplois des guillemets

### 7.3.1   Tableaux et catalogues

Dans les tableaux, catalogues, comptes, factures, énumérations, index, etc., on emploie les guillemets comme signe de répétition. Ce rôle est le plus souvent confié au guillemet fermant, soit français ou anglais :

| | | |
|---|---|---|
| 4 boîtes de trombones *Jumbo*, n° 1 ............... | | 2,40 $ |
| 1 ”          ”          ” n° 2 ............... | | 1,20 $ |
| | Total | 3,60 $ |

| | | |
|---|---|---|
| 4 boîtes de trombones *Jumbo*, n° 1 ............... | | 2,40 $ |
| 1 boîte d'agrafes standard Swingline ............... | | » |
| | Total | 4,80 $ |

Les guillemets peuvent aussi être utilisés dans une énumération où il n'y a aucun chiffre, afin d'éviter une répétition :

l'enseignement du français langue maternelle
     »          »          »    langue seconde

### 7.3.2   Livres, journaux, revues et oeuvres d'art

Bien que l'italique soit beaucoup plus fréquent dans cet emploi (v. 5.2.1), il est possible de mettre entre guillemets les titres de livres, de journaux, de périodiques, d'écrits divers, d'oeuvres d'art, de films, de poèmes, de pièces de théâtre, de disques, de chansons, d'émissions de radio et de télévision, de documents électroniques :

« Bonheur d'occasion » est paru après la guerre.

« Agaguk » a été traduit en plus de vingt langues.

C'est un extrait du « Manuel de la politique administrative ».

On a présenté « La flûte enchantée » de Mozart.

« Sur la plage » de Pellan est exposée au Musée des beaux-arts.

« Le penseur » de Rodin a été coulé d'une seule pièce.

Fritz Lang a tourné « Metropolis » en 1926.

La nouvelle a été publiée dans le journal « La Presse ».

C'est un numéro spécial de « Science et Vie ».

le « New England Journal of Medicine »

la « Gazette du Canada »

« La Gazette officielle du Québec »

le « Dictionnaire Hachette multimédia »

Cependant, si le titre d'une *partie d'une publication* ou d'une partie d'une oeuvre est cité conjointement avec le titre de la publication ou de l'oeuvre d'où elle est tirée, la règle est de mettre le titre de la partie entre guillemets et le titre principal en italique :

« Le Vaisseau d'Or » est tiré des *Poésies complètes* de Nelligan.

« La chute de la maison Usher » figure dans les *Histoires extraordinaires* d'Edgar Allan Poe.

Il faut lire dans le dernier numéro la revue *Pour la Science* l'article « Informatique et liberté ».

Le « Libera me » du *Requiem* de Fauré est sublime.

À défaut d'italique, on peut souligner le titre principal :

« La chute de la maison Usher » figure dans les Histoires extraordinaires d'Edgar Allan Poe.

Jean Darbelnet, « Sémantique et civilisations », Le français dans le monde, n° 81.

Si le titre de la partie comporte des mots guillemetés, il faut procéder comme dans le cas des citations doubles (v. 7.2.6) :

M. Grevisse, « Si "je m'*en* rappelle" est défendable », *Problèmes de langage*, IV, p. 82-88.

G. Gougenheim, « Les pronoms interrogatifs *que* et *quoi* », *Français moderne*, XVII, p. 85-90.

## 7.3.3   Véhicules

Même si l'italique est plus fréquent dans cet emploi (v. 5.2.3), il arrive que l'on mette entre guillemets le nom donné en propre à un bateau, à un train, à un avion, à un engin spatial, etc. :

la « Grande Hermine »

le « Titanic »

le voilier « V'là l'bon Vent! »

le brise-glace « Pierre-Radisson »

la station orbitale « Mir »

le télescope « Hubble »

Lindbergh a traversé l'Atlantique à bord du « Spirit of Saint Louis ».

Le « Porte-Saint-Jean » est un navire des Forces canadiennes.

Il s'agit dans tous ces cas du nom de baptême donné à un seul et unique véhicule. Le nom propre attribué à une marque, à un modèle ou à un type de fabrication ne se met pas entre guillemets :

une Toyota

un CF 18

un Mig 29 russe

un Pershing-2

Le Concorde est un avion supersonique.

### 7.3.4   Produits commerciaux et opérations techniques

Le nom des produits commerciaux en général s'écrit sans guillemets ni italique :

des souliers Nike
une cafetière Melitta
un jeu de Monopoly

Mais le nom de certaines créations commerciales de luxe telles que les parfums et les vêtements haute couture se met parfois entre guillemets :

un flacon de « Neiges »
la robe « Soir de Bal »

Néanmoins l'italique est plus courant (v. 5.2.5). Il en va de même des noms dont l'administration civile, policière ou militaire désigne certaines de ses grandes entreprises :

l'expédition « Antarctica »
l'opération « Carcajou »
l'opération « Tempête du désert »

### 7.3.5   Niveaux de langue

On peut encadrer de guillemets les mots et les expressions qui s'écartent du langage régulier, comme les néologismes, les régionalismes, les mots impropres ou insolites, les jeux de mots, les tours populaires, familiers ou de tout autre niveau de langue — joualisant, technique, archaïque, ironique, etc. — ainsi que les mots qu'on emploie dans un sens spécial. Certains auteurs favorisent l'italique pour cette fonction (v. 5.3.5), mais l'emploi des guillemets reste très vivant :

> Inutile de vous dire qu'ils se sont fait « maganer ».

> Le secteur de l'énergie est le plus gros « buveur » d'eau.

> Le « raccrochage scolaire » augmente avec le retour aux études d'un nombre record d'adultes.

> Elle a eu le « plaisir » de se voir assigner cette corvée.

> Un oiseau est un « porte-plumes » (J.-P. Colignon).

### 7.3.6    Mots se désignant eux-mêmes

Souvent les mots dont on parle sont encadrés de guillemets :

> « On » exclut la personne qui parle.

> Le mot « microbe » est peu employé en langage scientifique.

> Sous le terme général de « pétrole » on groupe un ensemble de produits naturels formés par des mélanges de composés organiques où dominent les hydrocarbures.

> Connaissez-vous l'expression « ambitionner sur le pain bénit »?

On peut aussi recourir à l'italique pour cette fonction : c'est un point sur lequel l'usage varie beaucoup (v. 5.3.6). Il en va de même des appellations de nature diverse introduites par des verbes comme *appeler* ou *nommer* :

> On nomme « gène » l'unité élémentaire capable de transmettre un message héréditaire (J. Hamburger).

> À cause de son appétit, on surnomme le carcajou « glouton » (M. Laforge et coll., *La forêt derrière les arbres*).

> Ce qu'on appelle « nouvelle critique » ne date pas d'aujourd'hui (R. Barthes).

> Les objets appartenant au mobilier funéraire correspondent pour la plupart à la catégorie des arts appelés « mineurs » (Ch. Orgogozo, *L'art égyptien*).

Il faut  noter que certains n'emploient ni guillemets ni italique après ces verbes :

> L'union d'un os avec un os voisin s'appelle une articulation (*Petite encyclopédie médicale*, Bordas).

D'autres font de même lorsqu'ils citent un *mot en apposition* :

> le mot accommoder
> le terme d'agitateur

Mais cette façon de procéder peut parfois être source d'ambiguïté. Comparer :

le mot « juste »
le mot juste

Pour indiquer le *sens d'un mot*, on recourt généralement aux guillemets. Dans ce cas particulier, il est plus clair de s'en tenir à l'italique pour citer le mot lui-même et de réserver les guillemets pour le sens, de manière à bien distinguer les deux :

*Piocher* veut dire « travailler avec ardeur ».

Le mot *symbiose* vient d'un mot grec qui signifie « vivre ensemble ».

« *Oreillon* [...] existe depuis le XIII^e siècle, au sens de "coup sur l'oreiller" » (Bloch-Wartburg cité dans *Le bon usage*).

### 7.3.7  Langues étrangères

Lorsque des mots étrangers apparaissent isolément dans un texte, ils sont presque toujours en italique et sans guillemets (v. 5.3.4) :

Ce prolongement vers le nord du système tropical commande le climat des « terres chaudes » (*tierra caliente*) et humides du Mexique (*Encyclopædia Universalis*).

Un soir, nous nous sommes arrêtés non loin d'un *garimpo*, colonie de chercheurs de diamants (C. Lévi-Strauss).

Nous avons logé dans un *bed and breakfast* près de Toronto.

Mais parfois on voit les guillemets, sans italique :

Lorsque les premiers « baby-boomers » ont atteint l'adolescence, la consommation excessive d'énergie était très visible.

Si un mot étranger se désigne lui-même (v. 7.3.6), théoriquement il peut être à la fois en italique (comme mot étranger) et entre guillemets (comme mot se désignant lui-même) :

le mot anglais « *subset* »

Dans la réalité, on se contente souvent de l'italique :

*Ibidem* est un mot latin.

*Shalom* est un mot qui désigne universellement la paix.

On donne généralement la *traduction* d'un mot étranger entre guillemets :

Le mot anglais « *subset* » se rend en français par « sous-ensemble ».

*Ibidem* est un mot latin qui signifie « à la même place ».

Dans bien des cas, *Bildung* devrait être traduit par « culture », et *Kultur* par « civilisation » (*Encyclopædia Universalis*).

Il existe en Russie un célèbre ensemble de chanteurs et de danseurs composé uniquement de jeunes filles et dont le nom, *Beriozka*, signifie : « petit bouleau » (P. Morency).

Quand on met la traduction simplement entre parenthèses, les guillemets sont superflus :

*subset* (sous-ensemble)

### 7.3.8 Lettres de l'alphabet

Les lettres minuscules employées isolément dans le corps d'un texte s'écrivent le plus souvent en italique (v. 5.4.1), mais certains auteurs préfèrent les guillemets :

Il faut barrer les « t » et mettre les points sur les « i ».

Le mot *accommoder* s'écrit avec deux « c » et deux « m ».

Voir la figure « a ».

Soit « a » la distance de B à D.

### 7.3.9 Travaux d'édition

Dans un lexique ou dans la table alphabétique des travaux scientifiques, des catalogues, des études littéraires, des dictionnaires, des encyclopédies, on met parfois entre guillemets, mais plus souvent en italique (v. 5.4.3), la rubrique ou le mot auquel on renvoie le lecteur :

Alevinage — Voir « Pisciculture »

Dans un errata, le mot inexact se met habituellement entre guillemets et la correction à effectuer, en italique :

ERRATA

Page 36, dixième ligne : remplacer « décryptage » par *décodage*.

Page 105, avant-dernière ligne : lire *corollaire*, et non « corolaire ».

## 7.4 Espacement

Les guillemets français sont toujours séparés des mots qu'ils encadrent par un espace :

« La plus constante marque de la sagesse, c'est une constante réjouissance », a dit Montaigne.

Les guillemets anglais, ainsi que les doubles apostrophes, sont au contraire toujours collés aux mots qu'ils encadrent :

« Par rapport aux "sciences humaines", la psychanalyse et l'ethnologie sont plutôt des "contre-sciences" » (M. Foucault).

« La plupart des gens dits "normaux" sont seulement de bons simulateurs » (É. Ajar).

L'ensemble formé par les guillemets et les mots qu'ils encadrent s'espace comme un mot ordinaire.

# 8 La correspondance

Dans l'administration publique, chaque ministère ou organisme possède son propre protocole de correspondance, qui contient des directives particulières concernant la présentation et la rédaction de la lettre. Il n'existe cependant aucun ouvrage de référence qui serve de protocole épistolaire pour l'ensemble de la fonction publique. Le présent chapitre vise à combler cette lacune. Il contient l'essentiel de ce qu'on doit savoir lorsqu'on rédige une lettre.

## 8.1 La lettre

### 8.1.1 En-tête

L'*en-tête* désigne la partie de la lettre où figure l'appellation officielle du ministère ou de l'organisme auquel appartient le signataire. Dans l'administration fédérale, les en-têtes de lettre sont bilingues et sont généralement assujetties aux normes graphiques du Conseil du Trésor :

**Travaux publics et**     **Public Works and**
**Services gouvernementaux**   **Government Services**
**Canada**                     **Canada**

La règle veut que ce soit le français qui figure à gauche au Québec, et l'inverse dans les autres provinces et territoires.

### 8.1.2 Date et lieu

La *date* est un des éléments essentiels de la lettre; il faut toujours l'indiquer. Elle se place, de façon générale, dans l'angle supérieur droit, à quelques interlignes au-dessous de l'en-tête. Elle doit être écrite au long, sans abréviation, et n'est pas suivie du point final. Le nom du mois ne prend pas de majuscule, et on ne met pas de virgule entre l'indication du mois et celle de l'année :

Le 4 mars 1996 *ou* le 4 mars 1996

Il n'est pas courant dans la correspondance administrative d'indiquer le *jour* de la semaine. Cependant, si on tient à le faire, on peut l'écrire de la façon suivante :

Le lundi 4 mars 1996 (*et non* Lundi, le 4 mars 1996)

Si le papier utilisé ne comporte pas d'en-tête, la date doit être précédée du nom du *lieu* de départ de la lettre. Une virgule sépare alors le lieu de la date :

Ottawa, le 4 mars 1996

## 8.1.3    Vedette : généralités

On entend par *vedette* le nom, le titre et l'adresse complète du destinataire. Il est d'usage de placer la vedette contre la marge de gauche, quelques interlignes au-dessous de la mention de la date.

Le nom du destinataire est indiqué en toutes lettres, précédé du titre de civilité, qui est toujours écrit au long. Sur la ligne suivante figure le titre de fonction, s'il y a lieu. L'adresse complète vient ensuite. Chaque ligne commence par une majuscule, sauf si elle est la continuation de la ligne précédente :

Monsieur Jean Groulx
Directeur du Transport routier
Transports Canada
330, rue Sparks
Ottawa (Ontario)  K1A 0N5

**Remarques**

1. Seul le point abréviatif est admis à la fin des lignes.

2. Pour les femmes en général, qu'elles soient mariées ou non, il est recommandé de s'en tenir au titre *Madame*, au pluriel, *Mesdames*. Le titre *Mademoiselle* ne sera utilisé que si la correspondante y tient ou s'il s'agit d'une toute jeune fille.

3. Le titre *Docteur* ne s'applique, en français, qu'aux membres de la profession médicale (médecins, dentistes et vétérinaires), et non aux titulaires d'un autre doctorat universitaire.

4. Les titres honorifiques *honorable* et *très honorable* ne prennent pas la majuscule initiale et sont suivis des prénom et nom du dignitaire :

Le très honorable Jean Chrétien
Premier ministre du Canada

L'honorable Lloyd Axworthy
Ministre du Développement des ressources humaines

Pour ce qui est du gouvernement du Québec, la seule personne qui porte le titre d'*honorable* est le lieutenant-gouverneur.

5. On évitera de faire suivre le nom du destinataire de ses titres honorifiques et grades universitaires.

## 8.1.4    Adresse du destinataire

Les éléments de l'adresse sont assujettis à des règles d'écriture particulières. Ces règles, que nous allons passer en revue ci-après, sont conformes aux directives sur la présentation de l'adresse dite « courante » données par la Société canadienne des postes dans sa *Norme canadienne d'adressage.*

Il convient de présenter les éléments de l'adresse en allant du particulier au général :

Nom du destinataire
Titre
Nom du service ou de la division
Nom du ministère, de l'organisme ou de l'entreprise

### a)    Numéro

En français, le numéro est toujours suivi d'une virgule :

15, rue Eddy
Hull (Québec)

### b)    Odonyme (voie de communication)

Le terme générique désignant la voie de communication, comme *rue, avenue, boulevard, place, chemin,* s'écrit en toutes lettres et en minuscules. Mais lorsqu'il est précédé d'un adjectif ordinal, il prend une majuscule, comme c'est toujours le cas pour l'élément spécifique de l'odonyme (v.a. 3.3.8). Par ailleurs, si cet élément est composé de plusieurs termes, ces termes sont réunis généralement par un trait d'union :

240, rue Deslauriers
12345, boulevard des Sources
7173, 1$^{re}$ Avenue
2000, 15$^{e}$ Rue
2610, chemin de la Côte-Sainte-Catherine
165, rue de l'Hôtel-de-Ville

Il convient de toujours écrire le nom de la voie en toutes lettres et de ne pas supprimer le terme générique. Ainsi, il est incorrect d'écrire *15, Eddy,* à la place de *15, rue Eddy.*

### c)    Point cardinal

Le point cardinal prend la *majuscule* initiale lorsqu'il suit le nom de la rue (v. 3.3.2). Les abréviations correspondantes (E., O., S., N.) peuvent être utilisées si l'espace est insuffisant :

360, rue Laurier Ouest
151, boulevard Saint-Laurent E.

**d)   Bureau et étage**

Les adresses de la fonction publique comportent souvent un numéro de bureau ou d'étage. Dans ce sens, les termes *chambre* et *suite* sont des calques de l'anglais et sont par conséquent à éviter. On indique le bureau et l'étage sur la même ligne que le nom de la rue ou, si l'on manque d'espace, sur la ligne *précédente* :

Édifice Blackburn
85, rue Sparks, bureau 400
Ottawa (Ontario)

Division de la Terminologie
Centre de documentation
3$^e$ étage
165, rue de l'Hôtel-de-Ville
Hull (Québec)

**e)   *Case postale* ou *boîte postale***

À des fins d'uniformisation, on recommande de ne plus utiliser l'expression *boîte postale* (et son abréviation B.P.), et de se servir plutôt de *case postale* (abréviation C.P.).

Il ne faut pas confondre *case postale* et *casier postal*, le *casier* étant un meuble, ou la partie d'un meuble, qui contient une série de cases, de compartiments.

**f)   Ville et province**

Le nom de la *ville*, ou de la municipalité, s'écrit *au long* avec une majuscule initiale aux divers éléments de l'appellation. Il est recommandé de respecter, dans la mesure du possible, la forme officielle qui a été établie pour ce nom. Les toponymes (noms de lieux) n'ont, sauf exception, qu'une seule forme officielle.

On écrit également le nom de la *province* en toutes lettres, à côté du nom de la ville, entre parenthèses :

1141, route de l'Église
Sainte-Foy (Québec)

340, rue Main
Regina (Saskatchewan)

La Société canadienne des postes a établi, pour chacune des provinces, un *indicatif* international à deux lettres qu'elle recommande d'utiliser dans l'adresse optimale. L'emploi de ces indicatifs, qui peuvent être facilement lus par des machines, n'est pas conseillé dans la correspondance courante. Le recours à ces symboles est toutefois toléré dans les cas où l'espace est insuffisant pour écrire le nom de la province au long (par exemple dans le cas des enveloppes à fenêtre ou des étiquettes). L'indicatif est alors séparé du nom de la municipalité par un espace, et ne figure pas entre parenthèses :

| | |
|---|---|
| Alberta | AB |
| Colombie-Britannique | BC |
| Manitoba | MB |
| Nouveau-Brunswick | NB |
| Terre-Neuve | NF |
| Territoires du Nord-Ouest | NT |
| Nouvelle-Écosse | NS |
| Ontario | ON |
| Île-du-Prince-Édouard | PE |
| Québec | QC |
| Saskatchewan | SK |
| Yukon | YT |

V.a. 1.1.26.

## g) Code postal

Le code postal doit figurer sur la même ligne que les indications de la municipalité et de la province; il est séparé de la mention de la province par deux espaces. En cas de manque de place, il figure sur la dernière ligne, contre la marge de gauche :

Winnipeg (Manitoba)  R3C 3G7

Saint-Jean-sur-Richelieu (Québec)
J3N 1L4

## h) Nom du pays

Le nom du pays ne figure que sur les envois destinés à l'étranger. On le met seul sur la dernière ligne de l'adresse, en majuscules. On l'écrit de préférence en français ou en anglais, ou dans la langue du pays de destination. Pour ce qui est des autres éléments de l'adresse, on suit les usages du pays de destination :

Vonnie Brown
1515 Applewood Road
Baton Rouge  LA 70808
ÉTATS-UNIS

Susanna Paola
Viale Albini 13
24100 Bergamo
ITALIE

Hotel Jesuitenmuhle
Muhlgasse 30
A-2320 Wien-Schwechat
AUTRICHE

### i)   Traduction des adresses

Selon la *Norme canadienne d'adressage* de la Société canadienne des postes, l'adresse peut être rédigée en anglais ou en français, *au goût du destinataire*. Quelques grands principes s'appliquent cependant à la transposition des adresses en français :

— *Titre de civilité*

On est fondé de le traduire si l'on sait que l'on s'adresse à un francophone. En cas de doute, il faut s'abstenir.

— *Titres de fonction, noms de services ou de raisons sociales*

Il n'est conseillé de traduire ces mentions que si on en connaît la forme officielle en français.

— *Nom de l'immeuble*

Les génériques *Tower, Complex, Center* peuvent être traduits par les termes « tour », « complexe », « centre ». Quant au terme *Building*, qui peut se traduire par « édifice » ou par « immeuble », il n'est pas traduit lorsqu'il entre dans une appellation dont il n'existe pas d'équivalent officiel en français.

— *Générique*

Il est conseillé de traduire uniquement les termes génériques pour lesquels il n'existe en français qu'un seul équivalent (soit *Street, Avenue, Boulevard*). À noter que les termes *Street* et *Avenue* ne sont pas traduits lorsqu'ils sont précédés d'un numéral ordinal :

52nd Street

On ne met pas de virgule entre le numéro et l'odonyme dans les cas où l'on n'a pas traduit celui-ci :

350 Chickadee Road (*et non* 350, Chickadee Road)

— *Point cardinal*

Le point cardinal est traduit chaque fois que le générique l'a été.

— *Mentions* Apartment, Room, Suite, Floor, Ground Floor

Dans les cas où l'odonyme est donné en français, on traduit les termes *Apartment, Room, Suite, Floor, Ground Floor* par « appartement », « porte » ou « bureau », « étage », « rez-de-chaussée ».

### Remarque

Les adresses ainsi traduites ne présenteront pas toujours un aspect homogène, c'est-à-dire qu'elles pourront comporter des éléments en français et d'autres en anglais. Cette incohérence apparente se justifie par le fait que chaque élément de l'adresse concerne des personnes et des services différents (le facteur, le destinataire, etc.).

**j)**  **Adresse dans le corps de la lettre**

Si on doit taper l'adresse du destinataire dans le corps de la lettre (ou dans un texte suivi), les éléments sont séparés par des virgules, sauf le code postal qui est séparé de la mention de la province par deux espaces.

## 8.1.5   Références

Les références sont les mentions, en général un groupe de lettres ou de chiffres, qui servent au classement de la correspondance et facilitent sa consultation ultérieure. Dans l'administration fédérale, ces mentions, le cas échéant, paraissent contre la marge de droite, à quelques interlignes au-dessous de l'en-tête.

## 8.1.6   Mentions de caractère et d'acheminement

Lorsqu'une lettre est adressée à une entreprise ou à un organisme mais qu'elle doit être remise à une personne en particulier, on inscrit, sous la vedette, la mention *À l'attention de*, contre la marge de gauche. Cette mention est soulignée et s'écrit au long. Calquées sur l'anglais, les abréviations *attn* ou *att.* ne sont pas admises :

> À l'attention de Madame Julie Lalande

Les mentions *Personnel, Confidentiel, Recommandé* se mettent à gauche, au-dessus de la vedette, vis-à-vis de la date. Elles s'écrivent en majuscules et sont soulignées (v. 8.1.17).

La mention *sous toutes réserves,* ou *sous réserve de tous droits*, se place généralement en haut, à gauche, et elle s'écrit en majuscules. L'expression *sans préjudice*, utilisée dans ce sens, est tenue pour un calque de l'anglais *without prejudice.*

## 8.1.7   Objet

L'objet indique, en quelques mots, ce sur quoi va porter la lettre et vise à faciliter son classement. Cette mention se place contre la marge de gauche ou au centre, sous la vedette et les références. Elle commence par la majuscule initiale et est soulignée.

> Objet : Prochaine réunion du comité de gestion

Les mots *Sujet* ou *Concerne* sont à éviter, de même que la mention *Re,* réservée à la correspondance anglaise.

### 8.1.8    Appel

L'appel est la formule de salutation par laquelle on commence la lettre. Cette formule, qui varie selon le destinataire, doit figurer contre la marge de gauche, au-dessous de l'objet. Elle n'admet aucune abréviation, commence toujours par la majuscule et est suivie d'une virgule (et non des deux points).

Les formules d'appel les plus courantes sont :

> Monsieur,
> Madame,
> Madame, Monsieur,
> Mesdames, Messieurs,

Si la lettre est adressée à une entreprise ou à un organisme, et non à une personne en particulier, la formule d'appel qu'il convient d'utiliser est *Mesdames, Messieurs.*

Si on ne connaît pas le nom de la personne à qui est adressée la lettre, il est recommandé d'utiliser la formule *Madame, Monsieur.*

Les termes des formules *Madame, Monsieur,* ou *Mesdames, Messieurs,* peuvent s'écrire sur une même ligne ou être disposés sur deux lignes différentes, l'un au-dessous de l'autre :

> Madame, Monsieur,
>    *ou*
> Madame,
> Monsieur,

On réservera l'adjectif *cher* aux correspondants que l'on connaît bien :

> Docteur et cher ami,
> Cher collègue,
> Madame la Présidente et chère amie,
> Cher Monsieur,

Il est recommandé d'indiquer dans l'appel, s'il y a lieu, le titre ou la fonction officielle du destinataire :

> Madame la Directrice,
> Monsieur le Ministre,
> Madame la Députée,
> Monsieur le Juge,
> Maître,
> Docteure,

Le titre *Maître* est réservé aux avocats et aux notaires.

On évitera de se servir de la formule *À qui de droit* lorsqu'on ignore le nom de la personne qui lira la lettre. Cette expression peut toutefois être utilisée à l'intérieur d'une phrase pour désigner l'autorité :

> Veuillez vous adresser à qui de droit.

Si la lettre est adressée à une *femme*, il est recommandé d'utiliser la forme féminine correspondant au titre de fonction :

Madame la Directrice,
Madame la Présidente,
Madame la Vérificatrice,

Dans le cas d'une lettre adressée à un *couple*, on peut se servir de la formule d'appel *Madame, Monsieur*. Dans la vedette ou sur l'enveloppe, on pourra écrire :

Monsieur et Madame Paul et Michèle Roy

Madame Paule Gariépy et Monsieur Julien Falardeau
   *ou*
Monsieur Julien Falardeau et Madame Paule Gariépy

## 8.1.9    Corps de la lettre

Il se divise en trois parties :

### a)   L'introduction

C'est dans le premier paragraphe que l'on fait l'entrée en matière, en rappelant une correspondance, une rencontre ou une conversation antérieure, par exemple.

Il faut entrer rapidement dans le vif du sujet; on évitera donc des formules comme *Le but de la présente est de vous aviser que..., Nous vous écrivons aujourd'hui pour vous informer...*

L'introduction doit être simple :

Nous avons le regret de vous annoncer que...
Nous sommes heureux de vous faire part de...
À la suite de notre dernière rencontre...
Comme suite à notre conversation téléphonique du...
Pour faire suite à...
En réponse à votre lettre du...
Nous vous remercions de votre lettre du...
Nous avons bien reçu votre lettre du...
Vous trouverez ci-joint (ci-inclus, ci-annexé) copie de...

### b)   Le développement

Les paragraphes qui suivent l'introduction sont consacrés à l'exposé de chacune des idées, de préférence une idée par paragraphe. Il est important de relier soigneusement les différentes idées les unes aux autres par les charnières ou les mots de liaison appropriés (comme *en effet, par ailleurs, par contre, cependant, néanmoins, d'une part, d'autre part, en plus, ainsi, donc, ensuite, à ce sujet, de fait*).

Si la lettre a plus d'une page, on évite de couper le dernier mot de la première page. On évite également de mettre sur la dernière page uniquement la formule de salutation et la signature.

**c) La conclusion**

L'avant-dernier paragraphe, qui sert de conclusion, contient la synthèse de ce qui précède, et se termine par une demande, une proposition, une opinion, etc., selon le cas :

Pour les motifs exposés ci-dessus, nous sommes d'avis que...

En conclusion, le Comité recommande de...

En terminant, je propose que...

Si vous désirez de plus amples renseignements, n'hésitez pas à communiquer avec moi, au (numéro de téléphone)...

Je me tiens à votre entière disposition pour discuter plus longuement de la question.

Il arrive que la formule de salutation serve de conclusion lorsque la lettre est courte. On peut ajouter en début de phrase une mention du type *Dans l'espoir de vous rencontrer bientôt, Dans l'attente de vos nouvelles...* Il faut toutefois veiller, dans ce genre de phrase, à donner au sujet de la proposition placée en tête de phrase le même sujet que celui de la principale :

Dans l'attente de votre réponse, je vous prie d'agréer... (*et non* Dans l'attente de votre réponse, veuillez agréer...)

J'espère que ces renseignements vous seront utiles et vous prie d'agréer...

Je vous sais gré de l'intérêt que vous portez à cette question et vous prie d'agréer...

En vous remerciant à l'avance, nous vous prions d'agréer...

Avec nos remerciements, nous vous prions d'agréer...

Dans l'espoir que mes suggestions vous aideront dans votre décision, je vous prie d'agréer...

## 8.1.10  Salutation

La lettre se termine par une formule de politesse appelée *salutation*. Cette formule varie en fonction des rapports hiérarchiques ou personnels que l'on entretient avec le destinataire, et en fonction des usages établis dans l'organisation. Selon le respect que l'on désire marquer au destinataire, on commence la formule de salutation par :

Veuillez agréer, M..., (plus familier)

Je vous prie d'agréer, M..., (plus officiel)

La fin de la salutation diffère également selon le destinataire :

— *À un fonctionnaire ou à une relation d'affaires*

... mes salutations distinguées.

... mes sincères salutations.

... mes meilleures salutations.

... l'expression de mes sentiments les meilleurs.

— *À un supérieur*

... l'assurance de ma haute considération.

... l'assurance de ma considération distinguée.

... l'expression de mes sentiments dévoués.

— *À un ministre, à un haut fonctionnaire*

... l'assurance de ma très haute considération.

... l'assurance de mes sentiments les plus distingués.

... l'expression de mes sentiments (très) respectueux.

Exemples de formules de salutation :

Recevez, Monsieur, mes salutations distinguées.

Agréez, Madame, Monsieur, mes sincères salutations.

Veuillez agréer, Docteur et Madame, l'assurance de mes meilleurs sentiments.

Je vous prie d'agréer, Madame la Directrice, l'assurance de ma considération distinguée.

Recevez, Monsieur le Président, l'expression de mes sentiments dévoués.

Je vous prie de recevoir, Monsieur le Ministre, l'expression de mes sentiments les plus distingués.

Je vous prie d'agréer, Madame l'Ambassadrice (*ou* Excellence), l'expression de mes sentiments très respectueux.

Je vous prie d'agréer, Monsieur le Premier Ministre, l'expression de ma très haute considération.

**Remarques**

1. En français, on exprime des sentiments, mais non des salutations :

Veuillez agréer, Monsieur, l'expression de mes sentiments distingués.

Agréez, Monsieur, mes salutations distinguées.

2. Lorsque le début de la phrase comporte un participe présent ou une proposition circonstancielle, il faut toujours utiliser la formule :

Je vous prie de recevoir...

Nous vous prions d'agréer...

Ainsi :

Dans l'attente d'une réponse, nous vous prions d'agréer, Madame,...

En vous remerciant à l'avance, je vous prie d'agréer...

3. Il est essentiel de reprendre exactement dans la salutation la formule d'appel, que l'on place entre virgules :

Madame la Députée,

...

Je vous prie d'agréer, Madame la Députée, l'assurance de ma haute considération.

4. Les formules du type *Bien à vous, Salutations distinguées, Cordialement*, etc., ne sont guère utilisées dans la correspondance administrative. Elles sont plutôt réservées à la correspondance privée ou aux notes brèves à caractère personnel.

## 8.1.11  Signature

La signature figure généralement contre la marge de droite, au-dessous de la formule de salutation. En principe, le *titre de fonction* précède le nom du signataire. Il s'écrit avec la minuscule initiale, mais l'article qui le précède prend la majuscule. Cette mention est toujours suivie d'une virgule. Si le titre de fonction ne peut tenir sur une seule ligne, il n'est pas nécessaire de commencer la deuxième ligne en retrait :

Le directeur,

(signature)

Jean Tremblay

Le titre de fonction suit le nom du signataire si celui-ci exerce les mêmes fonctions que d'autres membres du service :

(signature)

Louise Lafleur,
technicienne de laboratoire

### a)    La signature par délégation

Lorsque la personne qui signe la lettre agit officiellement au nom du supérieur dont elle est le *fondé de pouvoir*, elle doit faire précéder sa signature de la mention *p.p.* (par procuration) :

Le chef des communications,

p.p. (signature de Claudine Bourget)

Claudine Bourget

Lorsque la lettre est signée par une personne autre que celle qui détient le pouvoir de signature (p. ex. un *subordonné* autorisé par son supérieur), la mention *pour* est indiquée devant le titre de fonction :

Pour la directrice des Services linguistiques,

(signature de Martin Léveillée)

Martin Léveillée

Il n'est pas d'usage, en français, d'écrire le nom de la personne pour laquelle on signe; on mentionne uniquement son titre. Toutefois, s'il est nécessaire de le faire, on peut suivre la présentation suivante :

Pour le directeur général, Jean Tremblay,

(signature de Liette Laporte)

Liette Laporte,
adjointe administrative

Si le signataire occupe un poste à titre *intérimaire*, il doit généralement l'indiquer de la façon suivante :

Le chef par intérim du Service à la clientèle,

(signature)

Gilles Rochon

b) **La signature double**

Lorsqu'une lettre doit porter une double signature, la personne dont le niveau hiérarchique est le plus élevé signe à droite :

| La secrétaire, | La directrice, |
| (signature) | (signature) |
| Lyne Gosselin | Jacqueline Benoît |

## 8.1.12 Initiales d'identification

En règle générale, on indique à la fin de la lettre, contre la marge de gauche et à la hauteur de la signature, les initiales (prénom et nom) de la personne qui a rédigé la lettre et de la personne qui l'a tapée. On inscrit d'abord en majuscules les initiales de la première, puis en minuscules, après une barre oblique, les initiales de la seconde (v. 8.1.17).

## 8.1.13 Pièces jointes

Lorsqu'on ajoute des documents à la lettre, on l'indique en écrivant *Pièce jointe* ou *Pièces jointes*, en abrégé *P.j.* ou *p.j.*, au-dessous de la signature, contre la marge de gauche :

Pièce jointe : Rapport du comité de régie

Pièces jointes : 2

3 p.j.

P.j.

## 8.1.14 Copie conforme

Lorsqu'on tient à ce qu'une ou plusieurs personnes reçoivent des copies de la lettre, on utilise la mention *Copie conforme*. Cette mention peut être écrite au long ou sous la forme abrégée *c.c.*, *CC :* ou *Copie :*, suivie du nom de la ou des personnes concernées. Elle se place au-dessous de la mention des pièces jointes :

Copie conforme : M. Jean Leblanc

c.c. Monsieur Pierre Turgeon, directeur des Finances

CC : Madame Raymonde Dubé, conseillère

## 8.1.15   Pagination

Lorsqu'une lettre comporte plus de deux pages, il est fortement recommandé de numéroter la deuxième page et, le cas échéant, les suivantes. On peut le faire de différentes façons : au haut de la page, au centre, ou encore dans l'angle supérieur droit. On peut aussi ajouter ...2 ou .../2 dans l'angle inférieur droit de la première page pour annoncer que la lettre se continue, et ainsi de suite pour les pages suivantes (...3 ou .../3, etc.).

## 8.1.16   L'enveloppe

On reproduit sur l'enveloppe les éléments donnés dans la vedette, c'est-à-dire le nom et l'adresse du destinataire. Ces éléments, qu'on appelle la *suscription*, se mettent au-dessous et à droite du centre de l'enveloppe.

Les mentions *Personnel* ou *Confidentiel*, de même que les mentions d'acheminement *Par avion*, *Recommandé*, *Par exprès* s'écrivent en majuscules et se placent à gauche de la suscription. Quant à la mention *À l'attention de*, elle peut figurer au-dessus ou à gauche de la suscription. Toutes ces mentions peuvent être soulignées.

L'adresse complète de l'expéditeur se place dans l'angle supérieur gauche de l'enveloppe.

## 8.1.17 Modèle de lettre

**I✦I** Travaux publics et     Public Works and
Services gouvernementaux     Government Services
Canada     Canada

Bureau de la traduction     Translation Bureau
Formation et Évaluation     Training and Evaluation
5ᵉ étage     5th Floor
Place du Portage, Phase II     Place du Portage, Phase II
165, rue de l'Hôtel-de-Ville     165 Hôtel-de-Ville Street
Hull (Québec) K1A 0S5     Hull, Quebec K1A 0S5

PERSONNEL            le 12 février 19--

Monsieur Roger Labonté
101, promenade Colonel By
Ottawa (Ontario) K1A 0N5

             Objet : Stage de ressourcement

Monsieur,

     Conformément à ce qui a été convenu, le Service de la formation et de l'évaluation vous accueillera du 11 au 15 mars prochain à l'occasion d'un stage de ressourcement des traducteurs.

     Afin que nous puissions axer le stage sur vos besoins particuliers, nous vous demandons de bien vouloir nous faire parvenir, au plus tard le 19 février, les documents suivants :

— le formulaire *Profil du participant* (ci-joint) dûment rempli;

— cinq échantillons (d'au moins 500 mots chacun) représentatifs de votre travail, traduits en entier par vous et prélevés avant l'étape de la révision (inclure les versions anglaise et française de chacun des textes). Ces échantillons permettront à la formatrice de mieux cerner vos besoins.

     La formatrice communiquera avec vous avant le stage pour compléter le dossier. Par ailleurs, vous êtes prié de vous présenter à nos locaux à 9 h le lundi 11 mars.

     Les frais d'inscription seront facturés à votre organisme après la tenue de l'activité.

     Je vous remercie de faire appel à nos services. Si vous avez des questions, n'hésitez pas à communiquer avec moi, au (819) 953-4000.

     Veuillez agréer, Monsieur, mes salutations distinguées.

            Le chef de la Formation et de l'Évaluation,

            (signature)

GG/am            Gilles Gagnon

p.j.     Formulaire *Profil du participant*
c.c.     Mᵐᵉ Lyne Laframboise, Formation et Évaluation

# 8.2   La note de service

Dans la fonction publique, la *note de service* est l'outil de communication interne de loin le plus utilisé. Elle sert à la transmission de renseignements, à la communication de directives au personnel et à l'échange d'informations. Sa présentation est généralement normalisée.

## 8.2.1   Éléments de la note de service

Au contraire de la lettre, la note de service ne comporte ni formule d'appel ni formule de salutation. On y retrouve cependant les éléments suivants :

— Le nom du ou des destinataires. La note peut être adressée à une personne en particulier (son nom est alors habituellement suivi de son titre) ou à un groupe de personnes (qui font partie d'une même unité administrative ou de plusieurs unités administratives différentes, ou qui exercent les mêmes fonctions).

— Le nom du ou des expéditeurs.

— La date, qui peut figurer en toutes lettres ou sous la forme numérique.

— L'indication de la cote de sécurité, s'il y a lieu.

— Les références, s'il y a lieu.

— L'indication de l'objet, qui résume le but et le contenu de la note.

— Le texte proprement dit, qui est assujetti aux règles générales de la rédaction administrative.

— Les diverses mentions, comme les initiales d'identification, les pièces jointes, les copies conformes.

— La signature manuscrite de l'expéditeur, accompagnée ou non de son titre.

## 8.2.2 Modèle de note de service

**Destinataires /
To:**

Gestionnaires du Bureau de la traduction

**Expéditeur /
From:**

Gilles Gagnon
Chef, Formation et Évaluation
Bureau de la traduction

**Date /
Date:**

le 6 mars 1996

**Objet /
Subject:**

**Séance d'information sur le Canadian Oxford Dictionary**

Mᵐᵉ Katherine Barber, de la Oxford University Press of Canada, fera une présentation sur le Canadian Oxford Dictionary **le mardi 12 mars à 10 h.** La présentation durera un peu plus d'une heure et elle aura lieu à la pièce C-2, Phase II, Place du Portage, 165, rue de l'Hôtel-de-Ville, à Hull.

Les personnes intéressées doivent confirmer leur participation auprès d'Anne Miron, au (819) 997-4000.

(signature)

# 9 La féminisation

## 9.1 La féminisation des textes

La féminisation des textes a pour objet de rendre les femmes plus visibles dans les communications et de substituer aux tournures sexistes des expressions et des périphrases non sexistes. La présence des femmes est de plus en plus marquée dans des documents comme les conventions collectives, les manuels scolaires, les formulaires à caractère administratif, les textes et discours de nature politique.

Les techniques de féminisation proposées ci-après respectent les directives émises par le Conseil du Trésor concernant l'élimination des stéréotypes sexistes et s'alignent généralement sur les recommandations de l'Office de la langue française du Québec. Il importe de préciser que la féminisation des textes ne comporte aucun caractère obligatoire. C'est à l'auteur d'établir la nécessité d'y avoir recours dans son texte. Il faut faire preuve de jugement et, bien entendu, respecter les usages et directives du ministère ou de l'organisme intéressé.

### 9.1.1 Recommandations générales

Si on choisit de féminiser un texte, deux techniques de féminisation sont privilégiées :

— L'écriture des deux formes, masculine et féminine, au long;
— L'emploi de termes génériques et de tournures neutres.

D'autres techniques peuvent être utilisées dans certains cas. Elles sont décrites plus loin.

### 9.1.2 Formes masculine et féminine au long

La forme masculine et la forme féminine du nom ou du pronom sont écrites toutes deux, au long, l'une à côté de l'autre :

Le chef du contentieux fera parvenir un avis de convocation aux avocats et aux avocates du ministère.

Les traducteurs et les traductrices du service font de plus en plus d'heures supplémentaires.

Tous et toutes sont invités à participer à l'atelier sur la gestion du temps.

Il est fortement déconseillé d'avoir recours aux parenthèses, au trait d'union ou aux barres obliques pour l'inscription du féminin. Ces *formes télescopées* ne sont pas conformes aux règles grammaticales et nuisent à la clarté de la communication :

les directeurs(trices)

les chirurgiens/nes

les étudiant-e-s

les auditeurs-trices

les employés(es)

Les employé(e)s doivent être attentifs(ves), poli(e)s et courtois(es) avec leurs client(e)s.

Voici donc les principes à respecter lorsqu'on écrit les deux formes au long.

**a)  Accord des adjectifs et des participes**

Les adjectifs et les participes passés se mettent au *masculin pluriel* lorsqu'ils se rapportent à la fois au nom masculin et au nom féminin. Si les deux noms sont au singulier, l'accord peut se faire au masculin singulier si cela n'entraîne pas d'ambiguïté :

Les Canadiens et les Canadiennes seront bientôt appelés à élire un nouveau gouvernement.

les candidates et les candidats choisis

la candidate ou le candidat choisi

Certains proposent de faire l'accord avec le nom le plus rapproché; c'est donc dire que, dans certains cas, l'accord pourrait se faire au *féminin pluriel* :

Les vendeurs et les vendeuses sont compétentes.

Ce type d'accord peut être considéré comme une survivance de la langue classique. Cependant, il est susceptible d'introduire une confusion là où l'adjectif ou le participe ne se rapporte qu'à un seul des noms. S'il y a danger d'ambiguïté, il vaut mieux éviter ce procédé.

**b)  Ordre des formes féminine et masculine**

On place indifféremment la forme masculine ou la forme féminine en premier lieu dans l'énoncé :

les femmes et les hommes
*ou*
les hommes et les femmes

l'employé ou l'employée
*ou*
l'employée ou l'employé

Cependant, pour des raisons d'euphonie, le nom qui régit l'accord (souvent le nom masculin) est placé le plus près possible du mot à accorder lorsque les noms sont accompagnés d'un adjectif ou d'un participe [v.a. 9.1.2a)] :

les candidates et les candidats absents
l'employée et l'employé congédiés

Certains ont proposé de respecter l'ordre alphabétique des lettres qui composent les termes, étant donné que cet ordre ne repose pas sur la hiérarchie des sexes :

les vendeurs et les vendeuses
les candidates et les candidats

**c)  Répétition des articles et des adjectifs**

Les *articles* définis et indéfinis sont répétés, en principe, devant chaque nom qu'ils modifient :

Cette politique s'adresse à l'ensemble des professeurs et des professeures.

Les conseillers et les conseillères du Ministère se tiennent à votre entière disposition.

Lorsque la forme masculine et la forme féminine d'un nom sont les mêmes (nom épicène), il est possible — mais non recommandé — d'écrire *le ou la* ou *un ou une* devant le nom. Il est préférable d'écrire le mot au long après chaque article :

Le titulaire ou la titulaire du poste devra effectuer le travail dans des délais très serrés.
     *et non*
Le ou la titulaire devra effectuer le travail dans des délais très serrés.

On répète aussi en principe les *adjectifs* :

Certaines avocates et certains avocats seront exemptés de remplir le questionnaire si leur emploi du temps est trop chargé.

Le crédit à la formation équivaut à 10 % du salaire annuel du nouvel employé ou de la nouvelle employée.

Tous les agents et toutes les agentes recevront bientôt un nouvel ordinateur.

**d)  Suppression d'éléments**

Il est possible de supprimer l'article lorsque la forme masculine et la forme féminine désignent des personnes appartenant au *même groupe* :

Les agents et agentes qui sont en congé devront obtenir une autorisation spéciale.

Les participants et participantes doivent remplir un formulaire d'évaluation à la fin de l'atelier.

Cependant, pour éviter tout risque d'ambiguïté, il n'est pas souhaitable de supprimer le deuxième élément d'un titre de fonction comportant un *trait d'union* :

> On veut retenir les services d'un expert-conseil ou d'une experte-conseil.
>
> *et non*
>
> On veut retenir les services d'un expert ou d'une experte-conseil.

Il en va de même des titres de fonction formés d'un nom et d'un adjectif :

> Le directeur général ou la directrice générale siégera à la prochaine séance de l'assemblée.
>
> *et non*
>
> La directrice ou le directeur général siégera à la prochaine séance de l'assemblée.

Il est admis de ne pas répéter inutilement certains éléments de la phrase :

> Tous les coordonnateurs et les coordonnatrices ont uni leurs efforts pour lancer le programme à la date prévue.

**e)    Reprise par un pronom**

Quand les formes des deux genres ont été utilisées dans une phrase, on peut ensuite avoir recours au pronom *masculin pluriel* :

> Le Ministère offre aux informaticiens et aux informaticiennes un cadre de travail unique en son genre pour qu'*ils* travaillent plus rapidement dans les situations d'urgence.

Quand on a utilisé dans une phrase soit un nom collectif comme *personnel*, soit un terme pluriel qui, comme *cadres*, est dit *épicène* — c'est-à-dire un terme qui s'écrit de la même façon au masculin et au féminin, — on se sert des *deux pronoms* si l'on veut faire ressortir le féminin dans le texte :

> Les cadres de la direction ne font pas *tous et toutes* partie du même groupe professionnel.

> Le personnel du Service est convoqué à une réunion importante; *ceux et celles* qui ne pourront s'y présenter sont priés d'en informer la direction le plus tôt possible.

**f)    Accord du verbe après *ou***

Si la conjonction *ou* évoque une idée d'addition, le verbe se met au masculin pluriel :

> L'employé ou l'employée sont tenus de respecter les consignes de sécurité.

Si la conjonction *ou* implique une disjonction ou une opposition entre les noms, le verbe se met au singulier :

La directrice ou le directeur en poste à Toronto est appelé à prendre des décisions difficiles.

## 9.1.3  Termes génériques et tournures neutres

Si le rédacteur ne souhaite pas utiliser les formes des deux genres, il peut avoir recours à un autre procédé, que certains ont appelé « neutralisation du discours ». Ce procédé consiste en l'emploi de termes génériques et de tournures neutres. Il permet d'éviter les répétitions et peut être utilisé en alternance avec l'écriture des deux formes au long.

### a)  Les termes génériques

Par *terme générique*, on entend un terme qui convient à toute une catégorie ou à un genre, et non à un individu en particulier. Ce terme peut désigner à la fois les hommes et les femmes, comme *personne* ou *gens*. Ce peut être également un collectif :

| | |
|---|---|
| le personnel | la communauté |
| l'effectif | le corps enseignant |
| la clientèle | l'électorat |
| la direction | la main-d'oeuvre |

Les termes épicènes pluriels peuvent aussi jouer le rôle de génériques :

Le premier ministre donnera une conférence de presse à laquelle sont conviés les journalistes.

Les pilotes doivent respecter les conditions énoncées sur leur permis.

### Remarque

Il faut éviter l'emploi de titres génériques formés avec le mot *homme* :

gens de loi  *et non*  hommes de loi
gens d'affaires  *et non*  hommes d'affaires
droits de la personne  *et non*  droits de l'homme

### b)  Les tournures neutres

Par *tournure neutre*, on entend une formule impersonnelle ou une tournure de phrase comportant un verbe à l'infinitif ou un nom :

Quiconque demande...
    *au lieu de*
Tout employé ou toute employée qui demande...

Avez-vous la citoyenneté canadienne?
    *au lieu de*
Êtes-vous citoyen canadien ou citoyenne canadienne?

Planifier les activités de la direction...
*au lieu de*
Le titulaire ou la titulaire planifie les activités...

On peut, selon le contexte, utiliser les pronoms impersonnels *on* ou *il* au lieu des pronoms personnels :

Il est fortement conseillé d'obtenir l'autorisation du personnel compétent.

On remplira le formulaire d'évaluation à la fin de l'atelier.

Les formulations impersonnelles sont particulièrement utiles dans les formulaires et les descriptions de poste, ainsi que dans les textes administratifs en général.

### 9.1.4 *Hommes et femmes*

Dans certains cas, il est possible d'opter pour l'incise *hommes et femmes* ou encore *homme ou femme* afin d'intégrer plus aisément l'élément féminin dans la phrase :

Tous les ingénieurs, hommes et femmes, sont convoqués à l'assemblée générale.

Chacun, homme ou femme, était étonné de la réponse du président.

### 9.1.5 Reformulation

Pour éviter les répétitions qui alourdissent le texte, il est souvent souhaitable de reformuler la phrase, c'est-à-dire d'en modifier la structure :

S'il s'agit d'un premier rendez-vous...
*ou*
S'il s'agit d'une première visite...
*au lieu de*
Si le client ou la cliente vient pour la première fois...

Dans certains cas, le recours à la justice sera nécessaire.
*au lieu de*
Dans certains cas, vous devrez faire intervenir les avocats ou les avocates.

### 9.1.6 Emploi de la voix active

Dans la mesure du possible, il est conseillé d'avoir recours à la voix active, la voix passive impliquant l'usage d'articles, d'adjectifs et de participes propres à la forme masculine et à la forme féminine. L'emploi de la forme active permet d'éviter toute ambiguïté ou d'éliminer l'effet de répétition :

Nous vous prions de...
*au lieu de*
Vous êtes priés et priées de...

> Si vous ne pouvez assister à la réunion...
> *au lieu de*
> Si vous ne pouvez être présent ou présente à la réunion...

## 9.1.7 Note explicative

Selon la grammaire traditionnelle, le genre masculin n'est pas uniquement l'expression du sexe masculin : il sert aussi de genre commun ou de genre neutre.

Afin d'éviter les redondances qui surchargeraient un texte, il est possible de placer en début de texte une note explicative précisant que le masculin est utilisé comme genre neutre pour désigner à la fois les hommes et les femmes :

> Dans le présent document, les mots de genre masculin appliqués aux personnes désignent les hommes et les femmes.

> Le genre masculin est utilisé dans le présent questionnaire comme genre neutre.

> Afin de faciliter la lecture du présent texte, nous avons employé le masculin comme genre neutre pour désigner aussi bien les femmes que les hommes.

L'emploi d'une telle note, qui permet plutôt de neutraliser le discours que de le féminiser, est déconseillé par certains, dont l'Office de la langue française du Québec.

## 9.1.8 Alternance des genres

Quelques organismes proposent comme méthode de féminisation l'alternance des genres :

> L'employé doit respecter les règlements... L'employée doit également suivre les consignes de sécurité...

Si ce procédé présente l'avantage de la concision, son emploi est cependant délicat. Il faut veiller à ce que le message ne prête à aucune confusion.

## 9.1.9 Emploi du féminin dit *générique*

Quelques organismes expérimentent l'emploi du féminin dit *générique*, c'est-à-dire du féminin utilisé comme genre neutre dans les textes. Dans le cas d'organismes regroupant uniquement ou presque exclusivement des femmes, par exemple, le féminin a la même valeur que le masculin neutre et est utilisé pour désigner l'ensemble des membres ou une personne indéterminée :

> Notre association est à la recherche d'une coordonnatrice.

Il importe de préciser que le féminin dit *générique* est une notion tout à fait nouvelle, donc absente des grammaires et ouvrages de langue courants. Cette technique avant-gardiste est restreinte à certains milieux.

# 9.2 La féminisation des titres de fonction

Depuis quelques décennies, les femmes ont accès à des professions et à des fonctions auparavant réservées aux hommes. Jusque tout récemment, ce fait de société n'était pas marqué dans la langue, c'est-à-dire qu'à ces professions et fonctions nouvelles ne correspondaient que des titres de fonction au masculin. La langue disposait, dans certains cas, d'une forme féminine attestée, mais celle-ci servait principalement à désigner l'épouse du titulaire du poste; par exemple, *la mairesse* était la femme du *maire*.

Divers organismes, comme Emploi et Immigration Canada en 1978, l'Office de la langue française du Québec en 1979, le Conseil du Trésor en 1982 et le Bureau de la traduction en 1983, ont pris position en faveur de la féminisation et présenté des recommandations à cet égard.

Depuis, l'usage a beaucoup évolué; les nouveaux titres féminins sont de plus en plus usités. La plupart des femmes — et des hommes — n'hésitent plus à dire *la ministre* ou *l'avocate*. Cependant, certaines femmes montrent encore de la réticence à utiliser des formes féminines qu'elles perçoivent souvent comme péjoratives ou dépréciatives : la féminisation demeure une affaire de choix personnel.

## 9.2.1 Recommandations générales

Pour la féminisation des titres de fonction, il est recommandé :

— D'utiliser les formes féminines déjà admises ou déjà consignées dans les dictionnaires :

    une directrice
    une avocate
    une surveillante

— De se servir des termes dits *épicènes*, c'est-à-dire qui s'écrivent de la même manière au masculin et au féminin, accompagnés d'un article féminin :

    une gestionnaire        une chef
    une journaliste        une notaire

— D'utiliser les formes nouvelles (v. 9.2.8) ou d'en créer d'autres en suivant les règles énoncées dans le présent chapitre.

— D'écrire les désignations de poste au masculin et au féminin dans les documents officiels de l'administration, notamment les avis de concours :

    conseiller, conseillère
    vérificateur, vérificatrice

Les règles présentées ci-après ne sont pas destinées à remplacer les règles traditionnelles de formation du féminin; d'ailleurs, elles s'y conforment, sauf en ce qui a trait à la terminaison en *-eur*. Elles sont données à titre indicatif et peuvent servir à la création d'une nouvelle appellation dans le cas où aucune forme n'est attestée dans l'usage. Elles correspondent généralement aux règles que donne l'Office de la langue française du Québec.

## 9.2.2    Mots identiques au masculin et au féminin (épicènes)

Le genre de ces mots, qui s'écrivent de la même manière au masculin et au féminin, n'est pas marqué par la terminaison mais par l'article défini, l'article indéfini, l'adjectif démonstratif, etc. :

| | |
|---|---|
| une ministre | cette diplomate |
| une cadre | la commis |
| la pilote | la dactylo |
| une juriste | une imprésario |
| une architecte | la substitut |

Certains mots sont considérés comme épicènes parce que toute tentative de les féminiser entraînerait ce qu'il y a lieu d'appeler des « collisions sémantiques » et produirait parfois même des effets cocasses. Ainsi les mots *matelot, camelot, médecin* et *marin* devraient, suivant les règles traditionnelles, faire au féminin *matelote, camelote, médecine* et *marine*, tous des mots qui existent en français mais qui désignent tout autre chose. En conséquence, les formes *matelot, camelot, médecin* et *marin* sont jugées épicènes. On dira donc au féminin :

| | |
|---|---|
| une matelot | une médecin |
| une camelot | une marin |

Le terme *conseil* est aussi considéré comme épicène : on dira *une conseil.*

*Mannequin,* qui est donné comme masculin dans les dictionnaires pour désigner autant les femmes que les hommes, est tenu pour épicène et peut donc être aussi utilisé au féminin : *une mannequin.*

## 9.2.3    Mots qui changent de forme au féminin

### a)    Noms se terminant par -*e* ou par -*é*

Un bon nombre des noms se terminant par -*e* appartiennent à la catégorie des mots épicènes (v. 9.2.2), mais certains autres forment leur féminin par l'adjonction de -*sse* :

une mairesse
une maîtresse
une contremaîtresse

Bien que considéré comme vieilli ou littéraire (p. ex. *poétesse, chasseresse*), le suffixe -*esse* est tout à fait vivant dans le cas de *maîtresse* et *contremaîtresse*, de même que dans des termes comme *demanderesse* et *acquéresse* (qui appartiennent à la langue juridique).

Pour l'appellation *maire*, la forme féminine retenue est bel et bien *mairesse*, soit la forme qui était déjà en usage, même si ce terme servait à désigner la femme du maire.

Les noms qui se terminent par -*é* prennent quant à eux un *e* muet au féminin :

une députée
une employée
une préposée

b) **Noms se terminant par -*t* ou -*d***

Les noms appartenant à cette catégorie forment habituellement leur féminin par l'adjonction d'un -*e* :

| une agente | une avocate |
| une consultante | une tisserande |

Les termes qui se terminent par -*et* au masculin font en général leur féminin en -*ète* (*une préfète*) et, exceptionnellement, en -*ette* (*une cadette*).

c) **Noms se terminant par -*l* ou -*n***

Le féminin se construit souvent par l'adjonction d'un -*e* final à la forme masculine :

une consule
une principale
une écrivaine

Il arrive cependant qu'il faille redoubler la consonne finale :

| une contractuelle | une mécanicienne |
| une professionnelle | une omnipraticienne |
| une électricienne | une forgeronne |

d) **Noms se terminant par -*er* ou -*ier***

Les noms terminés par le suffixe -*er* ou -*ier* font -*ère* ou -*ière* au féminin :

| une conseillère | une banquière |
| une ouvrière | une greffière |

e) **Noms se terminant par -*eur* ou -*teur***

Le féminin des mots en -***eur*** prend diverses formes (-*euse*, -*esse* ou -*eure*). De toutes ces formes, la plus régulière est -*euse* :

une boxeuse
une chercheuse
une patrouilleuse

Font exception à cette règle les mots *empereur* et *ambassadeur* : on dit au féminin une *impératrice* et une *ambassadrice*. Font également exception les termes juridiques *demandeur*, *acquéreur* et *défendeur* : au féminin, *demanderesse*, *acquéresse* et *défenderesse*.

Par ailleurs, étant donné la valeur péjorative accordée à certaines formes en *-euse*, l'Office de la langue française a recommandé la forme féminine *-eure* dans le cas de titres comme *assureur, professeur, gouverneur, procureur, ingénieur* et *réviseur* :

| | |
|---|---|
| une ingénieure | une procureure |
| une gouverneure | une réviseure |
| une assureure | une professeure |

La terminaison en *-eure*, qui défie les règles traditionnelles de formation du féminin, a provoqué au départ une levée de boucliers, mais a graduellement gagné en popularité, tant et si bien que certaines des formes susmentionnées sont complètement entrées dans l'usage. En France et en Belgique, cependant, ces titres sont identiques au masculin et au féminin : *une ingénieur, une professeur,* etc.

Quant aux noms qui se terminent en *-teur*, ils font généralement leur féminin en *-teuse* lorsque le verbe correspondant comporte un *t* dans son radical :

une acheteuse (acheter)
une rapporteuse (rapporter)
une solliciteuse (solliciter)

Il y a toutefois des exceptions :

une inventrice (inventer)

Lorsqu'il n'existe aucun verbe correspondant ou lorsque le verbe ne comporte pas de *t* dans son radical, la forme féminine se termine habituellement par *-trice* :

une aviatrice
une agricultrice
une directrice (diriger)
une rédactrice (rédiger)
une administratrice (administrer)

En ce qui a trait toutefois aux termes *auteur, docteur* (v.a. 9.2.5), *metteur en scène* et *sculpteur*, les formes féminines suivantes sont proposées :

| | |
|---|---|
| une auteure | une metteure en scène |
| une docteure | une sculpteure |

Il est à noter qu'on rencontre dans l'usage le féminin *directeure*, mais que la forme recommandée est *directrice*.

## 9.2.4    Règle d'accord

Les adjectifs et les participes qui se rapportent aux appellations s'accordent systématiquement au féminin, y compris dans les appellations professionnelles complexes :

une conseillère principale
la présidente-directrice générale

la directrice adjointe
la chef correctrice
la rédactrice-réviseure
madame la haute-commissaire
madame la sous-ministre adjointe

## 9.2.5   *Maître* et *docteur*

Le terme *maître* peut prendre au féminin soit la forme *maître*, soit la forme *maîtresse*, selon le cas. Le choix de l'une ou l'autre de ces formes dépend du titre. Lorsque *maître* est utilisé comme titre honorifique (p. ex. pour une avocate), il ne change pas au féminin :

| | |
|---|---|
| une maître d'hôtel | une maîtresse de ballet |
| maître Nicole Moreau | une maîtresse de poste |

Toutefois, le titre *docteur* fait au féminin *docteure* :

docteure Marie Tremblay
madame la docteure

V.a. 1.1.23.

## 9.2.6   *Madame* et *mademoiselle*

En général, il vaux mieux ne pas se servir du titre *mademoiselle*, étant donné qu'il fait allusion au statut social de la personne (femme non mariée). On ne s'en servira que si l'intéressée tient à ce titre ou s'il s'agit d'une jeune fille. On n'utilisera donc, pour les femmes, que le titre *madame*.

Pour ce qui est de la forme *madelle* (contraction de *madame* et de *mademoiselle*), elle n'a pas été retenue par l'usage. Il est donc déconseillé de l'utiliser.

## 9.2.7   Titres religieux

La féminisation des titres religieux n'a pas fait l'objet d'un examen approfondi. Il serait cependant utile de disposer de certaines formes féminines, pour le cas où la fonction serait occupée par une femme :

| | |
|---|---|
| une abbée | une chanoine |
| une prêtre | une pasteure |

Il est intéressant de noter que des formes féminines existent déjà dans la langue française (*abbesse, prêtresse, chanoinesse, pastoresse*), mais qu'elles n'ont pas été retenues parce qu'elles désignent souvent des fonctions ou des réalités différentes.

## 9.2.8   Liste d'appellations au féminin

Cette liste correspond, à quelques exceptions près, à celle diffusée par l'Office de la langue française du Québec.

**A**

| | |
|---|---|
| acheteur | acheteuse |
| acquéreur | acquéreuse;<br>acquéresse<br>(droit) |
| actuaire | actuaire |
| acupuncteur | acupunctrice |
| adjoint | adjointe |
| adjoint | adjointe |
| administratif | administrative |
| administrateur | administratrice |
| agent | agente |
| agent immobilier | agente<br>immobilière |
| agriculteur | agricultrice |
| agronome | agronome |
| agresseur | agresseuse |
| aide-comptable | aide-comptable |
| aide-<br>mécanicien | aide-<br>mécanicienne |
| ajusteur | ajusteuse |
| ambulancier | ambulancière |
| ambassadeur | ambassadrice |
| analyste<br>financier | analyste<br>financière |
| animateur | animatrice |
| annonceur | annonceure |
| apiculteur | apicultrice |
| appariteur | apparitrice |
| applicateur | applicatrice |
| apprenti | apprentie |
| arbitre | arbitre |
| arboriculteur | arboricultrice |
| archéologue | archéologue |
| architecte | architecte |
| archiviste | archiviste |
| arpenteur-<br>géomètre | arpenteuse-<br>géomètre |
| artisan | artisane |
| assembleur | assembleuse |
| assistant | assistante |
| associé | associée |
| assureur | assureure |
| astrologue | astrologue |
| astronome | astronome |

| | |
|---|---|
| attaché | attachée |
| auteur | auteure |
| auxiliaire | auxiliaire |
| aviculteur | avicultrice |
| avocat | avocate |
| ayant droit | ayant droit |

**B**

| | |
|---|---|
| bagagiste | bagagiste |
| banquier | banquière |
| bibliothécaire | bibliothécaire |
| bijoutier | bijoutière |
| biologiste | biologiste |
| blanchisseur | blanchisseuse |
| botaniste | botaniste |
| bottier | bottière |
| boucher | bouchère |
| boulanger-<br>pâtissier | boulangère-<br>pâtissière |
| boursier | boursière |
| boxeur | boxeuse |
| brigadier | brigadière |
| briqueteur-<br>maçon | briqueteuse-<br>maçonne |
| bruiteur | bruiteuse |
| buandier | buandière |
| bûcheron | bûcheronne |

**C**

| | |
|---|---|
| cadet | cadette |
| cadre | cadre |
| cadreur | cadreuse |
| caissier | caissière |
| cambiste | cambiste |
| camelot | camelot |
| cameraman | cameraman |
| camionneur | camionneuse |
| cardiologue | cardiologue |
| cartographe | cartographe |
| cascadeur | cascadeuse |
| catalogueur | catalogueuse |
| cégépien | cégépienne |

| | | | |
|---|---|---|---|
| chanteur | chanteuse; cantatrice | croupier | croupière |
| charpentier | charpentière | cuisinier | cuisinière |
| chasseur de têtes | chasseuse de têtes | cultivateur | cultivatrice |
| chauffeur | chauffeuse | | **D** |
| chef | chef | danseur | danseuse |
| chercheur | chercheuse | danseur de ballet | ballerine; danseuse de ballet |
| chiropraticien | chiroprati-cienne | | |
| chirurgien | chirurgienne | débardeur | débardeuse |
| chômeur | chômeuse | débosseleur | débosseleuse |
| chorégraphe | chorégraphe | décorateur | décoratrice |
| chroniqueur | chroniqueuse | défendeur | défenderesse (droit) |
| coiffeur | coiffeuse | | |
| comédien | comédienne | défenseur | défenseuse |
| commis | commis | délateur | délatrice |
| commis-vendeur | commis-vendeuse | délégué | déléguée |
| | | demandeur | demandeuse; demanderesse (droit) |
| commissaire | commissaire | | |
| communicateur | communica-trice | déménageur | déménageuse |
| compositeur | compositrice | démonstrateur | démonstratrice |
| concepteur | conceptrice | dentiste | dentiste |
| concierge | concierge | denturologiste | denturologiste |
| conducteur | conductrice | dépanneur | dépanneuse |
| conférencier | conférencière | député | députée |
| conseil | conseil | dessinateur | dessinatrice |
| conseiller | conseillère | détective | détective |
| conservateur | conservatrice | détenteur | détentrice |
| consul | consule | diététiste | diététiste |
| consultant | consultante | diplomate | diplomate |
| contractuel | contractuelle | diplômé | diplômée |
| contremaître | contremaî-tresse | directeur | directrice |
| | | dirigeant | dirigeante |
| contrôleur | contrôleuse | docteur | docteure |
| coopérant | coopérante | documentaliste | documentaliste |
| coordonnateur | coordonnatrice | doyen | doyenne |
| copiste | copiste | | |
| cordonnier | cordonnière | | **E** |
| coroner | coroner | | |
| correcteur | correctrice | ébéniste | ébéniste |
| correspondancier | correspon-dancière | éboueur | éboueuse |
| | | éclairagiste | éclairagiste |
| courrier | courrière | économiste-conseil | économiste-conseil |
| courtier | courtière | | |
| couseur | couseuse | écrivain | écrivaine |
| couturier | couturière | éditeur | éditrice |
| couvreur | couvreuse | éditorialiste | éditorialiste |
| créateur | créatrice | éducateur | éducatrice |

| | | | |
|---|---|---|---|
| électricien | électricienne | gérant | gérante |
| éleveur | éleveuse | gestionnaire | gestionnaire |
| emballeur | emballeuse | gouverneur | gouverneure |
| embaumeur | embaumeuse | graveur | graveuse |
| émetteur | émettrice | greffier | greffière |
| employeur | employeuse | guichetier | guichetière |
| emprunteur | emprunteuse | guide | guide |
| enquêteur | enquêteuse | | |
| enseignant | enseignante | **H** | |
| entraîneur | entraîneuse | | |
| entrepreneur | entrepreneuse | habilleur | habilleuse |
| ergothérapeute | ergothérapeute | homme d'affaires | femme |
| essayeur | essayeuse | | d'affaires |
| esthéticien | esthéticienne | homme- | femme- |
| estimateur | estimatrice | grenouille | grenouille |
| étalagiste | étalagiste | horloger | horlogère |
| évaluateur | évaluatrice | horticulteur | horticultrice |
| examinateur | examinatrice | hôte | hôte (qui est |
| expert | experte | | reçue); |
| expert- | experte- | | hôtesse (qui |
| comptable | comptable | | reçoit) |
| exploitant | exploitante | hôtelier | hôtelière |
| | | huileur | huileuse |
| **F** | | huissier | huissière |
| | | hygiéniste | hygiéniste |
| fabricant | fabricante | | |
| facteur | factrice | **I** | |
| ferblantier | ferblantière | | |
| ferrailleur | ferrailleuse | illustrateur | illustratrice |
| financier | financière | imprésario | imprésario |
| fleuriste | fleuriste | imprimeur | imprimeuse |
| fondeur | fondeuse | industriel | industrielle |
| foreur | foreuse | infirmier | infirmière |
| forgeron | forgeronne | infographiste | infographiste |
| formateur | formatrice | informaticien | informati- |
| fournisseur | fournisseuse | | cienne |
| fraiseur | fraiseuse | ingénieur | ingénieure |
| franchiseur | franchiseuse | ingénieur chimiste | ingénieure |
| | | | chimiste |
| **G** | | ingénieur civil | ingénieure |
| | | | civile |
| garde | garde | ingénieur forestier | ingénieure |
| garde | garde | | forestière |
| forestier | forestière | inspecteur | inspectrice |
| gardien | gardienne | instituteur | institutrice |
| généticien | généticienne | instructeur | instructrice |
| géologue | géologue | intendant | intendante |
| géomètre | géomètre | intérimaire | intérimaire |
| géophysicien | géophy- | interlocuteur | interlocutrice |
| | sicienne | interprète | interprète |

| | | | |
|---|---|---|---|
| intervenant | intervenante | menuisier | menuisière |
| intervieweur | intervieweuse | messager | messagère |
| investisseur | investisseuse | météorologue | météorologue |
| | | metteur en | metteure en |
| **J** | | scène | scène |
| | | meunier | meunière |
| jardinier | jardinière | mineur | mineuse |
| journaliste | journaliste | ministre | ministre |
| journaliste | journaliste | modiste | modiste |
| sportif | sportive | moniteur | monitrice |
| juge | juge | monteur | monteuse |
| juré | jurée | | |
| juriste | juriste | **N** | |
| | | | |
| **L** | | narrateur | narratrice |
| | | naturopraticien | naturoprati- |
| lamineur | lamineuse | | cienne |
| langagier | langagière | navigateur | navigatrice |
| lecteur | lectrice | nettoyeur | nettoyeuse |
| législateur | législatrice | notaire | notaire |
| lieutenant- | lieutenante- | | |
| gouverneur | gouverneure | **O** | |
| linguiste | linguiste | | |
| | | officier | officière |
| **M** | | omnipraticien | omniprati- |
| | | | cienne |
| machiniste | machiniste | opérateur | opératrice |
| maçon | maçonne | opticien | opticienne |
| magasinier | magasinière | orateur | oratrice |
| magistrat | magistrate | orchestrateur | orchestratrice |
| maire | mairesse | orfèvre | orfèvre |
| maître | maître; | orienteur | orienteuse |
| | maîtresse | ouvrier | ouvrière |
| malfaiteur | malfaitrice | | |
| mannequin | mannequin | **P** | |
| manoeuvre | manoeuvre | | |
| maquilleur | maquilleuse | pâtissier | pâtissière |
| maraîcher | maraîchère | patrouilleur | patrouilleuse |
| marchand | marchande | paysagiste | paysagiste |
| marguillier | marguillière | pédologue | pédologue |
| marin | marin | peintre | peintre |
| masseur | masseuse | percepteur | perceptrice |
| matelot | matelot | perruquier | perruquière |
| mathématicien | mathémati- | pharmacien | pharmacienne |
| | cienne | physicien | physicienne |
| mécanicien | mécanicienne | physiothérapeute | physio- |
| mécène | mécène | | thérapeute |
| médecin | médecin | pigiste | pigiste |
| médiateur | médiatrice | pilote | pilote |
| membre | membre | pisciculteur | piscicultrice |

| | |
|---|---|
| plâtrier | plâtrière |
| plombier | plombière |
| plongeur | plongeuse |
| poète | poète |
| policier | policière |
| polisseur | polisseuse |
| pompier | pompière |
| porte-parole | porte-parole |
| poseur | poseuse |
| postulant | postulante |
| potier | potière |
| pourvoyeur | pourvoyeuse |
| praticien | praticienne |
| précurseur | précurseure |
| prédécesseur | prédécesseure |
| préfet | préfète |
| premier | première |
| ministre | ministre |
| préposé | préposée |
| présentateur | présentatrice |
| président | présidente |
| principal | principale |
| procureur | procureure |
| producteur | productrice |
| professeur | professeure |
| professeur- | professeure- |
| chercheur | chercheuse |
| programmateur | programma-trice |
| programmeur | program-meuse |
| promoteur | promotrice |
| prospecteur | prospectrice |
| puériculteur | puéricultrice |

**R**

| | |
|---|---|
| radiologiste | radiologiste |
| radiologue | radiologue |
| rapporteur | rapporteuse |
| réalisateur | réalisatrice |
| recenseur | recenseuse |
| réceptionniste | réceptionniste |
| recruteur | recruteuse |
| recteur | rectrice |
| rédacteur | rédactrice |
| régisseur | régisseuse |
| registraire | registraire |
| rembourreur | rembourreuse |
| remplaçant | remplaçante |

| | |
|---|---|
| réparateur | réparatrice |
| répartiteur | répartitrice |
| repasseur | repasseuse |
| répétiteur | répétitrice |
| répondant | répondante |
| reporteur | reporteuse |
| représentant | représentante |
| requérant | requérante |
| responsable | responsable |
| restaurateur | restauratrice |
| retraité | retraitée |
| réviseur | réviseure |

**S**

| | |
|---|---|
| sapeur-pompier | sapeuse-pompière |
| sauveteur | sauveteuse |
| scrutateur | scrutatrice |
| sculpteur | sculpteure |
| secrétaire | secrétaire |
| secrétaire-trésorier | secrétaire-trésorière |
| sénateur | sénatrice |
| sergent | sergente |
| serrurier | serrurière |
| serveur | serveuse |
| soigneur | soigneuse |
| solliciteur | solliciteuse |
| soudeur | soudeuse |
| souffleur | souffleuse |
| sous-ministre | sous-ministre |
| sous-traitant | sous-traitante |
| stagiaire | stagiaire |
| statisticien | statisticienne |
| substitut | substitut |
| successeur | successeure |
| supérieur | supérieure |
| superviseur | superviseure |
| surintendant | surintendante |
| surveillant | surveillante |
| syndic | syndique |

**T**

| | |
|---|---|
| tailleur | tailleuse |
| tapissier | tapissière |
| technicien | technicienne |
| téléphoniste | téléphoniste |
| teneur de livres | teneuse de livres |

| | |
|---|---|
| terminologue | terminologue |
| tisserand | tisserande |
| traducteur | traductrice |
| traiteur | traiteuse |
| travailleur | travailleuse |
| travailleur | travailleuse |
| social | sociale |
| trésorier | trésorière |
| trieur | trieuse |
| tuteur | tutrice |
| tuyauteur | tuyauteuse |
| typographe | typographe |

## U

| | |
|---|---|
| urgentologue | urgentologue |
| usager | usagère |
| utilisateur | utilisatrice |

## V

| | |
|---|---|
| vendeur | vendeuse |
| vérificateur | vérificatrice |
| vétérinaire | vétérinaire |
| vice-président | vice-présidente |
| vitrier | vitrière |
| voyagiste | voyagiste |
| voyant | voyante |

## Z

| | |
|---|---|
| zoologiste | zoologiste |
| zootechnicien | zootechni-cienne |

# 10 La langue claire et simple

Écrire dans une langue claire et simple, cela veut dire énoncer le message de façon que les destinataires puissent le comprendre immédiatement, dès la première lecture. Il ne s'agit pas d'adopter un style puéril ou un vocabulaire pauvre, mais d'adapter le texte aux destinataires. C'est dire que le rédacteur, tout en recherchant la clarté et la simplicité, doit opter pour un style, un ton, un niveau de langue et un vocabulaire qui varieront chaque fois selon la nature du texte et selon le public-cible.

## 10.1 Avant de rédiger

### 10.1.1 Adapter le texte aux destinataires

Dans un premier temps, le rédacteur se pose les questions suivantes :

— Qui sont les destinataires?

S'agit-il de spécialistes, d'adolescents, du grand public ou de personnes pour qui le français n'est pas la langue maternelle?

— Quels sont les renseignements à transmettre?

Les lecteurs ont-ils besoin de renseignements détaillés ou d'un simple résumé? Doivent-ils connaître l'historique d'une décision ou seulement les conséquences que cette décision aura sur eux? Sur quels aspects de la question doit-on mettre l'accent?

— À quoi ces renseignements doivent-ils servir?

S'agit-il d'informer les lecteurs, de les amener à prendre une décision ou de les inciter à participer à un programme?

### 10.1.2 Organiser les idées

Avant de commencer à rédiger, le rédacteur ordonne ses idées et choisit la façon dont il veut les présenter. Il s'agit pour lui :

— De déterminer l'objet du document.

— D'établir l'ordre de présentation des idées. Par exemple, l'ordre chronologique convient bien dans le cas d'une marche à suivre; par contre, s'il faut décrire une nouvelle politique, il est préférable d'exposer les généralités avant d'entrer dans les détails.

&mdash; De décider s'il y a lieu de dresser une table des matières, dans le cas où le document sera d'une certaine longueur.

L'ordre de présentation des idées ou des arguments, dans l'ensemble du texte comme dans chacun des paragraphes, peut varier suivant les circonstances : il appartient au rédacteur de décider s'il veut exposer ses arguments les plus importants au tout début (c'est la méthode habituelle), ou les réserver pour la fin &mdash; l'essentiel étant de les ordonner avec soin, selon un plan.

## 10.2  Le choix des mots

### 10.2.1  Choisir des termes simples

Les destinataires d'un même texte n'ont pas nécessairement tous le même bagage linguistique. C'est pourquoi, lorsqu'on rédige une note de service à l'intention de l'ensemble du personnel d'un organisme, par exemple, il est préférable d'employer des mots qui appartiennent à la langue courante. Au lieu d'écrire :

> Les divers services devront *se réapproprier* les tâches qui leur étaient *dévolues préalablement à* la dernière réorganisation de la Division.

on pourrait choisir des termes plus simples, c'est-à-dire remplacer *se réapproprier, dévolues* et *préalablement à* :

> Les divers services devront *reprendre* les tâches *dont ils avaient la responsabilité avant* la dernière réorganisation de la Division.

Choisir des termes simples, c'est aussi éviter les mots inutiles et, du même coup, viser la concision. Au lieu de dire :

> Les inspecteurs effectueront une visite *d'une durée de deux heures* aux laboratoires et *passeront en revue* les *données contenues dans les listes des produits chimiques* utilisés dans chacun pour en faire rapport au Ministère.

on pourrait s'exprimer ainsi :

> Les inspecteurs effectueront une visite *de deux heures* aux laboratoires, *examineront* les *listes des produits chimiques* utilisés et feront rapport au Ministère.

On évite les mots ou les groupes de mots longs et complexes; par exemple, on peut dire :

| | | |
|---|---|---|
| avant | *au lieu de* | préalablement à |
| trop de | *au lieu d'* | un nombre excessif de |
| pour | *au lieu de* | dans le but de |
| si | *au lieu de* | dans la mesure où |
| dans | *au lieu d'* | au sein de |

malgré    *au lieu de*    nonobstant

## 10.2.2  Choisir des tours concrets

Il faut souvent privilégier l'emploi de mots concrets et vivants plutôt que de tours abstraits qui risquent d'alourdir le texte ou d'obscurcir le message. Au lieu de :

> Le tableau 4, présenté ci-dessous, fait ressortir le fait qu'il s'est produit des modifications majeures dans la composition et les conditions d'existence de la population rurale du Canada au cours des années qui viennent de s'écouler.

on pourrait écrire :

> Comme le montre le tableau 4 ci-dessous, la composition et les conditions de vie de la population rurale du Canada ont beaucoup changé ces dernières années.

## 10.2.3  Éviter les termes techniques

Dans les textes qui ne s'adressent pas uniquement à des spécialistes, il convient d'éviter *autant que possible* l'emploi de termes techniques sur lesquels un public profane pourrait buter. Cependant, s'il faut absolument en utiliser, on doit veiller à les définir, à les expliquer ou encore à les faire suivre des mots plus connus entre parenthèses :

> Le gouvernement fédéral a approuvé le programme national de récupération des halons dommageables pour la couche d'ozone. (Les halons, dérivés des hydrocarbures, sont employés comme liquides extincteurs et frigorifiques.)
>
> sélénologie (étude de la Lune)
>
> tomodensitomètre (*CAT scan*)

Le même raisonnement vaut dans le cas des sigles ou des abréviations appartenant au jargon technique ou administratif employé dans la fonction publique, par exemple. En effet, tout le monde ne sait pas que CFP signifie *Commission de la fonction publique* ou qu'OSS désigne un *organisme de service spécial*. De plus, les sigles anglais sont souvent plus familiers aux francophones que les sigles correspondants en français. Pour ces raisons, il faut indiquer le sens des sigles et abréviations dès qu'ils se présentent dans un texte.

Tout comme il ne faut pas abuser des sigles, il est souhaitable d'éviter le plus possible les expressions latines. Elles sont très populaires chez les juristes, mais obscures pour la plupart des profanes :

> *mutatis mutandis* (avec les modifications nécessaires)
> *ultra vires* (au-delà des pouvoirs)

### 10.2.4    Supprimer les périphrases

La périphrase est un groupe de plusieurs mots servant à exprimer une notion qui peut facilement être désignée par un seul mot. Elle se présente souvent sous la forme verbe-complément. Comme elle est lourde et peu naturelle, il y a presque toujours avantage à la remplacer par le mot qui convient et à écrire, par exemple, *modifier* au lieu d'*apporter des modifications*, ou encore *concevoir* au lieu d'*assurer la conception*.

## 10.3    La construction de la phrase

### 10.3.1    Privilégier la voix active

En français, la voix active est généralement plus naturelle que la voix passive. Les phrases à la forme active sont souvent plus faciles à comprendre parce qu'on voit tout de suite qui fait l'action. Au lieu d'écrire :

L'entreposage des transformateurs et la pose des bennes suspendues *doivent être pris en charge* par l'entrepreneur.

on peut très bien rétablir l'actif, pour souligner le rôle de l'agent :

L'entrepreneur *doit prendre en charge* l'entreposage des transformateurs et la pose des bennes suspendues.

Il ne s'agit pas ici de frapper d'interdit la construction passive, qui est parfaitement admise en français et qui permet de donner un éclairage différent. On peut très bien dire :

Le courrier *est expédié* tous les jours à la même heure par la secrétaire du directeur.

*ou*

La secrétaire du directeur *expédie* le courrier tous les jours à la même heure.

### 10.3.2    Opter pour la forme verbale

L'utilisation de verbes plutôt que de noms rend parfois l'énoncé plus vivant et plus clair. Par exemple, la phrase :

Les notes explicatives ci-jointes vous aideront *dans l'interprétation* des documents juridiques.

peut être reformulée ainsi :

Les notes explicatives ci-jointes vous aideront *à interpréter* les documents juridiques.

De même :

Nous vous présenterons un *exposé sur l'interrogation* de notre banque de données informatisée.

pourrait se dire :

> Nous vous *expliquerons comment interroger* notre banque de données informatisée.

### 10.3.3 Construire des phrases de longueur moyenne

Plus une phrase est longue, plus elle exige d'efforts de compréhension de la part du lecteur. Il faut donc viser à former des phrases d'une longueur raisonnable, ni trop longues ni trop courtes, et veiller à ce que les propositions s'enchaînent d'une manière fluide et logique.

Pour raccourcir une phrase longue, il suffit souvent d'éliminer les répétitions et les énoncés inutiles, ou de scinder la phrase en deux :

> Pour sensibiliser davantage les Canadiens aux questions liées au développement, j'annonce aujourd'hui la mise en place d'une importante stratégie d'information du public qui a pour but de renforcer la présence de l'ACDI dans les régions du Canada et de sensibiliser davantage la population aux défis à relever et aux possibilités offertes en matière de développement international.

Cette phrase pourrait être formulée ainsi :

> J'annonce aujourd'hui la mise en place d'une importante stratégie d'information qui fera mieux connaître aux Canadiens les problèmes du développement. Cette stratégie a pour but de renforcer la présence de l'ACDI dans les régions du Canada et de sensibiliser la population aux défis à relever et aux possibilités du développement international.

## 10.4 La clarté

### 10.4.1 Éliminer les ambiguïtés

Il faut veiller à ce que la formulation des idées conduise à une seule interprétation, sans hésitation possible ni effets cocasses :

> Le suspect a frappé violemment un vieil homme *qui a été tué sur le coup et a pris la fuite.*

Il aurait évidemment été préférable d'écrire :

> Le suspect a pris la fuite après avoir frappé violemment un vieil homme, qui a été tué sur le coup.
>
> *ou*
>
> Le suspect a frappé violemment un vieil homme, qui a été tué sur le coup, et a pris la fuite.

Il convient tout particulièrement de faire en sorte que les adjectifs possessifs ou démonstratifs et les pronoms soient bien appuyés, c'est-à-dire que leur antécédent, ou ce qu'ils remplacent, soit clair pour le lecteur :

> Le ministre a été accueilli chaleureusement par son homologue français. *Il* viendra d'ailleurs au Canada sous peu.

Pour éliminer toute ambiguïté, il aurait fallu écrire :

Le ministre a été accueilli chaleureusement par son homologue français, qui viendra d'ailleurs au Canada sous peu.

## 10.4.2 Ne pas hésiter à répéter certains mots clés

Les rédacteurs utilisent parfois des synonymes pour éviter de répéter un mot. Dans certains cas, cela peut dérouter le lecteur : il se demandera si le synonyme désigne quelque chose de différent. Il faut donc répéter certains mots clés, particulièrement dans les documents à caractère didactique (manuels, guides, directives, instructions, etc.) ou dans les textes juridiques (lois et règlements, par exemple).

## 10.4.3 Éviter le jargon et les clichés

Les fonctionnaires connaissent toutes sortes de jargons, de l'économique au juridique, en passant par l'administratif. Les rédacteurs doivent se rappeler que le grand public, lui, risque de n'y rien comprendre. Le lecteur moyen ne saisira pas non plus les termes et les expressions trop recherchés.

Bien entendu, certains des documents rédigés au sein de l'administration publique sont destinés à des spécialistes, qu'ils soient cadres, économistes, scientifiques, juristes ou autres, et il faut dans ces cas utiliser le vocabulaire de ces personnes. Mais il reste que les idées gagnent à être exprimées d'une façon concise et directe, même dans les documents les plus spécialisés.

Il faut éviter des formulations obscures comme :

| | | |
|---|---|---|
| ajustements structuraux | *pour dire* | mises à pied, licenciements |
| redistribution stratégique des ressources | *pour dire* | compressions budgétaires |
| dommages collatéraux | *pour dire* | pertes humaines et matérielles (*domaine militaire*) |

De plus, le rédacteur ne doit pas abuser de clichés comme *dans le cadre de, au niveau de, en fonction de, en matière de*, qui peuvent nuire à la compréhension et produire des effets cocasses :

| *Éviter de dire* | *Et dire plutôt* |
|---|---|
| Le Ministère a organisé, *dans le cadre de* son concours d'affiches, une exposition à laquelle seront invités un grand nombre de jeunes des diverses régions du pays. | Le Ministère a organisé, *à l'occasion de* son concours d'affiches... |

*Au niveau des* vaches laitières, la production est restée sensiblement la même.

*La production laitière* est restée...

J'accepterai ou non ces nouvelles responsabilités *en fonction de* la nature exacte des tâches à exécuter.

J'accepterai ou non ces nouvelles responsabilités *selon* la nature...

Ils n'ont pas toujours pris des décisions très judicieuses *en matière de* matériaux de construction.

Ils n'ont pas toujours pris des décisions très judicieuses *pour ce qui est des* matériaux...

## 10.4.4  Rapprocher le verbe du sujet et du complément

Le lecteur saisira plus facilement le sens d'une phrase si le verbe est placé près de son sujet et de son complément d'objet.

Dans la phrase suivante, le verbe est éloigné du sujet :

*Le gouvernement*, à la suite de nombreuses plaintes qui sont venues de toutes les régions du pays et de tous les milieux, y compris des syndicats et des industries, *a décidé d'appliquer* strictement le règlement sur l'interdiction de fumer.

Dans celle-ci, le verbe est éloigné du complément d'objet :

Le gouvernement *a décidé d'appliquer* strictement, à la suite de nombreuses plaintes qui sont venues de toutes les régions du pays et de tous les milieux, y compris des syndicats et des industries, *le règlement sur l'interdiction de fumer.*

Il serait beaucoup plus clair de dire :

À la suite de nombreuses plaintes, qui sont venues de toutes les régions du pays et de tous les milieux, y compris des syndicats et des industries, *le gouvernement a décidé d'appliquer* strictement *le règlement sur l'interdiction de fumer.*

## 10.4.5  Éviter les longues énumérations horizontales

En règle générale, il vaut mieux éviter les longues énumérations disposées à l'horizontale à l'intérieur d'une même phrase :

Pour obtenir le remboursement des frais de déplacement, vous devez nous faire parvenir, au plus tard le dernier jour ouvrable du mois, une photocopie de la *Demande de services*, une photocopie de l'*Autorisation de voyager*, le talon du billet d'avion, de train ou d'autobus, la note d'hôtel, les reçus de taxis et de restaurants ainsi que toute autre preuve de dépenses supplémentaires effectuées au cours du voyage.

Il est plutôt recommandé de présenter ces énumérations à la verticale, de manière à en bien détacher les éléments :

> Pour obtenir le remboursement des frais de déplacement, vous devez nous faire parvenir, au plus tard le dernier jour ouvrable du mois :
> 1) une photocopie de la *Demande de services*;
> 2) une photocopie de l'*Autorisation de voyager*;
> 3) le talon du billet d'avion, de train ou d'autobus;
> 4) la note d'hôtel;
> 5) les reçus de taxis et de restaurants;
> 6) toute autre preuve de dépenses supplémentaires effectuées au cours du voyage.

V.a. 3.1.3.

### 10.4.6 Employer à bon escient la forme négative

La forme négative, employée judicieusement, permet entre autres d'exprimer en les atténuant des opinions qui, énoncées à l'affirmative, pourraient sembler trop catégoriques ou manquer de délicatesse. Comparer :

| | |
|---|---|
| *Je n'ai pas aimé* ce procédé. | *J'ai détesté* ce procédé. |
| *Ils ne se sont pas bien acquittés* de ce travail. | *Ils se sont mal acquittés* de ce travail. |

Il faut bien entendu se garder d'en abuser, et s'exprimer de façon plus directe, à l'affirmative, quand les circonstances ne commandent pas le contraire. Par ailleurs, certaines tournures négatives peuvent donner à la phrase une allure prétentieuse ou condescendante. Il vaut donc mieux :

| *Éviter de dire* | *Et dire plutôt* |
|---|---|
| *Comme vous n'êtes pas sans le savoir*, notre service sera bientôt aboli. | *Comme vous le savez*, notre service sera bientôt aboli. |

On évite les négations qui risquent de nuire à la clarté de l'énoncé. Par exemple, il pourrait être difficile pour un étranger qui aspire à immigrer au Canada et dont le français n'est pas la langue première de répondre, sur un formulaire, à la question suivante :

> Ne vous êtes-vous jamais rendu coupable d'un acte criminel?

## 10.5 La présentation matérielle

Pour faciliter la lecture, il ne suffit pas d'écrire clairement et simplement. Il faut aussi soigner la présentation matérielle du texte :

— Opter pour des polices de caractères ordinaires, faciles à lire, plutôt que pour des polices de fantaisie qui risquent de fatiguer l'oeil.

— Choisir des caractères assez gros.

— Aérer le texte : laisser assez d'espace entre les paragraphes, les tableaux, les graphiques, etc., et prévoir des marges suffisantes. Ne pas hésiter à employer des jalons énumératifs, comme des chiffres, des lettres ou des symboles, pour alléger la présentation.

# 11 Les noms géographiques

## 11.1 Les noms géographiques du Canada

Au Canada, l'écriture des noms géographiques obéit à des règles générales, qui ont été établies d'après les lignes directrices publiées par le Conseil du Trésor en 1983 et par le Secrétariat d'État en 1984. Ces règles indiquent notamment dans quels cas il est recommandé de traduire ou de ne pas traduire les noms géographiques anglais dans les textes français.

### 11.1.1 Toponyme, générique et spécifique

Un *toponyme*, c'est-à-dire au sens large un *nom géographique*, se compose d'un élément générique et d'un élément spécifique (v.a. 3.3.7). Dans le cas d'une *entité géographique*, comme un lac, une rivière, une île, le **générique** est l'élément du toponyme qui identifie de façon générale la nature de l'entité :

> *dans* lac Champlain, *le générique est* lac
> *dans* Little Current River, *le générique est* River

Quant au **spécifique**, il identifie de façon particulière l'entité géographique :

> *dans* lac Champlain, *le spécifique est* Champlain
> *dans* Little Current River, *le spécifique est* Little Current

Le nom *officiel* désigne la ou les formes d'un nom géographique approuvées par une autorité provinciale, territoriale ou fédérale. Ces formes figurent dans le *Répertoire géographique du Canada*, que le Comité permanent canadien des noms géographiques publie pour les provinces et les territoires à l'exception du Québec, et dans le *Répertoire toponymique du Québec*, que publie la Commission de toponymie du Québec.

### 11.1.2 Catégories de noms géographiques

Les règles énoncées plus loin s'appliquent essentiellement aux noms d'*entités géographiques*. Elles ne portent *pas* sur les catégories de noms géographiques suivantes :

**a)    Les noms de lieux habités**

Seules deux municipalités du Canada possèdent un nom ayant deux
formes officielles : Grand-Sault ou Grand Falls, et Cap-des-Caissie ou
Caissie Cape, toutes deux situées au Nouveau-Brunswick. Les autres
villes ne possèdent qu'une seule forme autorisée. C'est notamment le cas
pour St. John's (Terre-Neuve) et Saint John (Nouveau-Brunswick). La
forme française *Saint-Jean*, bien que passée dans l'usage, n'a aucun statut
officiel.

**b)    Les noms d'intérêt pancanadien**

Les 81 noms d'intérêt pancanadien, dont la liste a été établie par le
Conseil du Trésor en 1983, ont une forme bien connue en anglais et en
français (v. 11.1.9). Les deux formes ont un caractère officiel.

**c)    Les noms de parcs nationaux**

La liste des noms des parcs nationaux, des lieux historiques nationaux
ainsi que des canaux et écluses historiques est diffusée par Parcs Canada.

**d)    Les noms scientifiques ou géologiques**

Les noms scientifiques, et particulièrement les noms d'entités géologiques
(plates-formes structurales, bassins tectoniques, boucliers, etc.), diffèrent
des noms géographiques du fait qu'ils désignent des entités que l'on ne
peut définir uniquement au moyen de critères géographiques (latitude,
longitude et altitude). Cela dit, la démarcation entre *nom géographique*
et *nom géologique* est parfois très floue. Seule la consultation des
répertoires géographiques permet de déterminer si le nom du bassin X est
bel et bien le nom géographique officiel.

**e)    Les noms des entités sous-marines**

Plusieurs noms d'entités sous-marines ont une forme française approuvée
par le Comité consultatif des noms d'entités sous-marines et marines.
Pour les connaître, on doit consulter le *Répertoire des noms d'entités
sous-marines*.

**f)    Les noms parallèles et les traductions provinciales**

Dans certaines circonstances, les autorités provinciales et territoriales
admettent l'emploi de noms géographiques qui ne sont pas officiels.
Lorsqu'il existe une variante française pour un nom officiel anglais, cette
variante est préférée à toute autre forme française non officielle du
toponyme (v. 11.1.10).

## 11.1.3    Traduction du générique

En règle générale, le générique d'un nom d'entité géographique se
traduit :

Yellowknife River                         rivière Yellowknife (T.N.-O.)

On utilise de préférence l'équivalent français indiqué dans le glossaire des *Génériques en usage dans les noms géographiques du Canada*, publié par le Bureau de la traduction (BT-176), à moins que l'usage n'en ait consacré un autre. Pour les entités importantes, le terme usité est celui qu'on trouve dans *Atlas et toponymie du Canada*, publié en 1969, et sur la carte du Canada à 1/2 000 000 en six feuilles, publiée en 1971.

Dans certains cas, le générique ne se traduit pas en français. Il peut alors être précédé du terme approprié :

— *Le générique n'indique pas la véritable nature de l'entité*

| | |
|---|---|
| Old Sea (lake) | lac Old Sea (T.-N.) |
| Beaver Brook (river) | rivière Beaver Brook (T.-N.) |
| Black Duck Pond (lake) | lac Black Duck Pond (T.-N.) |

— *Le générique est rare ou emprunté à une langue étrangère*

| | |
|---|---|
| Robinson Bight (bay) | baie Robinson Bight (T.-N.) |
| Whale Grotto (cave) | la (caverne) Whale Grotto (T.-N.) |
| Hanbury Kopje (hill) | colline Hanbury Kopje (T.N.-O.) |

— *Le spécifique comporte un nom commun séparé du générique* par une particule de liaison. On fait précéder le nom de l'article défini :

| | |
|---|---|
| Bay of Two Rivers | la Bay of Two Rivers (T.N.-O.) |
| Cascade of the Thirteen Steps | la Cascade of the Thirteen Steps (T.N.-O.) |
| Islands of God's Mercie | les Islands of God's Mercie (T.N.-O.) |

— *Le toponyme est constitué du seul générique précédé de l'article* The. L'article doit toujours être conservé tel quel :

| | |
|---|---|
| The Falls (rapids) | les rapides (appelés) The Falls (N.-É.) |
| The Peak (shoal) | le haut-fond The Peak (N.-É.) |

— *Le générique n'a pas d'équivalent reconnu en français.* On fait précéder le nom du générique approprié :

| | |
|---|---|
| Nelson Deadwater | les eaux Nelson Deadwater (N.-B.) |
| Caswall Tower | le mont Caswall Tower (T.N.-O.) |

— *Le spécifique anglais est un nombre ordinal*

| | |
|---|---|
| First Narrows | passage First Narrows (C.-B.) |
| Second Brook | ruisseau Second Brook (N.-B.) |

**Remarques**

1. Le générique s'écrit avec la *minuscule* en français dans les textes suivis. Cependant, il prend la majuscule lorsqu'il est placé après le spécifique :

> le lac Grand
> *mais*
> les Grands Lacs

Dans les cartes et sur les panneaux, on emploie cependant la *majuscule* :

> Lac Grand
> Les Grands Lacs

2. Le générique peut être omis en français dans les noms de fleuves et de rivières. Le genre de l'article est alors masculin dans le cas des fleuves et féminin dans le cas des rivières :

> le (fleuve) Nelson (Man.)
> la (rivière) Saskatchewan-Sud (Sask.)

Quelques rivières du Québec font exception à la règle :

> le Richelieu                    le Saint-Maurice
> le Saint-François               le Saguenay

## 11.1.4   Traduction du spécifique

En règle générale, le spécifique ne se traduit pas :

> River of Ponds Lake               lac River of Ponds (T.-N.)

On laisse le spécifique dans sa forme officielle (v. 11.1.1). Il faut aussi lui laisser toutes les particularités qu'il peut comporter, telles que les traits d'union, les marques du possessif ('), les accents, les apostrophes et les majuscules, sans rien ajouter ni retrancher :

— *Traits d'union*

> Clinton-Colden Lake              lac Clinton-Colden (T.N.-O.)
> Bell-Irving River                rivière Bell-Irving (C.-B.)
> *mais*
> Graham Moore Bay                 baie Graham Moore
>                                  (T.N.-O.)
> Frederick House Lake             lac Frederick House (Ont.)

— *Marques du possessif*

> Deadman's Bay                    baie Deadman's (T.-N.)
> Hermit's Cove Point              pointe Hermit's Cove (T.-N.)

— *Accents*

> Chéticamp Island                 île Chéticamp (N.-É.)
> Point Enragée                    pointe Enragée (T.-N.)
> *mais*
> Belanger Lake                    lac Belanger (Sask.)
> Cape Enrage                      cap Enrage (N.-B.)

— *Apostrophes*

| | |
|---|---|
| Qu'Appelle River | rivière Qu'Appelle (Sask.) |
| Cape M'Clure | cap M'Clure (T.N.-O.) |

— *Majuscules*

| | |
|---|---|
| Trompe l'Oeil Point | pointe Trompe l'Oeil (T.-N.) |
| Ebb and Flow Lake | lac Ebb and Flow (Man.) |

## 11.1.5 Adjectifs

Certains adjectifs — tels que *Lower* (« inférieur »), *Upper* (« haut » ou
« supérieur »), *Big* (« gros »), *Small* (« petit »), *Grand* (« grand »), *Great*
(« grand »), *Little* (« petit »), *Lesser* (« bas » ou « inférieur ») et *Middle*
(« moyen ») — se traduisent lorsqu'ils qualifient le générique et qu'ils ne
tiennent pas lieu de spécifique. Ils prennent la majuscule :

| | |
|---|---|
| Little Lake Francis | Petit lac Francis (Man.) |
| Tangier Grand Lake | Grand lac Tangier (N.-É.) |
| Little Main | Petite rivière Main |
| Restigouche River | Ristigouche (N.-B.) |

Noter que *Ristigouche* est la forme officielle en français (v. 11.1.9).

Les adjectifs ne se traduisent pas s'ils qualifient le spécifique ou qu'ils
tiennent lieu de spécifique :

| | |
|---|---|
| Big Mountain Lake | lac Big Mountain (Ont.) |
| Little Current River | rivière Little Current (Ont.) |
| Small Lake | lac Small (Man.) |

Les adjectifs *Outer* et *Inner* ne se traduisent pas :

| | |
|---|---|
| Outer Duck Lake | lac Outer Duck (Ont.) |

**Remarque**

Il est parfois difficile de déterminer si l'adjectif qualifie le générique ou
le spécifique. En cas de doute, mieux vaut s'abstenir de traduire
l'adjectif. *Small Bear Lake*, par exemple, se traduit par *lac Small Bear* et
non par *Petit lac Bear*.

## 11.1.6 Points cardinaux

Comme les adjectifs, les points cardinaux se traduisent lorsqu'ils
qualifient le générique et qu'ils ne tiennent pas lieu de spécifique. Ils sont
apposés au spécifique sans trait d'union, et prennent la majuscule :

| | |
|---|---|
| North Macmillan River | rivière Macmillan Nord (Yukon) |
| Little Southwest Miramichi River | Petite rivière Miramichi Sud-Ouest (N.-B.) |
| North Big Salmon River | rivière Big Salmon Nord (Yukon) |

Ils ne se traduisent pas lorsqu'ils qualifient le spécifique ou qu'ils tiennent lieu de spécifique :

| | |
|---|---|
| East Pen Island | île East Pen (T.N.-O.) |
| West Road River | rivière West Road (C.-B.) |
| East Bay | baie East (T.-N.) |
| South River | rivière South (T.-N.) |

**Remarque**

En cas de doute, il faut s'abstenir de traduire le point cardinal. *West Road Brook*, par exemple, se traduit par *ruisseau West Road* et non par *ruisseau Road Ouest*.

## 11.1.7 Particules de liaison

En français, le générique est généralement apposé au spécifique sans particule de liaison. On emploie cependant une particule dans certains cas :

— *Il s'agit d'un nom de détroit ou de mer*

| | |
|---|---|
| Beaufort Sea | mer de Beaufort (T.N.-O.) |
| Juan de Fuca Strait | détroit de Juan de Fuca (C.-B.) |

— *Lorsqu'il y a lieu d'exprimer un rapport d'appartenance* ou lorsque le spécifique est emprunté au nom d'une autre entité. Par exemple, une vallée porte presque toujours le nom du cours d'eau qui l'arrose; parfois, un isthme porte le nom de la presqu'île qu'il relie au continent :

| | |
|---|---|
| Fraser Valley | vallée du Fraser (C.-B.) |
| Annapolis Valley | vallée de l'Annapolis (N.-É.) |
| Boothia Isthmus | isthme de Boothia (T.N.-O.) |

— *Le spécifique est un nom propre séparé du générique* par la préposition *of*

| | |
|---|---|
| Gulf of Boothia | golfe de Boothia (T.N.-O.) |

— *Le spécifique est un nom commun français*

| | |
|---|---|
| Petit Paresseux Falls | chutes du Petit Paresseux (Ont.) |
| Grande Anse River | rivière de la Grande Anse (N.-É.) |

— *L'usage a consacré l'emploi d'une préposition*

| | |
|---|---|
| Boothia Peninsula | presqu'île de Boothia (T.N.-O.) |
| Niagara Escarpment | escarpement du Niagara (Ont.) |
| Scarborough Bluffs | falaises de Scarborough (Ont.) |

## 11.1.8   Exceptions

Il arrive que l'on donne un nom français à une entité géographique pour
des raisons d'ordre historique, culturel ou autre. On inscrit alors le nom
anglais officiel entre parenthèses. Ainsi le nom *bassin des Mines*, malgré
son importance historique, n'est pas un nom officiel. Il faudra donc
écrire, par exemple :

> On les retrouve dans la partie sud du bassin des Mines (Minas Basin)
> [N.-É.].

Dans certains cas, il peut être jugé nécessaire de rendre en français le
contenu informatif du toponyme :

> Cette essence croît autour du bras Erin de la rivière Credit (Credit
> River Erin Branch) [Ont.].

Dans l'exemple suivant, le nom est traduit à cause de son association à
un nom d'intérêt pancanadien, le Grand lac des Esclaves :

> Le campement a été établi le long de la rivière des Esclaves (Slave
> River) [T.N.-O.].

## 11.1.9   Liste des noms d'intérêt pancanadien

Les noms d'intérêt pancanadien désignent les grandes entités géographiques du pays qui, pour des raisons historiques, ont un nom officiel distinct en anglais et en français.

**A**

Abitibi, lac / Lake Abitibi
Anticosti, île d' / Anticosti Island
Appalaches, les / Appalachian Mountains
Arctique, océan / Arctic Ocean
Athabasca, lac / Lake Athabasca
Athabasca, rivière / Athabasca River
Atlantique, océan / Atlantic Ocean

**B**

Baffin, baie de / Baffin Bay
Baffin, île de / Baffin Island
Beaufort, mer de / Beaufort Sea
Belle Isle, détroit de / Strait of Belle Isle
Bois, lac des / Lake of the Woods

**C**

Cabot, détroit de / Cabot Strait
Cap-Breton, île du / Cape Breton Island
Chaleurs, baie des / Chaleur Bay
Champlain, lac / Lake Champlain
Churchill, fleuve (T.-N.) / Churchill River (Nfld.)
Churchill, rivière (Man.) / Churchill River (Man.)
Colombie-Britannique / British Columbia
Columbia, fleuve / Columbia River
Côtière, chaîne / Coast Mountains

**D**

Davis, détroit de / Davis Strait

**E**

Ellesmere, île d' / Ellesmere Island
Érié, lac / Lake Erie
Esclaves, Grand lac des / Great Slave Lake

**F**

Franklin, district de / District of Franklin
Fraser, fleuve / Fraser River
Fundy, baie de / Bay of Fundy

**G**

Georgienne, baie / Georgian Bay

**H**

Hudson, baie d' / Hudson Bay
Hudson, détroit d' / Hudson Strait
Huron, lac / Lake Huron

**I**

Île-du-Prince-Édouard / Prince Edward Island

**J**

James, baie / James Bay

**K**

Keewatin, district de / District of Keewatin

**L**

Labrador, mer du / Labrador Sea
Laurentides, Les / Laurentian Mountains

**M**

Mackenzie, district de / District of Mackenzie
Mackenzie, fleuve / Mackenzie River
Manitoba, lac / Lake Manitoba
Michigan, lac / Lake Michigan

**N**

Nelson, fleuve / Nelson River
Niagara, chutes / Niagara Falls

Nipigon, lac / Lake Nipigon
Nipissing, lac / Lake Nipissing
Nord-Ouest, Territoires du /
  Northwest Territories
Northumberland, détroit de /
  Northumberland Strait
Nouveau-Brunswick / New Brunswick
Nouvelle-Écosse / Nova Scotia

**O**

Ontario, lac / Lake Ontario
Ours, Grand lac de l' / Great
  Bear Lake
Outaouais, rivière des / Ottawa River

**P**

Pacifique, océan / Pacific Ocean
Paix, rivière de la / Peace River
Pluie, lac à la / Rainy Lake
Pluie, rivière à la / Rainy River

**Q**

Québec (province) / Quebec
  (province)

**R**

Reine-Charlotte, îles de la / Queen
  Charlotte Islands
Reine-Élisabeth, îles de la / Queen
  Elizabeth Islands
Ristigouche, rivière / Restigouche
  River
Rocheuses, montagnes / Rocky
  Mountains
Rouge, rivière / Red River

**S**

Sable, île de / Sable Island

Saguenay, rivière / Saguenay River
Sainte-Claire, lac / Lake St. Clair
Saint-Jean, rivière / Saint John River
Saint-Laurent, fleuve / St. Lawrence
  River
Saint-Laurent, golfe du / Gulf of
  St. Lawrence
Saskatchewan Nord, rivière / North
  Saskatchewan River
Saskatchewan, rivière / Saskatchewan
  River
Saskatchewan Sud, rivière / South
  Saskatchewan River
Supérieur, lac / Lake Superior

**T**

Témiscamingue, lac / Lake
  Timiskaming
Terre-Neuve / Newfoundland

**U**

Ungava, baie d' / Ungava Bay

**V**

Vancouver, île de / Vancouver Island

**W**

Winnipeg, lac / Lake Winnipeg
Winnipegosis, lac / Lake
  Winnipegosis
Winnipeg, rivière / Winnipeg River

**Y**

Yukon, fleuve / Yukon River
Yukon, Territoire du / Yukon
  Territory

## 11.1.10  Noms parallèles reconnus par les provinces

### MANITOBA

*Nom officiel — Équivalent reconnu*

Plum River — rivière aux Prunes
Rat River — rivière aux Rats
rivière aux Marais — Marais River
Red River Floodway — canal de dérivation de la Rivière Rouge
Seine River Floodway — canal de dérivation de la Rivière Seine

### NOUVEAU-BRUNSWICK

*Nom officiel anglais — Nom officiel français*

Green River — rivière Verte
St. Francis River — rivière Saint-François
Second Falls — Deuxième Sault (chute)
Grand Falls (town) — Grand-Sault (ville)
Caissie Cape (rural community) — Cap-des-Caissie (communauté rurale)

### ONTARIO

*Nom officiel — Nom parallèle approuvé*

Detroit River — rivière Détroit
French River — rivière des Français
St. Clair River — rivière Sainte-Claire

# 11.2  Les noms géographiques étrangers

On hésite souvent sur la façon correcte d'écrire les toponymes étrangers. Certains noms possèdent un équivalent reconnu en français — comme *Barcelone*, *Floride*, *Londres* ou *Rome*, — mais beaucoup d'autres sont orthographiés de diverses façons dans les dictionnaires. De même, quantité de lieux ne sont pas désignés sous le même nom d'une langue à l'autre, notamment en anglais et en français. C'est le cas d'un bon nombre de villes qui ont conservé leur appellation originale en anglais, mais non en français :

Aachen *en allemand et en anglais, mais* Aix-la-Chapelle *en français*
Cartagena *en espagnol et en anglais, mais* Carthagène *en français*
Lucca *en italien et en anglais, mais* Lucques *en français*

Il faut donc toujours faire preuve de prudence dans ce domaine. Devant les caprices de l'usage, le rédacteur doit consulter les sources récentes les plus fiables, c'est-à-dire les bons dictionnaires de noms propres, les dictionnaires bilingues et les publications sérieuses de langue française.

## 11.2.1  Orthographe

L'orthographe des noms géographiques varie parfois d'un ouvrage à l'autre. Par exemple, le nom du Koweït s'écrit selon différents dictionnaires et encyclopédies *Koweït, Koweit, Kuwait* ou *Kuweit*. Pour la capitale de la Somalie, on relève les variantes *Mogadiscio, Mogadishu, Muqdisho*. Si l'on veut faire un choix éclairé, il faut s'appuyer sur certains principes :

— *Employer une forme courante.* Il faut éviter les graphies parfaitement françaises mais qui sont inexistantes ou qui n'ont plus cours. Ainsi on doit écrire :

Canterbury *et non* Cantorbéry
Detroit *et non* Détroit
Istanbul *et non* Istanboul
Johannesburg *et non* Johannesbourg
New Delhi *et non* Nouvelle-Delhi

Lorsque l'usage est hésitant, on doit néanmoins choisir la forme la plus française possible. Par exemple, *Koweït* est préférable à *Kuwait*. De même, on évitera d'écrire *Muqdisho* au lieu de *Mogadiscio*.

— *Tenir compte de l'évolution de l'usage.* L'usage anglais finit par s'imposer dans certains cas. *Djakarta* s'écrit souvent *Jakarta*; *Hanoï* est devenu *Hanoi*. De même, des pays changent de nom, par exemple :

la Biélorussie *devenue* le Bélarus
la Birmanie *devenue* le Myanmar
la Kirghizie *devenue* le Kirghizistan
la Moldavie *devenue* la Moldova
la Turkménie *devenue* le Turkménistan

Les nouvelles appellations ont préséance même si elles ne sont pas toujours entrées dans l'usage courant. On entend encore parler de la Birmanie, mais il ne s'agit plus du nom officiel de ce pays.

— *Éviter les graphies trop savantes.* En français, on peut soit conserver, soit omettre les signes diacritiques des langues étrangères, tels que les accents graves, les accents aigus, les trémas, les tildes, les barres, etc. Ces signes servent ou bien à marquer l'accent tonique, surtout dans les langues latines :

> Città del Castello
> León
> Málaga

ou bien à modifier la prononciation d'une lettre :

> São Paulo                    Wrocław
> Hjørring                     Düsseldorf

Certaines de ces graphies sont couramment employées. Aujourd'hui, le français, comme les autres langues, tend toutefois à normaliser l'orthographe des mots qu'il emprunte aux langues étrangères. Aussi est-il préférable en général d'éviter certaines graphies qui visent à refléter la prononciation exacte du nom dans la langue d'origine, comme :

> Āfghanistān
> Arabie sa'udite
> Xi'an

Il est important de ne pas ajouter de signes de son propre chef : à moins que le rédacteur ait une connaissance parfaite de la langue en question, ce genre d'exercice peut s'avérer périlleux.

## 11.2.2   Genre et article

On trouve généralement le *genre* des noms de pays dans les dictionnaires courants (v.a. 11.2.8). Il est beaucoup plus difficile cependant d'y trouver celui des appellations qui désignent les États fédératifs, les régions, les villes, etc. Les dictionnaires et les encyclopédies n'en mentionnent habituellement pas le genre, bien que parfois un accord de participe dans le corps d'un article puisse nous éclairer. Et une fois connu le genre, il reste encore à savoir si le nom requiert l'*article* ou non.

Les ouvrages hésitent à se prononcer parce que l'usage n'est pas toujours fixé, tant pour le genre que pour l'emploi de l'article. Il existe heureusement des moyens de se tirer d'affaire :

— *Si aucun genre n'est indiqué.* On peut employer un générique comme « l'État de », « la province de », « la région de », etc. :

> l'État d'Oaxaca

— *Si le genre est indiqué.* Le toponyme est parfois suivi de la mention « n. m. » ou « n. f. ». Il ne reste plus qu'à savoir s'il requiert l'article ou non. Si la réponse ne se trouve pas dans le corps du texte, on peut supposer que le toponyme exige l'article, comme c'est le cas la plupart du temps :

l'Andhra Pradesh
le Minas Gerais

— *Si le genre est connu mais que les ouvrages se contredisent.* Par exemple, *Sri Lanka* est féminin et s'écrit sans article selon *Le lexique des Nations Unies*, tandis que certains dictionnaires lui attribuent le genre masculin avec article (*le Sri Lanka*). En ce qui concerne les noms de pays, il est préférable de suivre l'usage adopté par les grands organismes internationaux.

## 11.2.3  Trait d'union

### a)  Substantif et adjectif

Lorsqu'un substantif et un adjectif forment un toponyme administratif, ils sont reliés par un trait d'union, et chacun des termes commence par la majuscule [v.a. 3.3.7b)]. Car il ne faut pas confondre *Australie occidentale* et *Australie-Occidentale* : la première expression est une dénomination *géographique* qui désigne de façon générale la partie Ouest de l'Australie, tandis que la seconde est la dénomination *administrative* officielle de l'un des six États fédératifs formant l'Australie. D'où le trait d'union et la majuscule à « Occidentale ».

### b)  Juxtaposition de toponymes

Lorsque plusieurs toponymes sont juxtaposés pour désigner un État, il convient de les relier par des traits d'union :

La Trinité-et-Tobago siégera au Conseil de sécurité des Nations Unies.

Si, au contraire, les toponymes ne sont employés que dans un sens géographique, on ne met pas de trait d'union :

La Trinité et Tobago sont situées dans les Antilles.

Les îles de la Trinité et de Tobago sont situées dans les Antilles.

Il arrive que l'on crée une dénomination administrative en juxtaposant deux toponymes de genres différents. Dans ce cas, l'euphonie veut que l'on confère à la nouvelle entité le genre du premier substantif :

La Rhénanie-Palatinat et le Mecklembourg-Poméranie-Occidentale sont des Länder de l'Allemagne.

### c)  Toponyme et point cardinal

Lorsqu'un toponyme comprend un point cardinal introduit par la préposition *de* ou l'article contracté *du*, les éléments ne sont pas reliés par un trait d'union :

l'Allemagne de l'Ouest
la Corée du Nord

Si le toponyme comporte en outre un adjectif, cet adjectif est relié au reste du nom par un trait d'union :

la Nouvelle-Galles du Sud

Si un toponyme comprenant un point cardinal est juxtaposé à un autre toponyme pour former une dénomination administrative, tous les éléments sont reliés par des traits d'union :

la Rhénanie-du-Nord-Westphalie

La juxtaposition directe d'un toponyme et d'un point cardinal, sans préposition ou article contracté, exige trait d'union et majuscules initiales :

Jérusalem-Ouest
Berlin-Est

Le nom des océans fait exception à cette règle :

l'Atlantique Nord
le Pacifique Sud

**Remarque**

Le gentilé des toponymes qui comportent un point cardinal se forme avec le trait d'union et la majuscule initiale :

Est-Allemand
Nord-Coréen

Toutefois, ces formes, quoique répandues, peuvent être remplacées par des tournures plus françaises, mais plus longues :

Allemand de l'Est
Coréen du Nord

## 11.2.4   Noms de villes

### a)   Genre

Les noms de villes qui commencent par un article prennent le genre de ce dernier. Ainsi, *Le Caire*, *Le Cap* sont masculins et *La Nouvelle-Orléans*, *La Paz* sont féminins.

Pour les autres noms de villes, il n'existe pas de règle précise. L'usage ne marque pas de préférence pour le masculin ou pour le féminin, si ce n'est que le féminin se rencontre peut-être plus souvent dans les oeuvres littéraires, tandis que le masculin semble vouloir s'imposer dans les textes plus courants; mais cette tendance n'est pas très nette.

### b)   Article

La plupart des noms de villes ne comportent pas d'article initial. En position de complément, ils se font précéder de la préposition *à*, sans article :

à Dakar

à Téhéran

Cette règle s'applique notamment aux villes qui portent le nom du pays dont elles sont la capitale :

| | |
|---|---|
| à Djibouti | à Monaco |
| à Guatemala | à Panama |
| à Koweït | à Saint-Marin |
| à Luxembourg | à Singapour |

Lorsqu'ils désignent l'État plutôt que la ville, les noms de *Djibouti, Monaco, Saint-Marin* et *Singapour* ne prennent pas non plus l'article. On écrira donc, dans ce cas aussi :

| | |
|---|---|
| à Djibouti | à Saint-Marin |
| à Monaco | à Singapour |

Mais *Guatemala, Koweït, Luxembourg* et *Panama*, quand ils désignent le pays, exigent l'article. Ils sont précédés de l'article contracté *au* :

| | |
|---|---|
| au Guatemala | au Luxembourg |
| au Koweït | au Panama |

Il vaut mieux éviter des expressions comme *Guatemala City*, qui n'ont pas d'utilité réelle en français.

c)   **Changements de noms**

Les noms de villes changent plus souvent que les autres noms géographiques. La recherche de la pureté linguistique, la fin du colonialisme ou divers bouleversements politiques peuvent expliquer cet état de choses. Ainsi, beaucoup de toponymes déchus ont refait surface dans les pays de l'ancienne *URSS* :

Nijni Novgorod *a remplacé* Gorki
Saint-Pétersbourg *a remplacé* Leningrad
Simbirsk *a remplacé* Oulianovsk
Iekaterinbourg *a remplacé* Sverdlovsk

D'autres ont changé pour diverses raisons, comme *Alma Ata*, qui est devenu *Almaty*. Dans le cas particulier de la *Chine*, l'adoption du système de transcription pinyin, en 1979, a entraîné une mutation spectaculaire de nombreux toponymes, par exemple :

Beijing *a remplacé* Pékin
Guangzhou *a remplacé* Canton
Nanjing *a remplacé* Nankin

Ces nouvelles appellations sont officielles et doivent être employées.

Des toponymes tombent parfois en désuétude, remplacés par d'autres dont l'orthographe est conforme à la langue originale ou à l'anglais. Par exemple, *New Delhi* et *Vilnius* ont supplanté *Nouvelle-Delhi* et *Vilnious*. Cette évolution est constante. Dans tous les cas, les dictionnaires les plus récents donnent une bonne idée de l'usage.

## 11.2.5   Noms d'îles

### a)   Genre

Les ouvrages de langue ne sont pas clairs en ce qui concerne le genre grammatical des noms d'îles, et on constate que l'usage est fluctuant. C'est ce qui explique certaines variations dans les dictionnaires, comme dans le cas de *Bornéo,* féminin pour les uns, masculin pour les autres.

Certains auteurs proposent d'attribuer le genre masculin à toute île ayant le statut d'État, comme Bornéo, Madagascar, Porto Rico. Mais c'est une distinction qui n'est pas toujours évidente : par exemple, *Fidji,* État souverain, serait masculin, et *Tahiti,* territoire d'outre-mer français, serait féminin.

En fait, la façon la plus simple de procéder est de considérer que les noms d'îles sont généralement féminins, et de leur attribuer le genre féminin même lorsqu'il s'agit d'États. La règle ne comporte alors que deux exceptions :

le Groenland
le Timor

Pour les noms d'archipels, un certain nombre prennent le genre masculin, même si chaque île qui compose l'archipel est du genre féminin. C'est le cas de *Saint-Kitts-et-Nevis,* de *Saint-Vincent-et-les Grenadines,* de *Saint-Pierre-et-Miquelon,* des *îles Ryu-Kyu* et du *Vanuatu.*

### b)   Article

Un grand nombre d'îles connues ainsi que les îles moins connues ne prennent pas l'article :

| | |
|---|---|
| Chypre | Madagascar |
| Cuba | Malte |
| Haïti | Maurice |
| Jersey | Taiwan |
| Luçon | Terre-Neuve |

Mais un certain nombre d'îles parmi les plus connues exigent l'article :

| | |
|---|---|
| la Corse | la Nouvelle-Guinée |
| la Crète | la Nouvelle-Zélande |
| l'Irlande | la Sardaigne |
| l'Islande | la Sicile |
| la Jamaïque | la Tasmanie |

D'autre part, certains noms d'îles, qui sont en fait des archipels, s'emploient toujours au pluriel et exigent l'article *les* :

les Aléoutiennes
les Maldives
les Philippines

**c)  À ou *en*?**

On emploie bien sûr la préposition *à* devant les noms d'îles qui ne prennent jamais l'article — et donc devant la plupart des noms d'îles, — mais aussi devant un certain nombre qui prennent l'article :

| | |
|---|---|
| à Chypre | à Tahiti |
| à Cuba | à Terre-Neuve |
| à Java | à la Guadeloupe |
| à Luçon | à la Jamaïque |
| à Madagascar | à la Martinique |
| à Maurice | à la Réunion |

Mais un bon nombre d'îles connues qui réclament l'article se font précéder de la préposition *en* :

| | |
|---|---|
| en Corse | en Nouvelle-Zélande |
| en Crète | en Sardaigne |
| en Irlande | en Sicile |
| en Islande | en Tasmanie |

Il faut noter que l'usage tend à mettre la préposition *en* devant presque tous les noms d'îles qui s'énoncent avec un article. C'est pourquoi on voit souvent :

en Guadeloupe
en Jamaïque
en Martinique

Ces formes ne sont pas fautives. D'autre part, on rencontre couramment les deux formes *à Haïti* et *en Haïti*. Certains grammairiens déconseillent dans ce cas l'emploi de *en*, qui est par ailleurs recommandé par les Nations Unies. L'usage reste très fluctuant sur ce point.

Les noms pluriels d'archipels commandent la préposition *aux* :

aux Bahamas
aux Baléares
aux Philippines

**d)  Le générique « île »**

On sait qu'en général les noms d'îles s'emploient sans le générique *île* :

| | |
|---|---|
| l'Islande | Majorque |
| la Jamaïque | Taiwan |

Mais certains noms prennent obligatoirement le générique. Ainsi, on écrit :

l'île de Man *et non* le Man
les îles Caïmans *et non* les Caïmans
les îles Marshall *et non* les Marshall

Il en va de même pour *Maurice*, que l'usage fait le plus souvent précéder du mot *île* :

l'île Maurice

Pour certains noms d'îles qui requièrent l'article *les*, l'emploi du générique reste facultatif :

> les (îles) Aléoutiennes
> les (îles) Baléares

Quant aux innombrables petites îles dont on ne sait pas si le nom exige l'emploi du générique, il est préférable d'employer *île*, suivi du spécifique :

> l'île Christmas                    l'île Kermadec
> l'île Fanning                      l'île Phoenix

**Remarque**

Dans un texte courant, on laisse la minuscule initiale au mot *île*, comme pour les autres génériques. Toutefois, lorsqu'il est question de l'État souverain, il est d'usage de mettre la majuscule :

> Les îles Marshall sont situées dans le Pacifique.

> Les Îles Marshall ont adhéré aux Nations Unies en 1991.

## 11.2.6 Translittération des noms étrangers

La translittération est la transposition en caractères latins des sons d'une langue qui ne s'écrit pas en caractères latins. Ainsi, les noms russes, arabes, grecs, entre autres, doivent être translittérés à des fins évidentes de clarté, car combien, par exemple, reconnaîtraient en lisant : Москва, le nom de Moscou?

### a) Principes généraux

La translittération s'effectue selon le système phonétique de la langue d'arrivée. C'est ce qui explique que des noms russes, entre autres, ne s'écrivent pas de la même manière en anglais et en français. Idéalement, dans ce cas, il faudrait pouvoir consulter un ouvrage sur la langue russe comportant une table de conversion des caractères cyrilliques vers le français, ou encore la table de conversion établie par la Library of Congress, aux États-Unis, ou celle de l'Organisation internationale de normalisation (norme ISO).

Dans la pratique, il faut souvent passer par une langue intermédiaire, généralement l'anglais, pour connaître la translittération française d'un nom. On part d'une première translittération, par exemple du russe vers l'anglais, avant d'en faire une seconde, de l'anglais vers le français. On doit alors décrypter la phonétique à travers l'anglais et transposer les sons en français.

La meilleure façon d'y parvenir est de lire à haute voix le nom tel qu'il est écrit en anglais, et de retranscrire chaque son avec une orthographe française. Il faut porter une attention particulière aux sons suivants :

> *ch* devient en français *tch*
> *j* devient en français *dj*
> *sh* devient en français *ch*

*u* devient en français *ou*
*zh* devient en français *j*

Bien sûr, cette méthode vaut également pour les noms de personnes.

Voici quelques exemples de noms géographiques ainsi que de noms de personnes translittérés en anglais, puis en français :

*arabe* : Abdul El Hakim → Abdoul El Hakim
*azéri* : Shusha → Choucha
*bulgare* : Zheliu Zhelev → Jeliou Jelev
*grec* : Corfu → Corfou
*russe* : Leonid Brezhnev → Leonid Brejnev
*ukrainien* : Chernobyl → Tchernobyl

La translittération des noms russes est particulièrement complexe. Le tableau qui figure au paragraphe 11.2.7 vise à faciliter la tâche du rédacteur.

**b)** **Les langues qui se translittèrent**

Toute langue qui ne s'écrit pas en caractères latins devrait normalement se translittérer. Il existe toutefois de nombreuses exceptions, notamment parmi les langues orientales.

Voici une liste non exhaustive des langues qui requièrent la translittération : afghan, arabe, arménien, azéri, biélorusse, géorgien, grec, hébreu, kazakh, kurde, mongol, ouzbek, russe, serbe, tadjik, turkmène, ukrainien.

**Remarque**

Dans la pratique, les noms issus de ces langues ne sont pas toujours écrits selon une graphie impeccablement française. L'usage impose souvent une graphie s'inspirant, en tout ou en partie, de l'anglais. C'est particulièrement le cas de l'arabe et de l'hébreu. En témoignent les noms d'anciens premiers ministres israéliens :

Menahem Begin *au lieu de* Ménahem Béguine
Shimon Peres *au lieu de* Chimone Pérès

Cette tendance à l'anglicisation n'est pas constante; on consultera chaque fois un dictionnaire récent afin de connaître l'usage.

**c)** **Les langues qui ne se translittèrent pas**

*Les langues écrites en **caractères latins**,* par définition, ne se translittèrent pas. Ainsi les noms géographiques des langues suivantes gardent la même forme en français : albanais, allemand, anglais, croate, espagnol, hongrois, italien, roumain, slovaque, slovène, suédois, tchèque, turc, etc. Rappelons qu'en français on peut soit conserver, soit omettre les signes diacritiques de ces langues (v. 11.2.1). Exemple : les îles *Aland* ou *Åland* (nom suédois d'un archipel finlandais).

*Les langues qui s'écrivent avec des **symboles*** ne se translittèrent pas non plus. C'est le cas d'un bon nombre de langues orientales. En théorie, il existe pour chacune des langues orientales un système de transposition vers le français. En pratique, les noms birmans, coréens, japonais, ourdous et thaïlandais, entre autres, s'écrivent de la même manière en anglais et en français. Exemple : *Tokyo* ou *Tōkyō*. Notons en passant que le vietnamien s'écrit en caractères latins et, donc, qu'il ne se translittère pas.

*Le chinois* est un cas particulier. Depuis le 15 juin 1979, le Secrétariat des Nations Unies emploie le système de transcription pinyin pour les noms chinois. Ces derniers sont maintenant transcrits de façon uniforme dans toutes les langues à alphabet latin. L'adoption du pinyin a occasionné une mutation importante de l'orthographe de certains noms géographiques connus :

Pékin → Beijing
Canton → Guangzhou
Setchouan → Sichuan
Yangsté → Yangzi Jiang

**Remarque**

Tout comme les noms géographiques, les noms de personnes qui s'écrivent en caractères latins ne se translittèrent pas. On écrit :

Alexandre Dubcek *et non* Alexandre Doubtchek
Nicolae Ceausescu *et non* Nicolaé Tchochescou
Turgut Ozal *et non* Tourgout Ozal

Quant au système de transcription pinyin, il s'applique bien sûr aussi aux noms de personnes :

Mao Tsé-toung → Mao Zedong
Chou En-lai → Zhou Enlai
Teng Tsiao-ping → Deng Xiaoping

**11.2.7**        **Tableau de translittération
des noms russes**

| GRAPHIE ANGLAISE | GRAPHIE FRANÇAISE | EXEMPLE ANGLAIS | EXEMPLE FRANÇAIS |
|---|---|---|---|
| ai | aï | taiga<br>Kolontai | taïga<br>Kolontaï |
| in (déb. mot) | in (*prononcé* ine) | Intourist | Intourist |
| in (fin mot) | ine | Lenin | Lénine |
| oy | oï/oy | Tolstoy | Tolstoï<br>Tolstoy |
| u | ou | Kursk | Koursk |
| ye (déb. mot) | ié/yé | Yedov | Yédov<br>Iédov |
| y (fin mot) | i/y | Trotsky | Trotsky<br>Trotski |
| ya (déb. mot) | ia/ya | Yalta | Ialta<br>Yalta |
| ya (fin mot) | ia | Katya | Katia |
| yu | iou | Ryukov | Rioukov |
| ch | tch | Chernobyl | Tchernobyl |
| dzh | dj | Dzhambul | Djamboul |
| kh | kh | Mikhail | Mikhaïl |
| sh | ch | Shostakovich | Chostakovitch |
| shch | chtch | Shcharansky | Chtcharansky |
| zh | j | Brezhnev<br>Zhukov | Brejnev<br>Joukov |

## 11.2.8   Liste des États souverains

Cette liste des États souverains est celle utilisée par les traducteurs du Bureau de la traduction affectés au ministère des Affaires étrangères. Nous la fournissons à titre indicatif : elle est généralement conforme à celle des grands organismes internationaux, comme l'ONU.

Afghanistan (l') (masc.)

Afrique du Sud (l') (fém.)

Albanie (l') (fém.)

Algérie (l') (fém.)

Allemagne (l') (fém.)

Andorre (l') (fém.)

Angola (l') (masc.)

Antigua-et-Barbuda (sans art. — fém.)

Arabie saoudite (l') (fém.)

Argentine (l') (fém.)

Arménie (l') (fém.)

Australie (l') (fém.)

Autriche (l') (fém.)

Azerbaïdjan (l') (masc.)

Bahamas (les) (fém.)

Bahreïn (sans art. — masc.)

Bangladesh (le)

Barbade (la)

Bélarus (le)

Belgique (la)

Belize (le)

Bénin (le)

Bhoutan (le)

Bolivie (la)

Bosnie-Herzégovine (la)

Botswana (le)

Brésil (le)

Brunéi Darussalam (sans art. — masc.)
*L'ONU préconise l'emploi de l'article.*

Bulgarie (la)

Burkina Faso (le)

Birmanie (la)

Burundi (le)

Cambodge (le)

Cameroun (le)

Canada (le)

Cap-Vert (le)

Chili (le)

Chine (la)

Chypre (sans art. — fém.)

Colombie (la)

Comores (les) (fém.)

Congo (le)

Corée (la)

Costa Rica (le)

Côte d'Ivoire (la)

Croatie (la)

Cuba (sans art. — fém.)

Danemark (le)

Djibouti (sans art. — masc.)

Dominique (la)

Égypte (l') (fém.)

Émirats arabes unis (les) (masc.)

Équateur (l') (masc.)

Érythrée (l') (fém.)

Espagne (l') (fém.)

Estonie (l') (fém.)

États-Unis d'Amérique (les) (masc.)

Éthiopie (l') (fém.)

Fidji (les) (fém.)

Finlande (la)

France (la)

Gabon (le)

Gambie (la)

Géorgie (la)

Ghana (le)

Grèce (la)

Grenade (la)

Guatemala (le)

Guinée (la)

Guinée-Bissau (la)

Guinée équatoriale (la)

Guyana (le)

Haïti (sans art. — masc.)

Honduras (le)

Hongrie (la)

Inde (l') (fém.)

Indonésie (l') (fém.)

Iran (l') (masc.)

Iraq (l') (masc.)

Irlande (l') (fém.)

Islande (l') (fém.)

Israël (sans art. — masc.)

Italie (l') (fém.)

Jamaïque (la)

Japon (le)

Jordanie (la)

Kazakhstan (le)

Kenya (le)

Kirghizistan (le)

Kiribati (sans art. — fém.)

Koweït (le)

Laos (le)

Lesotho (le)

Lettonie (la)

Liban (le)

Libéria (le)

Libye (la)

Liechtenstein (le)

Lituanie (la)

Luxembourg (le)

Macédoine (la)

Madagascar (sans art. — fém.)

Malaisie (la)

Malawi (le)

Maldives (les) (fém.)

Mali (le)

Malte (sans art. — fém.)

Maroc (le)

Marshall (les Îles) (fém.)

Maurice (sans art. — fém.)

Mauritanie (la)

Mexique (le)

Micronésie (la)

Moldova (la)

Monaco (sans art. — masc.)

Mongolie (la)

Mozambique (le)

Myanmar (le)

Namibie (la)

Nauru (sans art. — fém.)

Népal (le)

Nicaragua (le)

Niger (le)

Nigéria (le)

Norvège (la)

Nouvelle-Zélande (la)

Oman (l') (masc.)

Ouganda (l') (masc.)

Ouzbékistan (l') (masc.)

Pakistan (le)

Palaos (les) (masc.)

Panama (le)

Papouasie-Nouvelle-Guinée (la)

Paraguay (le)

Pays-Bas (les) (masc.)

Pérou (le)

Philippines (les) (fém.)

Pologne (la)

Portugal (le)

Qatar (le)

République
centrafricaine (la)

République dominicaine
(la)

République tchèque (la)

Roumanie (la)

Royaume-Uni (le)

Russie (la)

Rwanda (le)

Saint-Kitts-et-Nevis
(sans art. — masc.)

Saint-Marin (sans art. —
masc.)

Saint-Siège (le)

Saint-Vincent-et-les
Grenadines
(sans art. — masc.)

Sainte-Lucie (sans art. —
fém.)

Salomon (les Îles) (fém.)

Salvador (le)
*L'ONU propose la
forme :* l'El Salvador *(et
en El Salvador).*

Samoa-Occidental (le)

Sao Tomé-et-Principe
(sans art. — fém.)

Sénégal (le)

Seychelles (les) (fém.)

Sierra Leone (la)

Singapour (sans art. —
fém.)

Slovaquie (la)

Slovénie (la)

Somalie (la)

Soudan (le)

Sri Lanka (sans art. —
fém.) *ou* Sri Lanka (le)
*L'usage est fluctuant.
Les grands organismes
internationaux comme
l'ONU préconisent le
féminin sans article :* Sri
Lanka, à Sri Lanka. *Au
ministère des Affaires
étrangères, on privilégie
de plus en plus l'article
et le masculin :* le Sri
Lanka, au Sri Lanka.

Suède (la)

Suriname (le)

Swaziland (le)

Suisse (la)

Syrie (la)

Tadjikistan (le)

Tanzanie (la)

Tchad (le)

Thaïlande (la)

Togo (le)

Tonga (les) (fém.)

Trinité-et-Tobago (la)

Tunisie (la)

Turkménistan (le)

Turquie (la)

Tuvalu (sans art. —
masc.)

Ukraine (l') (fém.)

Uruguay (l') (masc.)

Vanuatu (le)

Venezuela (le)

Viêt-nam (le)
*Ce nom comporte de
multiples graphies, dont*
Viet Nam, *recommandée
par l'ONU.*

Yémen (le)

Yougoslavie (la)

Zaïre (le)

Zambie (la)

Zimbabwe (le)

# 12 Les notices bibliographiques

L'Organisation internationale de normalisation (ISO) a établi, dans une norme publiée en 1987, l'ordre dans lequel doivent apparaître les éléments d'une notice bibliographique. La norme laisse aux usagers le choix des caractères typographiques et des signes de ponctuation à employer.

La Bibliothèque nationale du Canada a déjà proposé un modèle de notice fondé sur la norme de l'ISO. Elle utilise cependant un système de ponctuation complexe, qui est d'abord conçu pour faciliter l'échange international de données, la conversion des notices sous une forme lisible par la machine et l'établissement des références complètes qu'exigent les bibliothécaires et les documentalistes.

Il a été jugé préférable de s'en tenir dans le présent guide à un modèle plus proche de l'usage courant. Ce modèle suit l'ordre fixé par l'ISO et correspond de près à celui de la Bibliothèque nationale, à laquelle plusieurs exemples ont d'ailleurs été empruntés. L'italique a toutefois été retenu pour les titres, et dans les listes bibliographiques les noms d'auteurs sont écrits en capitales. Enfin, le schéma recourt principalement à la virgule pour séparer les éléments de la notice.

## 12.1 Dans les bibliographies

### 12.1.1 Place de la bibliographie

La bibliographie est habituellement placée en fin d'ouvrage. *Elle précède toujours l'index.* On la met parfois en début d'ouvrage, notamment dans les travaux savants. Elle peut aussi être répartie dans tout l'ouvrage, à la fin de chaque chapitre. Dans certains cas, elle constitue même un document distinct.

Lorsqu'un ouvrage traite d'un vaste sujet et que chacun des chapitres est consacré à une question différente, il peut être pratique d'établir une bibliographie *générale* pour signaler les ouvrages traitant globalement du sujet, et des bibliographies *spécialisées* pour donner la liste des ouvrages se rapportant aux différentes questions. La bibliographie générale se met en fin de volume (toujours avant l'index), tandis que les bibliographies spécialisées peuvent être insérées à la fin de chaque chapitre ou placées en fin d'ouvrage à la suite de la bibliographie générale.

La bibliographie peut être :

— *exhaustive*, si elle répertorie la totalité des documents consultés en cours de rédaction, ainsi que d'autres documents qui, de l'avis de l'auteur, peuvent intéresser le lecteur;

— *sommaire*, si elle ne signale que les documents cités dans le texte;

— *critique* ou *analytique*, si chaque notice est accompagnée d'un commentaire sur l'importance et d'autres caractéristiques du document.

On peut imaginer bien sûr d'autres modes de présentation possibles, telle la création de catégories selon le type de documents : par exemple, une section pour les ouvrages généraux, une autre pour les articles de périodiques, etc.

## 12.1.2   Éléments de la référence

En principe, une *notice complète* se compose, dans l'ordre, des éléments suivants :

— l'auteur
— le titre
— les auteurs secondaires
— le numéro de l'édition
— l'adresse bibliographique
— le nombre de pages ou de volumes
— la collection
— les notes (renseignements supplémentaires)

Dans les listes bibliographiques, la mention de l'auteur se termine toujours par un point. Les autres éléments sont séparés par une virgule, et le nom de la collection est suivi d'un point. S'il y a des notes, elles sont ajoutées après ce point, et se terminent aussi par un point. On a donc le schéma suivant :

Nom de l'auteur. Titre, auteurs secondaires, numéro de l'édition, adresse bibliographique, nombre de pages, collection. Notes.

Dans la pratique, les notices bibliographiques se présentent la plupart du temps sous une *forme abrégée*. Par exemple, on mentionne rarement le nombre de pages. Souvent, on ne donne que le nom de l'auteur, le titre, le numéro de l'édition et l'année de publication. Les autres éléments peuvent d'ailleurs être considérés comme facultatifs. Le schéma suivant est donc très fréquent :

Nom de l'auteur. Titre, numéro de l'édition, année de publication.

Que les notices soient complètes ou abrégées, il est important de les présenter de façon uniforme à l'intérieur d'une même bibliographie. De plus, il faut veiller à ce que chacune fournisse les éléments essentiels à l'identification précise du document, de manière à ne pas causer de confusion chez le lecteur.

### 12.1.3   Auteur

*Dans une liste bibliographique*, le nom de l'auteur s'écrit toujours en MAJUSCULES ou en PETITES CAPITALES. Mais la présentation diffère selon que l'auteur est une seule personne, un groupe de personnes ou une collectivité.

a)   **Un seul auteur**

Le nom de famille est transcrit au long, en majuscules ou en petites capitales, et suivi d'une virgule. Vient ensuite le prénom (parfois abrégé), en caractères ordinaires :

JASMIN, Claude.
*ou*
JASMIN, Claude.

b)   **Plusieurs auteurs**

S'il y a *deux ou trois* auteurs, le nom du premier auteur est inversé et son prénom est toujours suivi d'une virgule. Le dernier nom est relié au précédent par *et*. Les noms sont retranscrits dans l'ordre où ils apparaissent sur le document :

MAILHOT, Laurent, et Benoît MELANÇON.

BÉLANGER, Jules, Marc DESJARDINS et Yves FRENETTE.

En général, on n'inscrit pas plus de trois auteurs. Lorsqu'il y en a *quatre ou plus*, on ne mentionne que le nom de l'auteur principal, suivi d'une virgule et de l'expression « et coll. » (abrév. de *et collaborateurs*), « et autres » ou « *et al.* » (du latin *et alii*, « et autres »), bien que certains considèrent *et al.* comme un anglicisme :

LINTEAU, Paul-André, et coll.

Cette règle n'est pas toujours suivie : dans l'usage, il arrive assez souvent que l'on mentionne les noms des quatre ou cinq auteurs d'un document.

**Remarque**

Lorsqu'un recueil est formé des contributions de divers auteurs réunies par un « éditeur scientifique », la notice bibliographique est souvent établie au titre de l'ouvrage. L'éditeur scientifique est considéré comme un « auteur secondaire » du document (v. 12.1.5), et son nom apparaît après le titre :

*Le système politique québécois*, recueil de textes préparé par Édouard Cloutier et Daniel Latouche,

*Nouvelles de Montréal*, sous la direction de Micheline La France,

On rencontre aussi dans l'usage les abréviations « dir. » (pour « directeur ») et « éd. » (pour « éditeur »). Lorsqu'elles sont employées, le directeur ou l'éditeur tient lieu d'auteur, et la notice est en général établie à son nom :

BROWN, Craig, dir. *Histoire générale du Canada*,

c)    **Collectivité**

On entend par *collectivité* les organismes, les associations, les institutions, les sociétés commerciales et les administrations publiques. On ne met pas l'article initial devant le nom de la collectivité. Dans une liste bibliographique, il s'écrit comme un nom de famille, c'est-à-dire en capitales :

ASSOCIATION CANADIENNE DE VOLLEYBALL.

Si la collectivité relève d'une autre collectivité, on inscrit d'abord le nom de la principale. Les deux noms sont séparés par un point. Il n'est pas nécessaire d'inscrire le nom de la collectivité principale lorsque aucune ambiguïté n'est possible :

CANADA. MINISTÈRE DES COMMUNICATIONS.

QUÉBEC. COMMISSION DE TOPONYMIE.

BIBLIOTHÈQUE NATIONALE DU CANADA.

Normalement, il vaut mieux limiter à trois les noms des collectivités responsables du contenu d'un document :

CANADA. TRAVAUX PUBLICS ET SERVICES GOUVERNEMENTAUX. BUREAU DE LA TRADUCTION.

Quelques cas font l'objet de règles particulières :

— *Sigle*

Si la collectivité est aussi connue sous un sigle, on retient quand même l'appellation au long :

CONFÉDÉRATION DES SYNDICATS NATIONAUX (*et non* CSN).

— *Acronyme*

Si une collectivité est mieux connue sous un acronyme, c'est-à-dire un sigle qui se prononce comme un mot, on retient l'acronyme :

UNESCO (*plutôt que* ORGANISATION DES NATIONS UNIES POUR L'ÉDUCATION, LA SCIENCE ET LA CULTURE).

— *Ministère*

Dans le cas d'un ministère, on inscrit d'abord le nom géographique de l'instance politique (pays, province, État), puis le nom légal du ministère :

CANADA. MINISTÈRE DE LA CITOYENNETÉ ET DE L'IMMIGRATION (*plutôt que* CITOYENNETÉ ET IMMIGRATION CANADA).

— *Corps législatif*

Si le document est produit par un corps législatif, il faut d'abord inscrire le nom géographique de l'instance politique :

CANADA. PARLEMENT. CHAMBRE DES COMMUNES.

QUÉBEC. ASSEMBLÉE NATIONALE.

— *Tribunal*

La vedette est établie au nom de l'instance politique qui exerce le pouvoir :

CANADA. COUR SUPRÊME.

ONTARIO. COUR SUPRÊME.

— *Collectif*

Si l'ouvrage est produit par un groupe de personnes qui forment un collectif, la notice est établie au nom du collectif :

COLLECTIF CLIO. *L'histoire des femmes au Québec depuis quatre siècles,*

**d) Auteur inconnu**

Lorsque le nom de l'auteur est inconnu, la notice bibliographique est simplement établie au titre du document.

## 12.1.4 Titre

**a) Règle générale**

Le titre du document se compose toujours en italique :

JASMIN, Claude. *Le gamin,*

RICARD, François. *La génération lyrique,*

MAILHOT, Laurent, et Benoît MELANÇON. *Le Conseil des arts du Canada, 1957-1982,*

BÉLANGER, Jules, Marc DESJARDINS et Yves FRENETTE. *Histoire de la Gaspésie,*

CANADA. MINISTÈRE DES COMMUNICATIONS. *Rapport annuel 1969-1970,*

QUÉBEC. COMMISSION DE TOPONYMIE. *Répertoire toponymique du Québec,*

À défaut d'italique, on souligne le titre :

RICARD, François. La génération lyrique,

**b) Sous-titre**

Si le document comporte un sous-titre et qu'on choisit de l'indiquer dans la notice, on le met aussi en italique, en le séparant du titre par les deux points :

GREVISSE, Maurice. *Le bon usage : grammaire française,*

LINTEAU, Paul-André, et coll. *Histoire du Québec contemporain, vol. 2 : le Québec depuis 1930,*

### c) Type de document

Si la consultation du document requiert l'emploi d'un appareil, il y a lieu d'indiquer immédiatement après le titre de quel type de document il s'agit : disquette, film, diapositive, etc. (v. 12.4.10 et 12.4.11). Cette mention se place entre parenthèses. Il va de soi qu'une telle mention n'est pas nécessaire lorsque tous les documents répertoriés dans la bibliographie sont du même type :

*Comment lancer une entreprise* (enregistrement vidéo),

*Complexe Grande Baleine* (film),

### d) Titre étranger

Les titres en langue étrangère sont présentés de la même façon qu'en français, sauf pour l'emploi des majuscules, qui doivent être conformes à l'original :

SKELTON, Margaret. *A Critical History of Modern Dance,*

BOTHWELL, Robert, Ian DRUMMOND et John ENGLISH. *Canada since 1945: Power, Politics and Provincialism,*

VON KEITZ, S., et W. VON KEITZ. *Bibliotheks- und Informationswissenschaft,*

CABRÉ, M. Teresa. *La terminologia: la teoria, les mètodes, les aplications,*

MARTELLOTTI, G., et coll. *La litteratura italiana : Storia e testi,*

### e) Titre bilingue

Lorsque le titre d'un document est donné en deux ou plusieurs langues sur la même page de titre, chaque titre parallèle est annoncé par un symbole d'égalité, précédé et suivi d'un espace (v.a. 12.4.1) :

PÉRON, Michel, et John BERRIDGE. *Le langage de l'économie = The Language of Economics,*

### f) Traduction du titre

Lorsque le rédacteur juge important à la fois de donner le titre original et de le traduire, ou d'en traduire un élément, l'élément traduit est placé entre parenthèses, en caractères ordinaires, après le titre original :

*Anglo-russki slovar po nadezhnosti i kontroliu kachestva* (dictionnaire anglais-russe de la fiabilité et du contrôle de la qualité),

### 12.1.5   Auteur secondaire

On entend par *auteur secondaire* la personne ou la collectivité qui a joué un rôle secondaire dans la réalisation d'un document. La nature de sa contribution est mentionnée : par exemple, on indique s'il a été « éditeur scientifique » (celui qui a établi le texte), illustrateur, intervieweur, préfacier, rédacteur, réalisateur, traducteur, etc. Cette mention vient après le titre :

> WHARTON, Edith. *Le fils et autres nouvelles*, traduit de l'anglais par Anne Rolland,

> GOSCINY, René. *Astérix aux jeux olympiques*, avec des dessins de Uderzo,

> BÉLANGER, Jules, Marc DESJARDINS et Yves FRENETTE. *Histoire de la Gaspésie*, avec la collaboration de Pierre Dansereau,

> ROBERGE, Michel. *La classification universelle des documents administratifs*, préface d'André Pitre,

> TAYLOR, Charles. *Les pourquoi d'un philosophe*, entrevue réalisée par Georges-Hébert Germain,

> MORENCY, Pierre. *L'oeil américain*, préface de Jean-Jacques Brochier, illustrations de Pierre Lussier,

> BOUCHER, Denise. *Les fées ont soif : théâtre*, introduction de Lise Gauvin, préface de Claire Lejeune,

> AUSTRUY, Jacques. *Le scandale du développement*, avec des commentaires par G. Leduc et L.-J. Lebret, et une bibliographie analytique et critique par Guy Claire,

> *Histoire du catholicisme québécois*, sous la direction de Nive Voisine,

On considère également comme auteur secondaire l'individu qui, au sein d'une collectivité, réalise pour celle-ci un document qui a un caractère administratif (p. ex. un guide), expose les vues de la collectivité en question (p. ex. un mémoire) ou rend compte de ses activités (p. ex. un rapport) :

> COMMISSION DES BIENS CULTURELS DU QUÉBEC. *Le patrimoine maritime au Québec : état de la situation et recommandations*, rapport réalisé par François Picard,

> ONTARIO. MINISTÈRE DE L'ÉDUCATION. *Guide à l'intention des correcteurs-réviseurs, lecteurs d'épreuves, rédacteurs et traducteurs*, préparé par Gilles Huot,

Dans les autres cas, le document est inscrit sous le nom de l'individu qui l'a réalisé, tandis que le nom de la collectivité apparaît dans l'adresse bibliographique.

## 12.1.6   Numéro de l'édition

Le numéro de l'édition est transcrit tel qu'il figure dans le document. Il est toujours écrit en chiffres arabes. On se sert des abréviations usuelles pour transcrire ces renseignements :

> nouv. éd.
>
> 2ᵉ éd.
>
> 3ᵉ éd. ent. rev. et corr.
>
> 5ᵉ éd. rev. par l'auteur

En général, on ne mentionne pas le numéro dans le cas d'une première édition. On peut le faire cependant si le document répertorié a fait l'objet d'éditions ultérieures.

## 12.1.7   Adresse bibliographique

L'adresse bibliographique comporte trois éléments : le lieu de publication, la maison d'édition, la date de publication. Ces trois éléments sont séparés par des virgules. Il faut suivre le même modèle quelle que soit la langue du document :

> Montréal, Fides, 1994
>
> Oxford, Pergamon Press, 1986
>
> Munich, K.G. Saur, 1987

### a)   Lieu de publication

On ajoute entre parenthèses le nom du pays, de la province, de l'État américain, etc., lorsque cette précision est jugée indispensable pour indiquer avec exactitude de quel lieu il s'agit, surtout si l'endroit est peu connu ou s'il y a risque de confusion avec un autre endroit :

> Alleur (Belgique)
>
> Cambridge (Mass.)
>
> London (Ont.)

Lorsque le document fait mention de *plusieurs lieux* de publication pour un même éditeur, seul le premier est indiqué dans la notice :

> Montréal, McGraw-Hill (*et non* Montréal, Toronto, New York...)

Si le lieu de publication est *inconnu*, on inscrit l'abréviation « s.l. » (sans lieu) :

> SOCIÉTÉ DE BANQUE SUISSE. *Petit dictionnaire financier et bancaire*, s.l.,

### b)   Maison d'édition

On supprime du nom de la maison d'édition les termes accessoires tels que « Cie », « Ltée », « Inc. » et, dans le cas d'un organisme, l'article initial :

Montréal, Linguatech

Alleur (Belgique), Marabout

Ottawa, Association du Barreau canadien (*et non* L'Association du Barreau canadien)

Montréal, Université de Montréal, Département de sociologie

Il arrive que l'*auteur* d'un document en soit lui-même l'éditeur. On peut alors soit inscrire la mention « chez l'auteur » ou reprendre le nom de l'auteur dans l'adresse bibliographique sous une forme abrégée :

RAMAT, Aurel. *Le Ramat de la typographie*, Montréal, chez l'auteur,

RAMAT, Aurel. *Le Ramat de la typographie*, Montréal, A. Ramat,

Dans le cas d'une *collectivité*-éditeur qui est aussi l'auteur du document, on peut employer une forme abrégée avec article, comme « le Ministère », « l'Organisation », « l'Association », « le Conseil », ou le sigle s'il s'agit d'un organisme :

QUÉBEC. MINISTÈRE DES AFFAIRES CULTURELLES. *Les bibliothèques publiques du Québec*, Québec, le Ministère,

ORGANISATION INTERNATIONALE DE NORMALISATION. *Documentation — Références bibliographiques — Contenu, forme et structure*, Genève, ISO,

Pour les *coéditions*, le nom de chaque maison d'édition est précédé du lieu de publication. Les groupes composés du lieu de publication et de la maison d'édition sont séparés par un point-virgule :

POULIN, Jacques. *Le vieux chagrin*, Arles, Actes Sud; Montréal, Leméac,

Si le nom de l'éditeur est *inconnu*, on inscrit l'abréviation « s.n. » (sans nom) :

MARBOT, René. *Organisation, méthodes et techniques*, Paris, s.n.,

c)   **Date de publication**

La *date de publication* est l'année où est parue l'édition du document qui fait l'objet de la notice. Elle correspond habituellement à la *date du « copyright »*, qui, dans les livres, figure en général au verso de la page de titre. Parfois une date de publication apparaît séparément sur la page de titre ou au verso. Il ne faut pas confondre la date de publication avec la simple *date de réimpression*. Elle s'écrit en chiffres arabes :

Montréal, Linguatech, 1988

Alleur (Belgique), Marabout, 1994

Ottawa, le Ministère, 1970

Ottawa, Association du Barreau canadien, 1992

Pour les *coéditions*, on n'inscrit l'année de publication qu'une seule fois :

Arles, Actes Sud; Montréal, Leméac, 1989

Quand la date de publication est *inconnue*, on peut indiquer soit la date d'impression, soit la date probable à laquelle le document a été publié, suivie d'un point d'interrogation entre parenthèses :

1995 (?)

Si la date est tout à fait inconnue, on utilise l'abréviation « s.d. » (sans date) :

BOURASSA, Robert. *L'énergie du Nord : la force du Québec*, Montréal, Québec/Amérique, s.d.

**Remarques**

1. Si on ne connaît ni le lieu ni la date de publication, on emploie l'abréviation « s.l.n.d. » (sans lieu ni date). Dans les travaux savants, lorsque les renseignements voulus n'apparaissent pas dans le document mais sont connus par le biais d'une autre source, on les indique entre crochets :

LEFEBVRE, Henri. *La vie quotidienne dans le monde moderne*, Gallimard, s.l.n.d. [Paris, 1968].

2. Quand la publication d'un ouvrage en plusieurs volumes s'étale sur plus d'une année, on signale la date de parution du premier volume et la date de parution du dernier, en reliant les deux dates par un trait d'union :

1994-1995

Si la publication n'est pas encore terminée, on inscrit la date de parution du premier volume, suivie d'un trait d'union et de quelques espaces blancs :

1994-   ,

3. Lorsqu'un livre fait l'objet d'une nouvelle édition (et non d'une simple réimpression), on indique la date de publication de la dernière édition. On peut, par souci de précision, mentionner aussi l'adresse bibliographique de l'édition originale :

FERRON, Jacques. *Contes*, Montréal, Hurtubise HMH, 1968; Montréal, Bibliothèque québécoise, 1993.

On n'indique pas habituellement la date de réimpression. Mais si un livre est repris dans une collection de poche, il peut être utile d'indiquer la date de publication de l'édition originale, qui est habituellement la date du copyright, en la faisant précéder d'un petit *c*, collé contre le chiffre :

ARCHAMBAULT, Gilles. *Un après-midi de septembre : récit*, Montréal, Boréal, c1993, 1994, « Boréal compact ».

### 12.1.8  Nombre de pages ou de volumes

On indique le nombre de pages d'un ouvrage par l'abréviation « p. », précédée du numéro de la dernière page. Le nombre de volumes est suivi de l'abréviation « vol. » :

128 p.

3 vol.

On peut aussi indiquer en chiffres romains le nombre de pages liminaires du document, le cas échéant :

xii-128 p.

Pour les *documents non imprimés*, l'information équivalente concerne le nombre d'unités matérielles : nombre de bobines, de disquettes, de diapositives, etc. Comme cette information est parfois complexe, il est préférable de la placer dans les notes à la fin de la notice, de manière à bien la séparer des autres éléments. Voir 12.1.10.

### 12.1.9  Collection

Si le document fait partie d'une collection, il peut être utile d'en indiquer le nom, entre guillemets, et de préciser, s'il y a lieu, le numéro que porte le document dans la collection :

« Les usuels du Robert »

« Boréal compact », n° 60

### 12.1.10  Notes

Il est souvent pratique de donner à la fin d'une notice des renseignements additionnels sur le document : titre de l'original d'une traduction, contenu d'un recueil, renseignements sur l'édition, accessibilité d'un document, titre de l'autre version d'un document bilingue, configuration minimale pour consulter un CD-ROM, adresse sur Internet, etc. Il peut y avoir plusieurs notes successives, séparées chacune par un point :

À paraître.

Édition limitée à 100 exemplaires.

Conçu pour Apple Macintosh, 128k, 256k.

N° d'éd. : Entreprises Radio-Canada, SMS 5047.

Résumé d'une thèse de doctorat présentée aux HEC.

Texte en anglais et en français disposé tête-bêche. Titre anglais : *Optimum : the Journal of Public Sector Management.*

C'est dans les notes qu'on indique le nombre d'unités matérielles pour les *documents non imprimés* (v. 12.4.10 et 12.4.11). On peut juger utile de bien spécifier le type d'appareil requis :

3 disques sonores.
5 diapositives.
1 disque, 5 1/4 po.
2 microfiches, 240 images.
1 vidéocassette, 51 min, 1/2 po.
1 bobine de film, 25 min, 16 mm.

Les notes doivent être brèves. Il ne faut pas surcharger la notice : seuls sont inscrits les renseignements jugés vraiment essentiels.

## 12.1.11  Liste d'exemples

Une notice complète aura en principe la forme suivante :

NOM DE L'AUTEUR, prénom. *Titre*, auteurs secondaires, numéro de l'édition, lieu de publication, maison d'édition, date de publication, nombre de pages, « Collection ». Notes.

Voici des exemples de notices, complètes et incomplètes, telles qu'elles apparaîtraient dans une liste bibliographique :

JASMIN, Claude. *Le gamin*, Montréal, L'Hexagone, 1990.

ARCHAMBAULT, Gilles. *Un après-midi de septembre : récit*, Montréal, Boréal, c1993, 1994, « Boréal compact », n° 60.

CANADA. CONSEIL DU TRÉSOR. *Le guide des gestionnaires*, 3ᵉ éd., Ottawa, le Conseil, 1993.

CANADA. MINISTÈRE DES COMMUNICATIONS. *Rapport annuel 1969-1970*, Ottawa, le Ministère, 1970.

LINTEAU, Paul-André, et coll. *Histoire du Québec contemporain, vol. 2 : le Québec depuis 1930*, nouv. éd. rév., Montréal, Boréal, 1989, « Boréal compact », n° 15.

HAMELIN, Louis-Edmond. *Le Canada*, Paris, Presses universitaires de France, 1963, coll. « Magellan ».

CATHERINE, Robert. *Le style administratif*, nouv. éd. rev. et augm., Paris, Albin Michel, 1988, 181 p.

MORENCY, Pierre. *L'oeil américain*, préface de Jean-Jacques Brochier, illustrations de Pierre Lussier, Montréal, Boréal, 1989.

POULIN, Jacques. *Le vieux chagrin*, Arles, Actes Sud; Montréal, Leméac, 1989.

RAMAT, Aurel. *Le Ramat de la typographie*, Montréal, chez l'auteur, 1994.

BOURASSA, Robert. *L'énergie du Nord : la force du Québec*, Montréal, Québec/Amérique, s.d., 223 p.

LAUMONNIER, Robert. *Cultures légumières*, 3ᵉ éd. ent. rev. et corr., Paris, J.-B. Ballière, 1978-1979, 3 vol., coll. « Encyclopédie agricole ».

PICHETTE, Serge. *Concepts et techniques de négociations lors des transferts de technologie : brevets d'inventions et « know-how »*, Montréal, École des hautes études commerciales, 1981, 106 p., « Les cahiers du CETAI », n° 81-04. Résumé d'une thèse de doctorat présentée aux HEC.

RICHTER, Brigitte. *Précis de bibliothéconomie : pratique de la fonction documentaire*, avec la collaboration de Marcelle Ménil et de Maurice Richter, 4ᵉ éd. rév. et mise à jour, Munich, K.G. Saur, 1987, ix-289 p. Publié antérieurement sous le titre : *Bibliothéconomie*. Comprend un index.

ROBERGE, Michel. *La classification universelle des documents administratifs*, préface d'André Pitre, 1ʳᵉ éd., La Pocatière (Québec), Documentor, 1985, 247 p., coll. « Accès à l'information administrative », n° 8.

MAILHOT, Laurent, et Benoît MELANÇON. *Le Conseil des arts du Canada, 1957-1982*, Montréal, Leméac, 1982, 400 p.

CLAS, André, et Paul A. HORGUELIN. *Le français, langue des affaires*, Montréal, McGraw-Hill, 1991.

GREENWOOD, N.N., et A. EARNSHAW. *Chemistry of the Elements*, 1ʳᵉ éd. réimprimée et corrigée, Oxford, Pergamon Press, 1986.

*Essays on Meteorology and Climatology : In Honour of Richmond W. Longley*, publié sous la direction de K.D. Hage et E.R. Reinelt, Edmonton, University of Alberta, Department of Geography, 1978, xxxi-429 p., « University of Alberta Studies in Geography », Monograph 3.

BOURRON, Yves. *72 fiches de pédagogie audio-visuelle*, Paris, Les Éditions d'Organisation, 1978, coll. « EO/formation permanente », dirigée par Armand Dayan. Avec 14 diapositives.

SOCIÉTÉ DE BANQUE SUISSE. *Petit dictionnaire financier et bancaire*, s.l., Société de Banque Suisse, 1987.

ONTARIO. MINISTÈRE DE L'ÉDUCATION. *Guide à l'intention des correcteurs-réviseurs, lecteurs d'épreuves, rédacteurs et traducteurs*, préparé par Gilles Huot, Toronto, le Ministère, 1989.

CANADA. *Rapport du Comité d'étude de la politique culturelle fédérale*, Ottawa, Ministre des Approvisionnements et Services, 1982, 392 p. Rapport Applebaum-Hébert.

**Remarque**

On notera que, dans le cas des documents en langue étrangère, les éléments de la notice sont traduits en français, sauf bien sûr le titre [mais voir 12.1.4f)] et les noms propres.

# 12.2  Dans les notes en bas de page

## 12.2.1  Numérotation des notes en bas de page

L'information bibliographique sur un document est très souvent donnée dans une note qui indique, par exemple, la source d'une citation ou un ouvrage complémentaire que le lecteur aurait intérêt à consulter. Ces notes se mettent idéalement *en bas de page*, procédé courant, mais il est parfois commode de les rassembler *en fin de chapitre* ou *en fin de document*.

Lorsque les notes sont placées en bas de page ou en fin de chapitre, la numérotation peut recommencer à 1 à chaque page ou à chaque chapitre. Si elles sont placées en fin de document, elles sont généralement numérotées de façon consécutive du début à la fin.

Pour renvoyer le lecteur à la note, on emploie un *appel de note*, qui est le plus souvent un chiffre, que l'on place un peu au-dessus de la ligne ou entre parenthèses [v. 7.2.10c)]. Le même chiffre est repris devant la note.

## 12.2.2  Éléments de la référence

Les références données dans une note se présentent de la même manière que les références dans une bibliographie (v. 12.1.2), à quelques exceptions près concernant la mention de l'auteur :

— le prénom précède le nom de famille;
— les noms de famille sont écrits en caractères ordinaires (et non en lettres capitales);
— le nom de l'auteur est séparé du titre par une virgule (et non par un point).

Les noms et prénoms ne sont pas inversés comme dans une bibliographie (puisque, dans une note en bas de page, l'ordre alphabétique n'entre plus en ligne de compte). Lorsqu'il y a *deux auteurs*, le « et » introduisant le nom du deuxième n'est pas précédé d'une virgule [comparer avec 12.1.3b)] :

1. Laurent Mailhot et Benoît Melançon,

On mentionne les pages consultées, s'il y a lieu. Le schéma est donc en principe le suivant (comparer avec 12.1.11) :

1. Nom de l'auteur, *Titre*, auteurs secondaires, numéro de l'édition, adresse bibliographique, pages citées, « Collection ».

Dans la pratique, la référence donnée dans une note en bas de page contient rarement tous les renseignements que l'on trouverait dans la notice d'une liste  bibliographique. Si le document est mentionné à la fois dans une note en bas de page et dans une bibliographie en fin de document, la référence en note doit être concise : on indique le nom de l'auteur, le titre, la page.

### 12.2.3   Abréviation des références

Lorsqu'un document est cité pour la première fois dans une note, on donne une référence assez complète. Mais lorsque le même document est cité plus d'une fois, on a recours par souci de simplification à divers procédés :

a) **Auteur et titre**

On ne répète que le nom de l'auteur (avec ou sans le prénom) et le titre :

> 2. Pierre Morency, *L'oeil américain*, p. 114.

b) **Auteur et titre abrégé**

On ne retient qu'un mot clé du titre ou que les premiers mots :

> 1. Paul-André Linteau et coll., *Histoire du Québec contemporain, vol. 2 : le Québec depuis 1930*, Montréal, Boréal, 1989, p. 422. Ci-après *Histoire*.
>
> 2. Linteau, *Histoire*, p. 741.

c) **Abréviations latines**

Les deux abréviations latines les plus couramment utilisées sont *ibid.* et *op. cit.* :

— **Ibid.** (pour *ibidem*), qui veut dire « au même endroit », est utilisé lorsqu'on cite le même document dans deux notes consécutives. On fait suivre l'abréviation du numéro de la page citée, sauf s'il s'agit de la même page :

> 4. Paul-André Linteau et coll., *Histoire du Québec contemporain, vol. 2 : le Québec depuis 1930*, Montréal, Boréal, 1989, p. 422.
>
> 5. *Ibid.*, p. 741.
>
> 6. *Ibid.*

— **Op. cit.** (pour *opere citato*) signifie « dans l'ouvrage cité ». Cette abréviation est concurrencée par son équivalent français « *ouvr. cité* ». L'une ou l'autre abréviation renvoie à une référence antérieure à la référence précédente. Elle est précédée du nom de l'auteur et suivie du numéro de la page :

> 4. Paul-André Linteau et coll., *Histoire du Québec contemporain, vol. 2 : le Québec depuis 1930*, Montréal, Boréal, 1989, p. 741.
>
> 5. Louis-Edmond Hamelin, *Le Canada*, Paris, Presses universitaires de France, 1963, p. 73.
>
> 6. Paul-André Linteau et coll., *op. cit.*, p. 422.
> *ou*
> 6. Paul-André Linteau et coll., *ouvr. cité*, p. 422.

On emploie de moins en moins les abréviations *loc. cit.* et *id.* :

— *Loc. cit.* (pour *loco citato*), « à l'endroit cité », renvoie à la même page d'un document qui a déjà été cité dans une référence antérieure à la référence précédente. L'abréviation est précédée du nom de l'auteur. Au lieu de *loc. cit.*, on peut simplement donner le nom de l'auteur, un titre abrégé et le numéro de la page :

> 1. Ferdinand de Saussure, *Cours de linguistique générale*, p. 160.

> 2. André Clas et Paul Horguelin, *Le français, langue des affaires*, 3ᵉ éd., Montréal, McGraw-Hill, 1991, p. 168.

> 3. Saussure, *loc. cit.*
> *ou*
> 3. Saussure, *Cours*, p. 160.

— *Id.* (pour *idem*), qui signifie « le même auteur », peut être utilisé lorsqu'on cite deux ouvrages du même auteur dans deux notes consécutives. Suivent le titre de l'ouvrage et l'adresse bibliographique, s'il y a lieu. Si on ne veut pas employer *id.*, on peut répéter le nom de l'auteur :

> 1. Jacques Gandouin, *Guide du protocole et des usages*, Paris, Stock, 1984, p. 84.

> 2. Id., *Correspondance et rédaction administratives*, Paris, Armand Colin, 1988, p. 45.
> *ou*
> 2. Jacques Gandouin, *Correspondance et rédaction administratives*, Paris, Armand Colin, 1988, p. 45.

Toutes ces abréviations s'écrivent dans le même caractère que les mots qu'elles remplacent : c'est pourquoi « Id. » est en caractères ordinaires, et non en italique.

## 12.2.4   Liste d'exemples

Voici quelques exemples de références données dans des notes :

> 1. Claude Jasmin, *Le gamin*, Montréal, L'Hexagone, 1990.

> 2. Gilles Archambault, *Un après-midi de septembre : récit*, Montréal, Boréal, c1993, 1994, « Boréal compact », n° 60.

> 3. Canada, Conseil du Trésor, *Le guide des gestionnaires*, 3ᵉ éd., Ottawa, le Conseil, 1993, p. 8.

> 4. Canada, Ministère des Communications, *Rapport annuel 1969-1970*, Ottawa, le Ministère, 1970.

> 5. Paul-André Linteau et coll., *Histoire du Québec contemporain, vol. 2 : le Québec depuis 1930*, nouv. éd. rév., Montréal, Boréal, 1989, p. 741.

> 6. Louis-Edmond Hamelin, *Le Canada*, Paris, Presses universitaires de France, 1963, p. 73, coll. « Magellan ».

7. Gérald Leblanc, « Lutte à finir en Ontario : les syndicats montent aux barricades », *La Presse*, 2 mars 1996, p. E1.

8. X. Normand, « Pétrole : le raffinage », *Encyclopædia Universalis*, 1972, vol. 11, p. 882-886.

9. Robert Catherine, *Le style administratif*, nouv. éd. rev. et augm., Paris, Albin Michel, 1988, 181 p.

10. Pierre Morency, *L'oeil américain*, préface de Jean-Jacques Brochier, illustrations de Pierre Lussier, Montréal, Boréal, 1989, p. 151.

11. Jacques Poulin, *Le vieux chagrin*, Arles, Actes Sud; Montréal, Leméac, 1989, p. 35.

12. Aurel Ramat, *Le Ramat de la typographie*, Montréal, chez l'auteur, 1994.

13. Robert Bourassa, *L'énergie du Nord : la force du Québec*, Montréal, Québec/Amérique, s.d., 223 p.

14. Robert Laumonnier, *Cultures légumières*, 3$^e$ éd. ent. rev. et corr., Paris, J.-B. Ballière, 1978-1979, vol. 2, p. 168.

15. Serge Pichette, *Concepts et techniques de négociations lors des transferts de technologie : brevets d'inventions et « know-how »*, Montréal, École des hautes études commerciales, 1981, 106 p., « Les cahiers du CETAI », n° 81-04.

16. Brigitte Richter, *Précis de bibliothéconomie : pratique de la fonction documentaire*, avec la collaboration de Marcelle Ménil et de Maurice Richter, 4$^e$ éd. rév. et mise à jour, Munich, K.G. Saur, 1987, ix-289 p.

17. Michel Roberge, *La classification universelle des documents administratifs*, préface d'André Pitre, 1$^{re}$ éd., La Pocatière (Québec), Documentor, 1985, 247 p., coll. « Accès à l'information administrative », n° 8.

18. Laurent Mailhot et Benoît Melançon, *Le Conseil des arts du Canada, 1957-1982*, Montréal, Leméac, 1982.

19. André Clas et Paul A. Horguelin, *Le français, langue des affaires*, Montréal, McGraw-Hill, 1991.

20. N.N. Greenwood et A. Earnshaw, *Chemistry of the Elements*, 1$^{re}$ éd. réimprimée et corrigée, Oxford, Pergamon Press, 1986.

21. *Essays on Meteorology and Climatology: In Honour of Richmond W. Longley*, publié sous la direction de K.D. Hage et E.R. Reinelt, Edmonton, University of Alberta, Department of Geography, 1978, xxxi-429 p., « University of Alberta Studies in Geography », Monograph 3.

22. Yves Bourron, *72 fiches de pédagogie audio-visuelle*, Paris, Les Éditions d'Organisation, 1978, coll. « EO/formation permanente ».

23. Société de Banque Suisse, *Petit dictionnaire financier et bancaire*, s.l., Société de Banque Suisse, 1987.

24. Canada, *Rapport du Comité d'étude de la politique culturelle fédérale*, Ottawa, Ministre des Approvisionnements et Services, 1982. Rapport Applebaum-Hébert.

# 12.3  Dans le corps du texte

La référence d'un document est parfois donnée dans le corps même du texte, en général entre parenthèses. Elle peut, comme les références fournies dans des notes, apparaître sous une forme complète la première fois, et sous une forme abrégée ensuite (v.a. 12.2.3) :

> Hanse (*Nouveau dictionnaire des difficultés du français moderne*, 3ᵉ éd., 1994, p. 245) soutient que...

Un autre procédé, répandu dans les travaux savants, consiste à citer les documents à l'aide de la *date*. On mentionne simplement le nom de l'auteur dans la phrase et l'année de publication :

> Hanse (1994, p. 245) soutient que...

> Dans ce cas, la règle (Hanse, 1994, p. 245) prescrit...

Bien sûr, pour employer ce genre de renvois, il est obligatoire de présenter en fin de document une bibliographie où figurent tous les ouvrages cités. On peut alors juger préférable de placer, dans les entrées de la bibliographie, l'année de publication immédiatement après le nom de l'auteur. Les notices de la bibliographie peuvent se présenter ainsi :

> HANSE, Joseph. 1994. *Nouveau dictionnaire des difficultés du français moderne*, 3ᵉ éd., Louvain-la-Neuve, Duculot.

> MORENCY, Pierre. 1989. *L'oeil américain*, préface de Jean-Jacques Brochier, illustrations de Pierre Lussier, Montréal, Boréal.

Pour citer deux documents d'un même auteur parus la même année, on emploie, à la fois dans les renvois et dans la bibliographie, des lettres minuscules collées sur l'année, pour bien les distinguer :

1989a
1989b

**Remarque**

Il convient de noter qu'on peut à la fois adopter à l'intérieur du texte ce système de renvois et conserver dans la bibliographie le schéma ordinaire, où l'année de publication apparaît à sa place habituelle, après le nom de la maison d'édition.

# 12.4  Cas particuliers

Pour la clarté de l'exposé dans les sections qui suivent, les références données comme exemples ont la forme qu'elles auraient *dans une liste bibliographique* (v. 12.1). Lorsque les références sont fournies *dans des notes en bas de page*, les noms d'auteurs sont écrits sans inversion du prénom et du nom, ils sont en caractères ordinaires, et ils sont séparés du titre par une virgule (v. 12.2).

## 12.4.1  Document bilingue

Lorsque le titre d'un document bilingue apparaît dans les deux langues sur la *même page de titre*, on peut par souci de précision faire suivre les deux titres en les séparant par le symbole d'égalité [v. 12.1.4e)]. La façon dont le texte est disposé peut être précisée à la fin de la notice :

SERVICE CORRECTIONNEL DU CANADA. *Guide de la gestion des cas = Case Management Manual*, Ottawa, le Service, 1990 (?). Textes français et anglais disposés sur des colonnes parallèles.

Les titres d'un document bilingue apparaissent sur des *pages de titre différentes* lorsque les deux versions sont publiées séparément ou qu'elles sont imprimées tête-bêche. Si l'on veut par souci de précision fournir une notice complète, on peut signaler le titre parallèle à la fin de la notice :

CANADA. CONSEIL DU TRÉSOR. *Le guide des gestionnaires*, 3ᵉ éd., Ottawa, le Conseil, 1993. Publié séparément en anglais sous le titre : *The Manager's Deskbook.*

Dans le cas où les deux versions sont imprimées *tête-bêche*, une notice très complète peut même indiquer, côte à côte, le nombre de pages des deux versions :

CANADA. CONSEIL DU TRÉSOR. *Améliorer les services en utilisant l'information et les technologies de façon novatrice*, Ottawa, Conseil du Trésor, Direction des communications et de la coordination, 1992, iii-36 p., iii-32 p. Texte en anglais et en français disposé tête-bêche. Titre anglais : *Enhancing Services Through the Innovative Use of Information and Technology.*

On peut procéder de façon semblable pour les documents *plurilingues* publiés par les grands organismes internationaux.

## 12.4.2  Article de journal ou de périodique

Pour les *périodiques*, le titre de l'article se met entre guillemets, le nom de la publication en italique, et la date de publication entre parenthèses :

SAVARD, Raymonde. « L'école dans la ville », *Possibles*, vol. 16, n° 1 (février 1992), p. 65-73.

CHATELAIN, J. « Un pouce et demi en haut des États-Unis », *Les Temps modernes*, XXXIII, n° 384 (juillet 1978), p. 2163-2251.

JAMMAL, Amal, et coll. « L'immunologie et son vocabulaire français », *L'Actualité terminologique = Terminology Update*, vol. 27, n° 3 (1994), p. 15-21. .

FERNANDEZ, C., A. COBOS et M.J. FRAGA. « The Effect of Fat Inclusion on Diet Digestibility in Growing Rabbits », *Journal of Animal Science*, vol. 72, n° 6 (juin 1994).

PAQUET, Renaud. « La méthode de négociation raisonnée appliquée aux relations de travail », *Optimum : la revue de gestion du secteur public*, vol. 26, n° 2 (automne 1995), p. 21-27. Texte en anglais et en français disposé tête-bêche. Titre anglais : *Optimum : the Journal of Public Sector Management*.

Pour les *journaux*, on omet dans la pratique le volume et le numéro. La date n'est pas placée entre parenthèses :

TREMBLAY, Odile. « Sur les traces du Cinématographe », *Le Devoir*, 23-24 décembre 1995, p. B1.

LEBLANC, Gérald. « Lutte à finir en Ontario : les syndicats montent aux barricades », *La Presse*, 2 mars 1996, p. E1.

Les périodiques comportent parfois des auteurs secondaires (v. 12.1.5), mais il est rare qu'on les mentionne. Il s'agirait, par exemple, de la collectivité sous la responsabilité de laquelle paraît une publication qui n'expose pas nécessairement ses vues (v. 12.4.3) :

TREMBLAY, Richard. « La structure d'une loi », *Légistique*, Québec, Ministère de la Justice, vol. 3, n° 2 (1983).

**Remarque**

Si le titre de l'article contient lui-même des mots entre guillemets, on encadre généralement ces mots de guillemets anglais (v.a. 7.3.2) :

MARQUIS, Julien. « "We had a dream..." », *Informatio*, vol. 18, n° 3 (1989), p. 5.

## 12.4.3  Publication en série

Les publications en série comprennent les périodiques, les journaux, les rapports annuels, les annuaires, les mémoires, etc. On indique le nom de la collectivité-auteur [v. 12.1.3c)] lorsque la publication a un caractère administratif : rapport annuel, annuaire, liste de membres, etc. :

FÉDÉRATION DES CENTRES LOCAUX DE SERVICES COMMUNAUTAIRES DU QUÉBEC. *Annuaire*,

AGENCE CANADIENNE DE DÉVELOPPEMENT INTERNATIONAL. *Rapport annuel 1994-1995*,

ONTARIO. MINISTÈRE DU TOURISME ET DES LOISIRS. *Rapport annuel 1984-1985*,

On peut aussi mentionner, comme auteur secondaire (v. 12.1.5), la collectivité *responsable* du contenu d'une publication. Cette mention permet notamment de distinguer des publications portant le même titre. Elle est surtout utilisée pour les publications des associations, des administrations publiques, des universités :

> *Bulletin*, Corporation professionnelle des médecins du Québec,

> *Légistique*, Québec, Ministère de la Justice,

> *Meta : journal des traducteurs = Meta : Translators' Journal*, Université de Montréal, Département de linguistique et de traduction,

Dans la pratique, les références à des publications en série portent presque toujours sur un *numéro particulier* et sont succinctes. Pour les périodiques, par exemple, on ne mentionne souvent que le titre, suivi du numéro et de la date. Celle-ci figure entre parenthèses :

> *Liberté*, n° 205 (février 1993).

> *L'actualité chimique canadienne = Canadian Chemical News*, vol. 36, n° 1 (janv. 1984).

> *Critère*, n° 41 (printemps 1986), Montréal, Critère, 1986. Comprend les actes d'un colloque de la revue tenu à Montréal.

> *Meta : journal des traducteurs = Meta : Translators' Journal*, Université de Montréal, Département de linguistique et de traduction, vol. 11, n° 1 (mars 1966), Montréal, Presses de l'Université de Montréal, 1966.

Lorsque la notice renvoie à l'*ensemble d'une publication* en série, on mentionne la première livraison de la publication. Cette mention est suivie d'un trait d'union et de quelques espaces blancs. Si la publication a cessé de paraître, on mentionne la première et la dernière livraison :

> *Terminogramme*, n° 1 (janvier 1980)-   ,

> *Maintenant*, n° 1 (janv. 1962)-n° 141 (déc. 1974),

La mention de l'adresse bibliographique est facultative, tout comme les notes bien sûr :

> *Terminogramme*, n° 1 (janvier 1980)-   , Québec, Éditeur officiel du Québec. Trimestriel.

## 12.4.4   Partie d'un livre

Une notice bibliographique peut porter sur une partie d'un livre plutôt que sur le livre complet : chapitre, section, contribution, essai, nouvelle, poème, etc. Chaque partie peut être d'un auteur différent, comme dans le cas de textes réunis dans un même recueil par un « éditeur scientifique » [v. 12.1.3b) R. 1]. Sont également considérés comme parties de livres les articles de dictionnaires et d'encyclopédies.

Le titre de la partie se met toujours entre guillemets, celui du livre en italique (v.a. 7.3.2). Dans une notice complète figurent en outre la mention des pages où se trouve la partie répertoriée, et le volume s'il s'agit d'un dictionnaire ou d'une encyclopédie :

> FERRON, Jacques. « Une fâcheuse compagnie », *Contes*, Montréal, Bibliothèque québécoise, 1993, p. 60-63.
>
> REGGIANI, Serge. « À Jean Cocteau », *Dernier courrier avant la nuit*, Paris, L'Archipel, 1995, p. 33-42.
>
> LIPOVETSKY, Gilles. « La société humoristique », *L'ère du vide*, Paris, Gallimard, c1983, 1989, coll. « Folio ». Chapitre V de l'ouvrage.
>
> BONENFANT, Jean-Charles. « Le cadre institutionnel du système politique québécois », *Le système politique québécois*, recueil de textes préparé par Édouard Cloutier et Daniel Latouche, Montréal, Hurtubise HMH, 1979, 555 p., coll. « L'homme dans la société ».
>
> « Congo », *Grand dictionnaire encyclopédique Larousse*, Paris, Larousse, 1982, vol. 3.

On peut juger plus clair d'employer la préposition **dans**, ou le mot latin *in*, lorsque l'auteur de la partie et celui de l'ouvrage ne sont pas la même personne. Le nom de l'auteur de l'ouvrage s'écrit alors sans inversion :

> JACOB, Suzanne. « Le réveillon », *in* François Gallays, *Anthologie de la nouvelle au Québec*,
>
> CARRIER, Denis. « La stratégie de la négociation collective », dans Noël Mallette, *La gestion des relations de travail au Québec*,

Certains généralisent à tous les cas cet emploi de *dans* ou de *in* :

> LIPOVETSKY, Gilles. « La société humoristique », dans *L'ère du vide*, Paris, Gallimard, c1983, 1989, coll. « Folio ».
>
> NORMAND, X. « Pétrole : le raffinage », dans *Encyclopædia Universalis,* Paris, Encyclopædia Universalis, 1972, vol. 11, p. 882-886.

## 12.4.5   Recueil d'un auteur

Lorsqu'un ouvrage contient deux oeuvres d'un même auteur sans comporter de titre général, on sépare les deux titres par la mention « suivi de » :

> CHARRON, François. *La beauté pourrit sans douleur*, suivi de *La très précieuse qualité du vide*,

S'il y a plus de deux titres, il est plus simple de n'indiquer que le titre principal, et de signaler les autres à la fin de la notice. De même, si les oeuvres sont réunies sous un titre collectif, on peut détailler le contenu de l'ouvrage à la fin de la notice :

> ARRABAL. *Théâtre, VI*, Paris, Christian Bourgois, 1969. Comprend *Le jardin des délices*, *Bestialité érotique* et *Une tortue nommée Dostoïevsky*.

## 12.4.6 Actes de colloque

Pour les travaux d'un colloque, d'une conférence, d'un congrès, d'un séminaire, d'une assemblée ou de tout autre type de réunion, on écrit d'abord le titre tel qu'il apparaît dans le document. On indique entre parenthèses le numéro de la conférence si celle-ci fait partie d'une série. Sont ensuite mentionnés *le lieu et la date de l'événement.* À la fin de la notice, après le point (v. 12.1.10), on ajoute les notes jugées nécessaires :

> *Colloque sur l'aménagement au Québec (3ᵉ) : inventaire et affectation des ressources,* Sherbrooke, 1982, Montréal, Association canadienne-française pour l'avancement des sciences, 1983.

> *Actes du XIIIᵉ Colloque international de linguistique fonctionnelle,* Corfou, 1986, Paris, SILF, 1987.

> *Rapport de la Conférence des Nations Unies sur l'eau,* Mar del Plata, Argentine, 14-25 mars 1977, New York, Nations Unies, 1977, v-188 p. Document : E/CONF.70/29.

> *American Translators Association Conference (28th) : Across the Language Gap,* Albuquerque, New Mexico, 8-11 octobre 1987, Medford, N.J., Learned Information, 1987, xi-567 p. Travaux de la 28ᵉ conférence annuelle de l'American Translators Association.

S'il s'agit d'une activité régulière d'un organisme, la notice peut commencer par le nom de l'organisme :

> ASSOCIATION POUR L'AVANCEMENT DES SCIENCES ET DES TECHNIQUES DE LA DOCUMENTATION. *L'information dans le processus décisionnel : travaux du 8ᵉ congrès tenu à Montréal du 4 au 7 novembre 1981,* Montréal, Asted, 1982, 226 p.

> SOCIÉTÉ DE LINGUISTIQUE ROMANE. *Actes du XIIIᵉ congrès international de linguistique et philologie romanes tenu à l'Université Laval (Québec, Canada) du 29 août au 5 septembre 1971,* publié par Marcel Boudreault et Frankwalt Möhren, Québec, Presses de l'Université Laval, 1976, 2 vol., LXXXVI-1209 p. et 1248 p.

Lorsque le titre même du document ne fait pas mention du colloque, on peut ajouter l'information nécessaire à la fin de la notice, dans les notes :

> FRANCARD, Michel, éd. *L'insécurité linguistique dans les communautés francophones périphériques,* Louvain, Institut de linguistique de Louvain, 1994, 2 tomes, 223 p. et 145 p. Actes du colloque de Louvain-la-Neuve tenu du 10 au 12 novembre 1993.

## 12.4.7 Document juridique

Pour les documents juridiques, les notices varient selon la nature du document. Si le document, par exemple, est publié sous forme de livre, la notice est rédigée selon le modèle qui s'applique aux livres. Si le texte fait partie d'un recueil, le modèle se rapproche du schéma employé pour les parties de livres.

La notice d'une loi ou d'un règlement est établie au nom de l'autorité qui l'a promulgué ou adopté. Pour un projet de loi, on inscrit le numéro, suivi du titre. Le recueil de lois ou de règlements lui-même est cité comme un livre. Comme dans les autres cas, on fournit à la fin de la notice (v. 12.1.10) les renseignements jugés importants pour bien identifier le document :

> QUÉBEC. « Loi sur les régimes complémentaires de retraite », *Gazette officielle du Québec, partie 2 : Lois et règlements*, Québec, Éditeur officiel du Québec, 1989, chap. 38, p. 3963-4047.

> CANADA. « Règlement sur le certificat de capacité de matelot qualifié = Regulations Certification of Able Seamen », *Codification des règlements du Canada (1978) = Consolidated Regulations of Canada, 1978*, Ottawa, Imprimeur de la Reine, 1978, vol. 15, chap. 1411. Texte en français et en anglais.

> *Projet de loi C-71 : Loi modifiant la Loi sur les explosifs = Bill C-71 : an Act to amend the Explosives Act*, Ottawa, Groupe Communication Canada, 1995. 35$^e$ législature, 1$^{re}$ session (1994-1995), 1$^{re}$ lecture, 24 février 1995.

> CANADA. *Lois révisées du Canada (1985) : révision réalisée sous le régime de la Loi sur la révision des lois = Revised Statutes of Canada, 1985 : prepared under the authority of the Statute Revision Act*, Ottawa, Imprimeur de la Reine, 1985. Comprend 8 vol., 5 suppl., appendices.

## 12.4.8  Décision judiciaire

La notice bibliographique d'une décision judiciaire est établie au titre de la décision, qui est inscrit entre guillemets. Les noms des parties ne sont pas donnés intégralement. On indique d'abord le nom du demandeur ou de l'appelant, suivi de l'abréviation « c. » pour « contre », puis le nom du défendeur ou de l'intimé. Si le nom du tribunal n'apparaît pas dans le titre du document, on peut le mentionner à la fin de la notice (v. 12.1.10) :

> « Levasseur c. La Reine », *Recueil des arrêts de la Cour suprême du Canada = Canada Supreme Court Reports*, 3$^e$ cahier, vol. 3 (1994), p. 518-519.

## 12.4.9  Thèse ou mémoire

Les thèses et mémoires sont traités comme des livres, mais on peut mentionner à la fin de la notice le fait qu'il s'agit d'une thèse. On peut aussi mentionner le grade ou le titre postulé et l'année où il a été conféré, ainsi que l'établissement où la thèse a été soutenue :

> JOBIN, Pierre-G. *Les contrats de distribution de biens techniques*, Québec, Presses de l'Université Laval, 1975, xix-303 p., « Bibliothèque juridique », A-1. Thèse soutenue par l'auteur à l'Université de Montpellier en 1972.

DION, Léon. *La révolution allemande du XX<sup>e</sup> siècle : l'idéologie politique du national socialisme*, 1955, 639 p. Thèse de doctorat en sciences politiques, Université Laval.

## 12.4.10  Document électronique

Avec l'évolution rapide de l'informatique et la prolifération de documents de toute sorte, le modèle de notice proposé ci-après est sans doute appelé à changer. Il s'inspire d'un projet de norme de l'ISO qui était en instance d'approbation au moment de la publication du présent ouvrage.

### a)  Règle générale

Les éléments à mentionner dans une notice complète devraient apparaître dans l'ordre suivant :

— l'auteur
— le titre
— le support
— les auteurs secondaires (v. 12.1.5)
— le numéro de l'édition
— l'adresse bibliographique (v. 12.1.7)
— la date de mise à jour
— la date de référence
— la série
— les notes

Un nom d'*auteur* figure essentiellement dans les cas d'articles, de messages électroniques, d'études. Très souvent, la notice d'un document complet est simplement établie au *titre* de l'oeuvre.

Le *support* est mentionné entre parenthèses à la suite du titre [v.a. 12.1.4c)]. Il peut s'agir d'un document en ligne, d'un **CD-ROM** (ou « cédérom » selon la graphie proposée par l'Académie française et adoptée par certains journaux), d'une bande magnétique, d'une disquette ou d'un autre moyen de stockage électronique. Il est utile de donner une description précise :

(base de données en ligne)
(base de données sur bande magnétique)
(CD-ROM)
(babillard en ligne)
(programme informatique sur disque)
(courrier électronique)

Le numéro de l'*édition* peut être accompagné du numéro de la version :

5<sup>e</sup> éd. rev., version 3.5

Il est important d'indiquer la *date de mise à jour*, s'il y a lieu :

revu le 2 octobre 1995
mis à jour en janvier 1994

La *date de référence* s'applique aux documents en ligne : c'est la date à laquelle on a consulté le document. Sa mention est facultative. Elle se place entre parenthèses :

(réf. du 3-1-1996)
(consulté le 14 mars 1997)

La *série* correspond à la collection (v. 12.1.9); comme celle-ci, elle se met entre guillemets.

C'est dans les *notes* (v. 12.1.10) que l'ISO recommande d'indiquer le nombre d'unités d'un document électronique, s'il y a lieu. Il est aussi très pratique d'y décrire la configuration informatique qui est nécessaire pour consulter le document. On peut y mentionner l'existence de matériel d'accompagnement. C'est là aussi qu'on indique que le document peut être consulté sur *Internet*, en en donnant l'adresse. Comme on le voit, les notes dans la référence d'un document électronique risquent d'être surchargées : il est donc important de s'en tenir à l'essentiel.

**b)   Document complet**

La référence des bases de données, des programmes informatiques, des monographies, des publications en série, des babillards électroniques, suit la règle générale :

— *Base de données, monographie, programme informatique*

*Delphes* (en ligne), Paris, Chambre de commerce et d'industrie de Paris, Direction de l'information économique, 1980-   . Mis à jour chaque semaine.

*GIFT : grammaire informatisée du français au travail*, réalisé par Formation linguistique Canada, Commission de la fonction publique, Ottawa, Groupe Communication Canada, 1994. Didacticiel d'apprentissage du français langue seconde. Trois disquettes, 3 1/2 po, 720 Ko. Configuration minimale : ordinateur compatible IBM, 640 Ko de mémoire vive, DOS 3.3, écran CGA ou à haute résolution. Requiert un clavier canadien-français.

KIRK-OTHMER. *Encyclopedia of Chemical Technology* (en ligne), 3ᵉ éd., New York, John Wiley, 1984 (réf. 3 janvier 1990). Offert par DIALOG, Palo Alto (Calif.).

AXWORTHY, Glen. *Where in the World is Carmen Sandiego?* (disque), version pour IBM/Tandy, San Rafael (Calif.), Borderbund Software, 1985, série « Exploration ». 1 disque, 5 1/4 po.

CARROLL, Lewis. *Alice's Adventures in Wonderland* (en ligne), Texinfo éd. 2.1, Dortmund (All.), WindSpiel, nov. 1994 (consulté le 10-2-1995). Sur Internet : <URL:http//www.germany.eu.net/books/carroll/alice.html>.

BRISSON, Dominique, et Natalie COURAL. *Le Louvre, peintures et palais* (CD-ROM), réalisé par Index+, Paris, Montparnasse Multimédia et Réunion des musées nationaux, 1995, « J'imagine le Monde ». Configuration minimale : Mac LCIII, 3,5 Mo de mémoire vive; PC 386, 8 Mo de mémoire vive, Windows 3.1, écran 256 couleurs.

*Le visuel : dictionnaire multimédia trilingue* (CD-ROM), Montréal, Québec/Amérique International, 1996. Publié en Europe par Havas édition électronique et aux États-Unis par MacMillan Digital. Configuration : hybride PC 486, 5 Mo de mémoire vive, Windows 95; Mac 68030, système 7.5, 5 Mo de mémoire vive, 256 couleurs.

*Larousse multimédia encyclopédique* (CD-ROM), Paris, Larousse, 1995. 1 disque. 1 manuel d'utilisation. Configuration : ordinateur compatible PC 486, 4 Mo de mémoire vive, Windows 3.1, lecteur de CD-ROM double vitesse, carte de son, écran VGA, carte vidéo 256 couleurs.

*Dictionnaire Hachette multimédia* (CD-ROM), réalisé par ISG Productions et Hachette Livres, Paris, Production Matra-Hachette Multimedia, 1995.

*L'histoire du Canada* (disque optique compact), réalisé par l'Office national du film, le Réseau canadien d'information sur le patrimoine et le Musée canadien des civilisations, Ottawa, Office national du film, 1994. 1 disque, 4 3/4 po. 1 dictionnaire du chiffre. Configuration minimale : ordinateur compatible IBM 386DX (25MHz), 4 Mo de mémoire vive, minimum de 2 Mo inutilisés sur le disque dur, MS-DOS 3.3, Windows 3.1, carte VGA ou SVGA et écran couleur, souris compatible Microsoft.

— *Publication en série*

*Profile Canada* (CD-ROM), Toronto, Micromedia, 1993- , « The Canadian Connection ». Accompagné d'un guide de l'utilisateur. Configuration : ordinateur compatible IBM, 490 Ko de mémoire vive, DOS 3.3, 2 Mo inutilisés sur le disque dur, lecteur de CD-ROM (norme MPC). Trimestriel.

— *Babillard électronique, forum de discussion*

*PACS-L (Public Access Computer System Forum)* (en ligne), Houston (Texas), University of Houston Libraries, juin 1989- . Internet : <listserv@uhupvml.uh.edu.>.

PARKER, Elliott. « Re : Citing Electronic Documents », dans *PACS-L (Public Access Computer System Forum)* (en ligne), Houston (Texas), University of Houston Libraries, 24 novembre 1989, 13 h 29 HNC (consulté 1-1-1995, 16 h 15 HNE). 4 écrans. Internet : <URL:telnet://brsuser@a.cni.org>.

c) **Partie d'un document**

La règle est bien sûr d'indiquer le titre de la partie. On l'encadre de guillemets. On mentionne aussi, s'il y a lieu, sa numérotation et son emplacement dans le document hôte. La présentation de la notice varie selon qu'il s'agit d'une simple section du document, d'une contribution ou d'un article :

— *Chapitre ou section*

> *World Factbook* (CD-ROM), Washington (D.C.), Central Intelligence Agency, 1990, « Spain Vital Statistics ». ID Number : CI WOFACT 1106.

> CARROLL, Lewis. *Alice's Adventures in Wonderland* (en ligne), Texinfo éd. 2.1, Dortmund (All.), WindSpiel, nov. 1994 (consulté le 10-2-1995), chapitre VII, « A Mad Tea-Party ». Sur Internet : <URL:http//www.germany.eu.net/books/carroll/alice.html#SEC13>.

— *Contribution*

> MCCONNELL, W. H. « Constitutional History », dans *The Canadian Encyclopedia* (CD-ROM), version Macintosh 1.1, Toronto, McClelland & Stewart, 1993.

— *Article d'une publication en série*

> PRICE-WILKIN, John. « Using the World-Wide Web to Deliver Complex Electronic Documents : Implications for Libraries », *The Public-Access Computer Systems Review* (en ligne), 1994, vol. 5, n° 3 (consulté le 28 juillet 1994), p. 5-21.

> NAN, Stone. « The Globalization of Europe », *Harvard Business Review* (en ligne), mai-juin 1989 (réf. 3-9-1990). Offert par BRS Information Technologies, McLean (Virginie).

d) **Courrier électronique**

Lorsqu'on donne la référence d'un message électronique, on peut considérer le destinataire comme un auteur secondaire (v. 12.1.5) :

> BÉGIN, Pierre. *Annonces* (courrier électronique), message envoyé à Marie-Pier Nepveu, 16 mars 1996 (consulté le 4-4-1996).

## 12.4.11 Film ou vidéo

La référence est établie au titre de l'oeuvre; le réalisateur est considéré comme un auteur secondaire (v. 12.1.5), et son nom apparaît donc après le titre. En général, on insère une mention telle que « film cinématographique » ou « enregistrement vidéo » entre parenthèses après le titre.

Les personnes et les collectivités qui ont participé à la réalisation de l'oeuvre sont — comme le réalisateur — des auteurs secondaires, et leur nom est inscrit après le titre. Le nom du producteur ou de la société réalisatrice apparaît dans l'adresse bibliographique. On indique ensuite le nombre d'unités matérielles, le genre de document, la durée de la projection exprimée en minutes et la largeur du support (v. 12.1.10). On trouve ces détails sur l'étiquette de l'enregistrement ou dans le générique :

*L'entrevue d'emploi : stratégies et tactiques* (enregistrement vidéo), réalisé par l'Office national du film et par Emploi et Immigration Canada, Ottawa, Office national du film, 1984. 1 vidéocassette, 51 min, 1/2 po.

*Complexe Grande Baleine* (film), Montréal, Hydro-Québec, 1981. 1 bobine, 24 min, 16 mm. Offert aussi sur vidéocassette, 3/4 po et 1/2 po.

Les noms des personnes qui font partie de la distribution peuvent être énumérés, si on le juge nécessaire, à la fin de la notice (v. 12.1.10). On peut aussi à cet endroit fournir des renseignements sur les titres parallèles du document, la version sous-titrée ou codée pour malentendants, l'adresse du distributeur, les formats offerts, etc. :

*Mon oncle Antoine*, réalisation de Claude Jutra, scénario de Clément Perron, images de Michel Brault, Montréal, Office national du film, 1971. 4 bobines de films, 110 min, 16 mm. Distribution : Jean Duceppe, Olivette Thibault, Claude Jutra, Hélène Loiselle, Lionel Villeneuve, Monique Mercure, Jacques Gagnon, Lyne Champagne. Couleurs. Offert également en 35 mm et en vidéocassette.

# Bibliographie

*Acronyms, Initialisms & Abbreviations Dictionary*, sous la direction de Jennifer Mossman, 18ᵉ éd., Detroit, Gale Research, 1994.

ASSOCIATION CANADIENNE DE NORMALISATION. *Guide canadien de familiarisation au système métrique*, 5ᵉ éd., Rexdale, CSA, 1990. CAN/CSA-Z234.1-89.

ASSOCIATION CANADIENNE DE NORMALISATION. *Représentation numérique des dates et de l'heure*, 3ᵉ éd., Rexdale, CSA, 1989. CAN/CSA-Z234.4-89.

ASSOCIATION DU BARREAU CANADIEN et ASSOCIATION DES BANQUIERS CANADIENS. *Mort au charabia! Rapport du Comité mixte sur la lisibilité juridique*, Ottawa, Association du Barreau canadien, 1991.

ASSOCIATION FRANÇAISE DE NORMALISATION. *Principes de l'écriture des nombres, des grandeurs, des unités et des symboles*, Paris, AFNOR, 1985. NF X 02-003.

*Associations Canada 1994-1995 : An Encyclopedic Directory = Un répertoire encyclopédique*, 4ᵉ éd., Toronto, Canadian Almanac & Directory Publishing Co., 1994. Index des acronymes, p. 211-230.

BERTHIER, Pierre-Valentin, et Jean-Pierre COLIGNON. *Le français pratique*, Paris, Solar, 1979.

BERTHIER, Pierre-Valentin, et Jean-Pierre COLIGNON. *Lexique du français pratique*, Paris, Solar, 1981.

BIBLIOTHÈQUE NATIONALE DU CANADA. *Guide de rédaction bibliographique*, réalisé par Danielle Thibault, Ottawa, Ministre des Approvisionnements et Services, 1989.

BISSON, Monique, Hélène CAJOLET-LAGANIÈRE et Normand MAILLET. *Guide linguistique à l'intention des imprimeurs*, Québec, Les publications du Québec, 1989.

BRUN, Jean, et Albert DOPPAGNE. *La ponctuation et l'art d'écrire*, 3ᵉ éd., Bruxelles, Ced Samson; Amiens, Éditions scientifiques et littéraires, 1971.

BUREAU DE NORMALISATION DU QUÉBEC. *Système international d'unités (SI) — Principes d'écriture des unités et des symboles*, Québec, BNQ, 1979. BNQ 9990-911 — 1979.

CAJOLET-LAGANIÈRE, Hélène, Pierre COLLINGE et Gérard LAGANIÈRE. *Rédaction technique et administrative*, 2ᵉ éd. rev. et augm., Sherbrooke, Éditions Laganière, 1986.

CALVET, Louis-Jean. *Les sigles*, Paris, Presses universitaires de France, 1980, « Que sais-je? », n° 1811.

CANADA. COMITÉ PERMANENT CANADIEN DES NOMS GÉOGRAPHIQUES. *Noms géographiques du Canada approuvés en anglais et en français = Canada's Geographical Names Approved in English and in French*, Ottawa, Ministère de l'Énergie, des Mines et des Ressources, août 1994. Brochure.

CANADA. COMITÉ PERMANENT CANADIEN DES NOMS GÉOGRAPHIQUES. *Principes et directives pour la dénomination des lieux*, Ottawa, 1990.

CANADA. COMITÉ PERMANENT CANADIEN DES NOMS GÉOGRAPHIQUES. *Répertoire des noms d'entités sous-marines = Gazetteer of Undersea Features Names*, Ottawa, Ministère des Pêches et des Océans, 1987.

CANADA. COMITÉ PERMANENT CANADIEN DES NOMS GÉOGRAPHIQUES. *Répertoire géographique du Canada = Gazetteer of Canada*, Ottawa, Ministère de l'Énergie, des Mines et des Ressources. 11 volumes qui étaient mis à jour périodiquement. Doivent être remplacés par un « répertoire national concis » en un volume, à paraître en 1997.

CANADA. CONSEIL DU TRÉSOR. *Guide de rédaction à l'intention des employés du Conseil du Trésor*, Ottawa, le Conseil, 1990.

CANADA. MINISTÈRE DE LA DÉFENSE NATIONALE. *Manuel des abréviations des Forces canadiennes*, Ottawa, le Ministère, 1992. Manuel des procédures d'administration et d'état-major, n° A-AD-121-FO1/JX-000.

CANADA. MINISTÈRE DE LA DÉFENSE NATIONALE. *Ordonnances administratives des Forces canadiennes*, Ottawa, le Ministère, 1992. OAFC 18-12.

CANADA. MINISTÈRE DE L'EMPLOI ET DE L'IMMIGRATION. *Classification nationale des professions*, Ottawa, Groupe Communication Canada, 1993.

CANADA. MINISTÈRE DE L'EMPLOI ET DE L'IMMIGRATION. *La féminisation des titres de profession de la Classification canadienne descriptive des professions*, Ottawa, Ministre des Approvisionnements et Services, 1985.

CANADA. MINISTÈRE DE L'ÉNERGIE, DES MINES ET DES RESSOURCES. *Atlas et toponymie du Canada*, Ottawa, Imprimeur de la Reine, 1969.

CANADA. MINISTÈRE DU MULTICULTURALISME ET DE LA CITOYENNETÉ. *Pour un style clair et simple*, Ottawa, Ministre des Approvisionnements et Services, 1991.

CANADA. MINISTÈRE DU PATRIMOINE CANADIEN. *Protocole de la correspondance française*, Ottawa, le Ministère, juillet 1994.

CANADA. PARCS CANADA. *Toponymie et terminologie en usage à Parcs Canada*, Ottawa, Ministère du Patrimoine canadien, 1995. Comprend la liste des parcs nationaux.

CANADA. SECRÉTARIAT D'ÉTAT. BUREAU DE LA TRADUCTION. *Avis d'uniformisation n° 4 sur les grades des Forces armées canadiennes*, 1988.

CANADA. SECRÉTARIAT D'ÉTAT. BUREAU DE LA TRADUCTION. « Espacement après le point grammatical », par Baudoin Allard, 1989. Fiche *Repères — T/R*, n° 76.

CANADA. SECRÉTARIAT D'ÉTAT. BUREAU DE LA TRADUCTION. « Uniformisation de l'écriture des noms géographiques au Canada », par Hélène Gélinas-Surprenant, dans *L'Actualité terminologique*, vol. 23, n° 3 (1990).

CANADA. SECRÉTARIAT D'ÉTAT. BUREAU DES TRADUCTIONS. *Glossaire des génériques en usage dans les noms géographiques du Canada = Glossary of generic terms in Canada's geographical names*, Ottawa, Ministre des Approvisionnements et Services, 1987. Bulletin de terminologie (BT) 176.

CANADA. SECRÉTARIAT D'ÉTAT. BUREAU DES TRADUCTIONS. *Vade-mecum linguistique*, Ottawa, Ministre des Approvisionnements et Services, 1987.

CANADA. SERVICE CORRECTIONNEL. *D'égal à égale : quelques moyens d'éliminer les éléments sexistes des communications*, Ottawa, Ministre des Approvisionnements et Services, 1985.

CANADA. SOCIÉTÉ CANADIENNE DES POSTES. *Norme canadienne d'adressage*, Ottawa, 1er janvier 1995. Révision 01.

CARTON, Jean, François CARTON et Bruno IACONO. *Dictionnaire de sigles nationaux et internationaux*, 3e éd. rev., corr., augm. et ref. sur la base de la 2e éd. de 1977 élaborée par Michel Dubois, Paris, La Maison du dictionnaire, 1987.

CATHERINE, Robert. *Le style administratif*, nouv. éd. rev. et augm., Paris, Albin Michel, 1988.

CENTRE DE RECHERCHE INDUSTRIELLE DU QUÉBEC. *Guide des unités SI*, Québec, CRIQ, 1981.

CÉTADIR. *Sigles et acronymes illimités*, sous la direction de Paul Paré, Montréal, Le Temps éditeur, 1992.

CHANCELLERIE FÉDÉRALE SUISSE. *La formulation non sexiste des textes législatifs et administratifs*, Berne, 1991.

CLAS, André. *Guide de la correspondance administrative et commerciale*, Montréal, McGraw-Hill, 1980.

CLAS, André, et Émile SEUTIN. *Recueil de difficultés du français commercial*, Montréal, McGraw-Hill, 1980.

CLAS, André, et Paul A. HORGUELIN. *Le français, langue des affaires*, 3ᵉ éd., Montréal, McGraw-Hill, 1991.

*Code typographique : choix de règles à l'usage des auteurs et des professionnels du livre*, réalisé par le Syndicat national des cadres et maîtrises du livre, de la presse et des industries graphiques, 10ᵉ éd., Paris, le Syndicat, 1974.

COLIGNON, Jean-Pierre. *La ponctuation : art et finesse*, Paris, Éditions Éole, 1988.

COLIGNON, Jean-Pierre. *Un point, c'est tout! La ponctuation efficace*, Montréal, Boréal, 1993.

COLIN, Jean-Paul. *Dictionnaire des difficultés du français*, Paris, Dictionnaires Le Robert, 1994, « Les usuels du Robert - Poche ».

COLIN, Jean-Paul. « Dictionnaire typographique », dans *Dictionnaire des difficultés du français*, Paris, Le Robert, 1980, « Les usuels du Robert ».

COMMUNAUTÉ FRANÇAISE DE BELGIQUE. *Mettre au féminin : guide de féminisation des noms de métier, fonction, grade ou titre*, Bruxelles, 1994.

DENIS, Delphine, et Anne CHANCIER-CHATEAU. *Grammaire du français*, Paris, Librairie générale française, 1994, « Les usuels de poche ».

DEROY, Louis, et Marianne MULON. *Dictionnaire de noms de lieux*, Paris, Dictionnaires Le Robert, 1992, « Les usuels du Robert ».

*Dictionnaire québécois d'aujourd'hui*, nouv. éd., Montréal, Dicorobert, 1993.

*Directory of Associations in Canada = Répertoire des associations du Canada 1994-1995*, sous la direction de Brian Land et Lynn Fraser, 15ᵉ éd., Toronto, Micromedia, 1994. Index des acronymes, p. 727-759.

DOPPAGNE, Albert. *La bonne ponctuation : clarté, précision, efficacité de vos phrases*, 2ᵉ éd. rev., Paris-Gembloux, Duculot, 1984.

DOPPAGNE, Albert. *Majuscules, abréviations, symboles et sigles*, Paris — Louvain-la-Neuve, Duculot, 1991.

DOURNON, Jean-Yves. *Dictionnaire d'orthographe et des difficultés du français*, Paris, Librairie générale française, 1987, « Le livre de poche ».

DRILLON, Jacques. *Traité de la ponctuation française*, Paris, Gallimard, 1991, « Tel ».

DUBUC, Robert. « Le masculin générique ou les malheurs de la parenthèse », *C'est-à-dire*, Montréal, vol. 16, nº 5 (1986).

DUPUIS, Henriette. « Les titres féminins : état de la question en France et au Québec », *Terminogramme*, nº 28 (mars 1985).

GANDOUIN, Jacques. *Correspondance et rédaction administratives*, 4ᵉ éd., Paris, Armand Colin, 1988.

GERGELY, Thomas. *Information et persuasion*, Bruxelles, De Boeck-Wesmael, 1992.

GIRODET, Jean. *Pièges et difficultés de la langue française*, Paris, Bordas, c1981, 1988.

GOURIOU, Charles. *Mémento typographique*, éd. nouv. ent. rev., Paris, Hachette, 1973.

*Grand dictionnaire encyclopédique Larousse*, Paris, Larousse, 1982-1985.

*Grand Larousse de la langue française*, Paris, Larousse, 1971-1978.

GRÉGOIRE DE BLOIS, Claudette. *Nouveau dictionnaire de la correspondance*, éd. rev. et corr., Laprairie (Québec), Éditions Broquet, 1989.

GREVISSE, Maurice. *Le bon usage : grammaire française*, refondue par André Goosse, 13ᵉ éd., Paris — Louvain-la-Neuve, Duculot, 1993.

*Guide canadien de rédaction législative française*, Ottawa, Ministère de la Justice, Groupe de jurilinguistique française, 1991.

GUILLOTON, Noëlle, et Hélène CAJOLET-LAGANIÈRE. *Le français au bureau*, 4ᵉ éd., Québec, Les publications du Québec, 1996.

HANSE, Joseph. *Nouveau Dictionnaire des difficultés du français moderne*, 3ᵉ éd., Paris — Louvain-la-Neuve, De Boeck-Duculot, 1994.

JACQUENOD, Raymond. *La ponctuation maîtrisée*, Alleur (Belgique), Marabout, 1993.

JOUETTE, André. *Dictionnaire de l'orthographe*, Paris, Nathan, 1989.

*Le petit Larousse illustré 1996*, Paris, Larousse, 1995.

*Le petit Robert 2 : dictionnaire universel des noms propres*, nouv. éd. rev., corr. et mise à jour, Paris, Dictionnaires Le Robert, 1993.

LÉCROUART, Claude. « Des symboles, des virgules et des points », *L'Actualité terminologique*, vol. 8, n° 1 (janvier 1975); vol. 8, n° 2 (février 1975); vol. 9, n° 8 (octobre 1976).

*Le grand Robert de la langue française*, 2ᵉ éd. ent. revue et enrichie par Alain Rey, Paris, Dictionnaires Le Robert, 1985.

*Le nouveau petit Robert*, nouv. éd. amplifiée et remaniée, Paris, Dictionnaires Le Robert, 1993.

*Le Robert & Collins : dictionnaire français-anglais, anglais-français Senior*, 3ᵉ éd., Paris, Dictionnaires Le Robert, 1993.

*Lexique des règles typographiques en usage à l'Imprimerie nationale*, 3ᵉ éd., Paris, Imprimerie nationale, 1990.

*Logos : grand dictionnaire de la langue française*, Paris, Bordas, 1976.

MOREAU, Thérèse. *Le langage n'est pas neutre*, Lausanne, Association suisse pour l'orientation scolaire et professionnelle, 1991.

ONTARIO. DIRECTION GÉNÉRALE DE LA CONDITION FÉMININE DE L'ONTARIO. *À juste titre : guide de rédaction non sexiste*, Toronto, DGCFO, 1994.

ORDRE DES COMPTABLES AGRÉÉS DU QUÉBEC. « Écriture des grandeurs monétaires », *Terminologie comptable*, vol. 2, n° 6 (septembre 1984).

ORGANISATION DES NATIONS UNIES. *Lexique général anglais-français*, 4ᵉ éd. rev. et augm., New York, ONU, 1991.

ORGANISATION INTERNATIONALE DE NORMALISATION. *Codes pour la représentation des monnaies et types de fonds*, 4ᵉ éd., Genève, ISO, 1992. Norme ISO 4217 : 1992 (E/F).

ORGANISATION INTERNATIONALE DE NORMALISATION. *Documentation — Références bibliographiques — Contenu, forme et structure*, 2ᵉ éd., Genève, ISO, 1987. Norme ISO 690 : 1987 (F).

ORGANISATION INTERNATIONALE DE NORMALISATION. *Information et documentation — Références bibliographiques — Documents électroniques ou parties de ceux-ci*, Genève, ISO, 1995. Projet de norme ISO/DIS 690-2.

ORGANISATION INTERNATIONALE DE NORMALISATION. *Principes généraux concernant les grandeurs, les unités et les symboles*, 2ᵉ éd., Genève, ISO, 1981. ISO 31/0 : 1981 (F).

*Periodical Title Abbreviations*, sous la direction de G. Leland Alkire, Jr., 8ᵉ éd., Detroit, Gale Research, 1992.

POIRIER, Léandre. *Au service de nos écrivains : directives pratiques pour la recherche et l'édition*, 5ᵉ éd., Montréal, Fides, c1964, 1968.

QUÉBEC. ASSEMBLÉE NATIONALE. *Lexique : journal des débats*, 10ᵉ éd., Québec, Assemblée nationale du Québec, 1986.

QUÉBEC. BIBLIOTHÈQUE DE L'ASSEMBLÉE NATIONALE. *Sigles en usage au Québec*, éd. rev. et augm., Québec, Gouvernement du Québec, 1990.

QUÉBEC. COMMISSION DE TOPONYMIE. *Guide toponymique du Québec*, 2ᵉ éd., rev. et enrichie, Québec, Les publications du Québec, 1990.

QUÉBEC. COMMISSION DE TOPONYMIE. *Guide toponymique du Québec : politiques, principes et directives*, Québec, Les publications du Québec, 1987.

QUÉBEC. COMMISSION DE TOPONYMIE. *Répertoire toponymique du Québec*, Québec, Les publications du Québec, 1987.

QUÉBEC. MINISTÈRE DE L'ÉDUCATION. *Pour un genre à part entière : guide pour la rédaction de textes non sexistes*, Québec, le Ministère, 1988.

QUÉBEC. MINISTÈRE DES COMMUNICATIONS. *Guide de présentation des manuscrits*, Québec, le Ministère, 1984.

QUÉBEC. OFFICE DE LA LANGUE FRANÇAISE. *Au féminin : guide de féminisation des titres de fonction et des textes*, Québec, Les publications du Québec, 1991.

QUÉBEC. OFFICE DE LA LANGUE FRANÇAISE. *Titres et désignations de fonctions : mode d'emploi*, Québec, Les publications du Québec, 1989.

RAMAT, Aurel. *Le Ramat de la typographie*, Montréal, chez l'auteur, 1994.

RÉSIDENCE DU GOUVERNEUR GÉNÉRAL. SECRÉTARIAT DES ORDRES ET DÉCORATIONS. *Décorations pour bravoure*, Ottawa, 1980.

RÉSIDENCE DU GOUVERNEUR GÉNÉRAL. SECRÉTARIAT DES ORDRES ET DÉCORATIONS. *Ordre du mérite militaire*, Ottawa, 1979.

SAUVÉ, Madeleine. *Observations grammaticales et terminologiques*, Montréal, Université de Montréal, 1975-1985. Fiches nᵒˢ 30, 86-98, 123, 148, 180, 240.

SIMARD, Guy. « La féminisation des titres et des textes », *Québec français*, n° 56 (décembre 1984).

SIMARD, Jean-Paul. *Guide du savoir-écrire*, Montréal, Les Éditions Ville-Marie et Les Éditions de l'Homme, 1984.

SYNDICAT NATIONAL DE L'ÉDITION. *Recommandations pour la frappe de manuscrits sur micro-ordinateur*, Paris, Syndicat national de l'édition, s.d.

TACKELS, Stéphane. *Typographie et terminologie*, Québec, Les publications du Québec, 1990. Publication de l'Office de la langue française.

*The Chicago Manual of Style*, 14ᵉ éd., Chicago, The University of Chicago Press, 1993.

*The Register of Canadian Honours = Registre des distinctions honorifiques canadiennes*, Toronto, Canadian Almanac & Directory Publishing Co., 1991.

THIMONNIER, René. *Code orthographique et grammatical*, Verviers (Belgique), Marabout, 1974.

THOMAS, Adolphe V. *Dictionnaire des difficultés de la langue française*, Paris, Larousse, c1956, 1992.

TREMBLAY, Richard, Rachel JOURNEAULT-TURGEON et Jacques LAGACÉ. *Guide de rédaction législative*, Québec, Ministère de la Justice, 1984.

*Trésor de la langue française*, Paris, Éditions du Centre national de la recherche scientifique, 1971-1983; Paris, Gallimard, 1985-1994.

UNIVERSITÉ DE MONTRÉAL. *Annuaire général 1993-1994*, Montréal, l'Université, 1993.

UNIVERSITÉ LAVAL. « La féminisation des titres et appellations d'emploi », *Terminologie*, vol. 2, n° 7, 53ᵉ bulletin (mars 1985).

UNIVERSITÉ LAVAL. « Langue française et féminisation », *Terminologie*, vol. 2, n° 9, 55ᵉ bulletin (février 1986).

UNIVERSITÉ LAVAL. *Renseignements généraux : trimestre d'automne 1993, trimestre d'hiver 1994, trimestre d'été 1994*, Québec, Bureau du secrétaire général, 1993.

VAN COILLIE-TREMBLAY, Brigitte. *Correspondance d'affaires : règles d'usage françaises et anglaises et 85 lettres modèles*, avec la collab. de Micheline Bartlett et Diane Forgues-Michaud, Montréal, Publications Transcontinental, 1991.

VILLERS, Marie-Éva de. *Multidictionnaire des difficultés de la langue française*, nouv. éd., Montréal, Québec/Amérique, 1992. Réimpression de 1994.

YAGUELLO, Marina. *Le sexe des mots*, Paris, Pierre Belfond, 1989.

*Yearbook of International Organizations 1994-1995, vol. I*, 31ᵉ éd., Bruxelles, Union des associations internationales, 1994.

# Index

films,
    majuscule, 3.3.41
    références des, 12.1.4c), 12.1.8,
        12.1.10, 12.4.11
    titres de, 5.2.1, 7.3.2

fleuves et rivières, 11.1.3 R.2

*floor*, 8.1.4i)

fonctions, titres de
    dans la signature d'une lettre,
        8.1.11
    dans une formule d'appel, 8.1.8
    féminin, 9.2-9.2.8
    majuscule, 3.3.13

formats de livres, 1.1.13

forme active ou passive, 9.1.6,
    10.3.1

formes masculine et féminine, 9.1.2

formulations impersonnelles,
    9.1.3b), 9.1.5

formules,
    d'appel, 8.1.8
    de conclusion, 8.1.9c)
    de salutation, 8.1.10
    d'introduction, 8.1.9a)
    épistolaires, 8.1.8-8.1.10

fractions,
    arrondissement des, 2.3.3c)
    barre oblique, 6.12.2
    décimales, 2.3.3
    en typographie, 2.4.13
    heure, minute, 2.4.3
    lettre *e* supérieure, 2.3.2, 2.4.12,
        6.12.2
    ordinaires, 2.3.2
    système international, 1.4, 2.3.2

*franc*, 2.4.4b)

*général* (armée), 1.1.25, 3.3.13

**générique**,
    définition du, 3.3, 11.1.1
    entités administratives, 3.3.7b)
    entités géographiques, 3.3.7a)
    majuscule, 3.3.7
    sur les cartes, 11.1.3 R.1
    traduction du, 11.1.3
    voies de communication, 3.3.8

genre,
    animaux, végétaux, 3.3.6
    et espèce, locutions latines, 5.3.3

géologie, divisions en, 3.3.5

gentilés, 11.2.3c) R.

*gouverneur général*, 3.3.13

grades militaires,
    abréviation des, 1.1.25
    majuscule, 3.3.13

*gramme*, 1.3.2, 1.3.3

*Grands Lacs*, 3.3.7a), 11.1.3 R.1

gras, 5, 5.3.7 R.

gras italique, 5, 5.4.1

*ground floor*, 8.1.4i)

groupements, associations, 3.3.37

guerres, 3.3.26

**guillemets**,
    à l'intérieur d'une citation, 7.2.1,
        7.2.6
    anglais ou français, 7.1, 7.2.6a),
        7.3.2, 7.4
    après le point final, 7.2.3a), c),
        d)
    avant le point final, 7.2.2, 7.2.3b)
    citation, 7.2.2-7.2.12
    citation double, 7.2.6
    citation en retrait, 7.2.4d)